Sex ... nach Gottes Design

KAY ARTHUR

Kay Arthur, Sex... nach Gottes Design

Diskussionsfragen für das gemeinsame Studium von Kay Arthur und David und B. J. Lawson

Titel der englischen Originalausgabe:
Sex... According to God
Erschienen bei WaterBrook Press
Colorado Springs, Colorado 80920
U.S.A.
ISBN 1-57856-639-8

Deutsche Übersetzung: Dr. Georg Huber

Mit freundlicher Genehmigung von Precept Ministries International e.V.
Gesamtherstellung: Seidel & Seidel GbR - Satz- und Digitaldruckzentrum, 08269 Hammerbrücke
ISBN 3-933750-38-5
Best.-Nr.: 640.338

INHALTSVERZEICHNIS

Bitte unbedingt die Gebrauchsanweisung beachten!

Ich stand vom Tisch auf, trug das Geschirr zur Spüle und dachte: *Ach du meine Güte! Der Abfluss ist verstopft! Das hat mir gerade noch gefehlt!*

Ich sollte an diesem Tag einen Vortrag zum Thema *Sex* für eine Gruppe von Jugendlichen halten, und nun musste ich mich mit einer Spüle voll schmutzigen Wassers abgeben, die wahrscheinlich genauso alt war wie unser altes Bauernhaus!

Ich konnte nicht einfach aus dem Haus gehen, ohne vorher den Schmutz zu beseitigen, und so bückte ich mich, um unter der Spüle inmitten von Scheuerpulver, Reinigungsmitteln und Geschirrspülmittel nach dem Abflussreiniger zu suchen. Schließlich fand ich die rot-weiß-blaue Flasche ganz hinten in der Ablage. Ich konnte mich nicht erinnern, wann ich sie das letzte Mal verwendet hatte.

„Ich hätte das Zeug regelmäßig verwenden sollen; dann wäre das nicht passiert", sagte ich zu mir selbst, als ich nach der Gebrauchsanweisung auf der Flasche suchte. Das Symbol für „gefährliche Substanz" erinnerte mich daran, warum ich die Flasche ganz nach hinten geschoben hatte.

Ich folgte der Gebrauchsanweisung Punkt für Punkt (das wird von den Herstellern dringend empfohlen) und beobachtete fasziniert und erleichtert, wie meine Spüle in kürzester Zeit wieder blitzblank war.

Toll!, dachte ich. *Nichts wie los!*

Einige Minuten später fuhr ich auf der Autobahn 75 Richtung Dalton im Bundesstaat Georgia, wo ich den Vortrag halten sollte, und dachte noch einmal über meine Botschaft zum Thema Sex nach. Meine Gedanken wanderten zu meiner Spüle zurück. Ich konnte noch immer kaum fassen, wie unglaublich rasch das Mittel gewirkt hatte. *Was für ein tolles Produkt!*, dachte ich. *Einfach die Gebrauchsanweisung lesen, anwenden, und es funktioniert! Und passiert ist auch nichts, denn ich habe mich genau an die Anweisungen gehalten.*

Dann kam mir auf einmal der Gedanke: *Sex ist ein wunderbares „Produkt", funktioniert großartig, aber wir müssen uns an die*

„Gebrauchsanweisung" des „Herstellers" halten! Was für eine großartige Einleitung für meine Botschaft über Sex!
Eine Missachtung der „Gebrauchsanweisung" ist der Grund dafür, warum es viele Menschen gibt, die im sexuellen Bereich traumatische Erfahrungen gemacht haben, anstatt – dem ursprünglichen Plan Gottes entsprechend – daran Freude zu haben.
Vielleicht trifft das auch auf dich zu - du wurdest verletzt und trägst noch immer sichtbare oder unsichtbare Narben. Vielleicht hast du dich mit einer Geschlechtskrankheit angesteckt, im schlimmsten Fall mit AIDS. Vielleicht hatte Sex in deinem Leben negative Folgen, mit denen du nie gerechnet hast. Vielleicht hattest du eine Abtreibung – oder du hast für eine Abtreibung bei deiner Partnerin gezahlt. Oder deine Untreue ist aufgeflogen, und mit einem Mal waren dein Leben und deine Pläne ruiniert. Du hättest dir nie träumen lassen, dass es dazu hätte kommen können.
Vielleicht hast du Gottes Warnungen, die schwarz auf weiß in der Bibel stehen, ignoriert. Wenn du sie beachtet hättest, dann wäre dir aufgefallen, dass dort vor den Gefahren des Missbrauchs der Sexualität deutlich gewarnt wird.
„Bitte unbedingt die Gebrauchsanweisung beachten!" Unser Problem ist, dass auch jene Menschen, die sich als *Christen* bezeichnen, es versäumt haben, die Bibel zu lesen, um zu erfahren, was Gott über Sex gesagt hat. Ich freue mich daher, dass du dieses Buch in der Hand hältst. Auch wenn du zu den (wenigen) Menschen gehörst, die sich im sexuellen Bereich richtig verhalten, die vor der weitverbreiteten und scheinbar allgegenwärtigen sexuellen Verführung in der Welt auf der Hut sind und ihre Leidenschaften unter Kontrolle haben, tust du gut daran, dieses Buch zu lesen. Es behandelt alles, was Gott in seinem Wort über Sex – die guten, schlechten und schönen Aspekte - gesagt hat. Obwohl das Wort *Sex* kaum in einer Bibelkonkordanz zu finden sein wird, geht das Wort Gottes ausführlich auf dieses Thema ein, damit wir wissen, wie Gott darüber denkt. Wir wollen – ungeachtet unserer vergangenen Erfahrungen oder Einstellungen - gemeinsam entdecken, was der „Hersteller" über sein „Produkt" gesagt hat. Wir werden herausfinden, was Sex eigentlich ist und warum Gott Sex erschaffen hat. Du wirst selbständig im Wort Gottes entdecken, was Gott über den Gebrauch und Missbrauch von Sex sagt und was die Konsequenzen sind, wenn wir sei-

ne Anweisungen ignorieren. Wir müssen uns auch damit auseinandersetzen, was geschehen muss, wenn du Sex von seiner negativen Seite kennengelernt hast, weil du entweder unwissend bzw. ungehorsam warst, oder jemand anderem zum Opfer gefallen bist.
Es tut mir weh, wenn ich höre, dass Menschen immer wieder auch in Seelsorgesituationen oder von Vertrauenspersonen missbraucht werden – von Personen, die Gott angeblich kennen und ihm dienen. Wenn ich weiß, was Gott über Sex gesagt hat, dann werde ich auch feststellen können, ob bestimmte seelsorgerliche Ratschläge im sexuellen Bereich richtig oder falsch sind. Wenn sie dem Wort Gottes widersprechen, dann kommen sie auf keinen Fall von Gott. Es ist egal, wer solche Ratschläge gibt oder ob der Ratgeber ein „geistlicher" Mensch ist und von Gott „gebraucht" wird. Gottes Wort kann uns vor jeder Verführung und jedem Verführer bewahren.
Du wirst beim Studium dieses Themas auch entdecken, was Gott für dich und deinen Ehepartner im Sinn hatte, als er das atemberaubende Wunder des körperlichen Einswerdens plante, und du wirst herausfinden, wie du dich verhalten sollst, wenn du noch nicht verheiratet bist oder nie heiraten wirst. Du wirst so viel lernen, dass du von Gott gebraucht werden kannst, um anderen in diesem Bereich zu helfen. Gott könnte dich benutzen, um eine neue sexuelle Revolution einzuleiten, die sich am Wort Gottes orientiert – ein aufregender Gedanke!
„Für Kinder unerreichbar aufbewahren!" Auch diesen Punkt brachte ich in meinem Vortrag vor der Gruppe von Jugendlichen in Dalton zur Sprache! Sex ist nichts für Kinder oder für Personen, die mit den Regeln nicht vertraut sind und mit dem Produkt nicht verantwortungsbewusst umgehen können. Wenn wir uns mit Sex einlassen, ohne zu begreifen, worum es dabei eigentlich geht und ohne Gottes Wort zu beachten, dann werden wir Schaden erleiden. Sex ist nichts für Kinder; doch viele Menschen in unserer Gesellschaft behaupten das Gegenteil und setzen jedes Mittel ein, um Sex mit Minderjährigen zu legalisieren. Denken wir an die vielen Kinder, die um der Befriedigung eines Erwachsenen willen missbraucht oder das Objekt von Kinderpornographie wurden. Wenn man diesen Kindern in die Augen sieht, dann hat man den Eindruck, ihr Lebenslicht wurde ausgelöscht und ihr Körper ist eine leere Hülle, voll Finsternis und Hoffnungslosigkeit. Sie wurden

mit dem, was ihnen aufgezwungen wurde, nicht fertig, denn es gehört in die Welt der Erwachsenen.
Entgegen den Behauptungen bestimmter Personen ist Sex eben nichts für Kinder! Wehe denen, die Kinder für ihre eigene Befriedigung oder die Befriedigung anderer missbrauchen... Den Worten Jesu zufolge wird über diese Leute ein strenges Gerichtsurteil verhängt werden.
In den zwei Jahrzehnten, die seit jenem Abend mit den Jugendlichen vergangen sind, hat Sex leider immer öfter zu tragischen Folgen geführt – zu Geschlechtskrankheiten, AIDS, Abtreibungen und sogar zu Gebärmutterentfernungen, bedingt durch mehrere Geschlechtspartner oder fehlgeschlagene Abtreibungen. Ich lernte im Lauf der Zeit viele Menschen kennen, die durch sexuelles Fehlverhalten verletzt wurden. Wenn wir dem Wort Gottes zuwiderhandeln, dann hat Sex eine zerstörerische Kraft.
Ich möchte dir eine Frage stellen: Wünschst du dir beim Lesen dieser Zeilen, dass dir jemand gesagt hätte, was es mit Sex wirklich auf sich hat? Wünschst du dir, deine Eltern wären strenger mit dir gewesen und deine eigenen Überzeugungen wären stark genug gewesen, um angesichts von Versuchungen NEIN zu sagen? Wünschst du dir, du hättest Gott respektierst und gewusst, was sein Wort über Sex sagt?
Ich sah gerade den ersten Teil einer Videokassettenserie zum Thema *Sex and Young America: The Real Deal,*[1] in der Jugendliche über Fragen ihres Lebens und ihre Einstellung zur Sexualität interviewt wurden. Im Folgenden einige Stellungnahmen dieser Jugendlichen:

„Sex ist außer Kontrolle."

„Sex ist einfach überall."

„Man kann den Versuchungen nicht ausweichen."

„Es hat keinen Sinn, uns abzuschirmen. Wir brauchen Hilfe, um damit fertigzuwerden."

„Meine Eltern sollten mir einen festen Halt geben und mir sa-

[1] National Coalition for the Protection of Children and Families, 800 Compton Road, Suite 9224, Cincinnati, OH 45231, U.S.A. Tel. 001-513-521-6227.

gen, was richtig und was falsch ist, dann werde ich es schaffen."
Jeder einzelne dieser Jugendlichen gab dem Wunsch Ausdruck, dass seine Eltern mit ihm über dieses Thema sprechen sollten - auch wenn er so tat, als wollte er nicht hören.

Und darum geht es in diesem Buch. Es geht um *Sex nach Gottes Design*. Was hatte der Designer eigentlich im Sinn? Die Wahrheit wirkt immer befreiend. Sie hilft dir festzustellen, wo du stehst; sie sagt dir, was richtig und was falsch ist bzw. ob und wie man etwas in Ordnung bringen kann. Und eines steht fest: Ganz egal, wie dein Leben aussieht: es *kann* wieder in Ordnung gebracht werden!

Eine Frau, die mich „zufällig" – durch Gottes souveränes Handeln – im Fernsehen sah, schickte mir unlängst die folgenden Zeilen per E-mail:

> Ich sah Sie gestern abend das erste Mal im Fernsehen. Sie sprachen über den Sinn und Zweck von Ehe und lasen einige Bibelstellen, die den Nagel auf den Kopf trafen, was meine eigene Situation angeht. Ich lebe seit viereinhalb Jahren mit meinem Freund zusammen, und aus verschiedenen Gründen haben wir beide Angst vor einer verbindlichen Beziehung. Wir wollen zwar beisammen bleiben, aber wir denken: warum unbedingt heiraten, wenn unsere Beziehung auch so funktioniert? Seit gestern weiß ich, warum wir heiraten sollten. Ich habe die Bibel nie wirklich gelesen. Ich habe es zwar ein paar Mal versucht, aber fand die Bibel schwer verständlich. Sie hingegen können die Bibel auf eine Art und Weise erklären, die den Menschen etwas für ihr alltägliches Leben bringt. Dafür möchte ich Ihnen wirklich danken. Ich bin froh, dass ich Sie entdeckt habe...

Dieses Buch – ein Studium des Wortes Gottes – hat entscheidende Bedeutung für die Zeit, in der wir leben, denn unsere postmoderne Gesellschaft bestreitet die Existenz von absoluter

Wahrheit, fordert Toleranz für alles und jeden (außer für Christen) und ermutigt die Menschen, das zu tun, was sie für gut und richtig halten. Auch innerhalb der christlichen Gemeinden gibt es viele Menschen, die nicht wissen, welche Folgen die Missachtung der Gebote Gottes nach sich zieht. Gottes Gebote brechen hat tragische Konsequenzen, und Gott möchte, dass uns das bewusst ist. Unser Ziel mit diesem Buch ist daher, seine Anweisungen gründlich kennenzulernen, damit wir uns nicht durch den weitverbreiteten Missbrauch von Sex täuschen lassen.

Hast du beim Lesen bisweilen den Atem angehalten oder den Kopf geschüttelt und dich gefragt, ob es für bestimmte Menschen, die du persönlich kennst, überhaupt noch eine Hilfe oder Hoffnung gibt? Ich wünschte, ich könnte dir die folgenden Worte persönlich sagen: *Ja*, es gibt *immer* Hoffnung, egal, wie weit du dich - willentlich oder unabsichtlich - vom richtigen Weg entfernt hast. Es *gibt* Hoffnung für dich, egal was dir jemand anderer im sexuellen Bereich angetan hat. Du *kannst* geheilt werden; Menschen, die du kennst und liebst, können geheilt werden. Unsere ganze Gesellschaft könnte geheilt werden!

Ich weiß, das klingt unrealistisch, wenn man den moralischen Zustand unserer Welt betrachtet, aber die Situation *kann* sich zum Besseren wenden! Ein Beispiel dafür ist England im 18. Jahrhundert, als der moralische Zustand der englischen Gesellschaft unter der Leitung von William Wilberforce eine Wende zum Besseren erfuhr. Wilberforce, ein gottesfürchtiger Mann, wollte die Moral der Nation reformieren und entwickelte im Jahr 1787 die Vorstellung von einer Gesellschaft, die „Frömmigkeit und Tugend ermutigte und Laster, Unheiligkeit und Unzucht verhinderte.“[2] Der Historiker John Pollock vermerkte, dass Wilberforce „Tugend zu einem Trend machte.“[3]

Kannst du dir vorstellen, wie so eine Bewegung unser Land und unsere Welt verändern könnte? Es *gibt* einen Weg der Wiederherstellung, denn „bei Gott ist nichts unmöglich“. Er ist der Er-

---

[2] „William Wilberforce and the Abolition of the Slave Trade”, *Christian History*, Nr. 53 (1997):17.

[3] John Pollock, *Wilberforce* (London: Constable, 1977).

löser, der sucht und rettet, was verloren ist, um es in etwas Wertvolles zu verwandeln. Gott kann auch dich verwenden, um diese Generation mit der Wahrheit, die du im Herzen trägst und in den Händen hältst, zu befreien!
Vergiss nicht: Gott ist allmächtig, und niemand – absolut niemand – befindet sich außerhalb der Reichweite seiner heilenden und rettenden Kraft.
Wenn du bereit bist, von ihm zu lernen und das Gelernte in die Praxis umzusetzen, dann verspreche ich dir, dass es „deiner Seele wohlergehen wird“ – und mit *Seele* meine ich den „inneren Menschen“, den innersten Kern unseres Wesens, wo wir uns alle mit unserer sündhaften Natur konfrontiert sehen, die wir in diesem Leben nicht ablegen können, ganz egal wie sehr wir uns auch bemühen!

EIN WEG, DEN WIR AM BESTEN VERMEIDEN...

Ich weiß, was es bedeutet, im sexuellen Bereich mit dem „inneren Menschen“ zu kämpfen, denn ich habe diesen Kampf an mir selbst erlebt. Ich habe erfahren, wie weh es tut und wie groß das Bedauern ist, wenn wir im sexuellen Bereich dem Wort Gottes zuwiderhandeln. Ich kannte sein Wort früher auch nicht, und das einzige Gebot, das mir bekannt war – „du sollst nicht ehebrechen“ – habe ich gebrochen - gedanklich, noch während ich mit meinem ersten Mann verheiratet war und viele Male auch körperlich, nachdem ich mich von meinem Mann scheiden ließ. Warum ich das getan habe? Ich wollte glücklich, geliebt und sexy – unwiderstehlich, aufregend und anziehend – sein und dachte, auf diese Weise ein erfülltes Leben finden zu können!
Das war in den 50er Jahren – der Zeit der ersten Fotomodelle und der Anfänge von Hugh Hefners „Playboy-Häschen“. Das Mädchen von nebenan wurde auf einmal aus einem anderen Blickwinkel betrachtet. Die Folge war eine moralische Verfinsterung. Religion wurde zur Routine, die Bibel galt als langweilig, und die Predigten konzentrierten sich auf die Frage, ob das Wort Gottes überhaupt wahr ist, anstatt auf einen heiligen Lebensstil in der Furcht Gottes.

Obwohl meine Eltern moralische Vorbilder waren, fehlte mir die biblische Grundlage für mein eigenes Leben. Die Folge war, dass ich mein eigenes Leben und das anderer Menschen ins Chaos stürzte. Ich sündigte. Ich brach die Gebote Gottes. Sünde bedeutet nichts anderes als unabhängig von Gott leben. Wir sündigen, wenn *wir* uns an Gottes Stelle setzen, wenn *wir* entscheiden, was falsch und richtig ist, anstatt zu beachten, was Gott in seinem Wort gesagt hat. Sünde bedeutet, nicht an Gott zu glauben; zu wissen, was richtig ist, aber nicht danach zu handeln.

Ich sündigte, und meine Sünde kostete mich viel mehr, als ich eigentlich zahlen wollte. Wie sehr wünschte ich, jemand hätte mich auf die Warnsignale aufmerksam gemacht, auf die gefährlichen Kurven in meinem Pfad hingewiesen und mir einen anderen Weg gezeigt – den schmalen Weg, der zum Leben führt.

Die Zukunft war mir damals egal; ich lebte nur für den Augenblick - einen Augenblick, von dem ich mir die erhoffte Zukunft erwartete. Doch alle diese Erwartungen wurden enttäuscht, und es ging abwärts, bis ich schließlich im Alter von neunundzwanzig Jahren auf die Knie fiel und Gott sagte, er könne mit mir tun, was er wolle. Hätte ich gewusst, was er tatsächlich wollte, dann wäre ich schon viel früher auf meine Knie gefallen!

Als ich schließlich bereit war, auf Gott zu hören und seinen Weg zu gehen, begann meine Heilung. Wenn ich auf mein Leben zurückblicke, kann ich eigentlich nur staunen. Ich hätte mir nie erträumen können, was Gott von Anfang an mit mir im Sinn hatte. Es ist überwältigend! Niemand anderer als er hätte bewirken können, was mit mir seit meiner Umkehr zu ihm geschah. Dennoch wünschte ich, ich wäre nie den falschen Weg gegangen. Ich wünschte, ich hätte von Anfang an gewusst, was Gottes Wort sagt und wäre seinem Wort auch im sexuellen Bereich gefolgt.

Ab dem nächsten Kapitel werden wir uns mit den Aussagen der Bibel über Sex beschäftigen. Ich möchte dich gleich darauf vorbereiten, dass die Bibel mehr Warnungen als positive Worte zu diesem Thema enthält, obwohl wir auch letztere kennenlernen werden. Sex wurde schließlich von Gott erfunden; und Gott ist der Geber aller guten und vollkommenen Geschenke. Aus diesem Grund ist Sex etwas heiliges, etwas, das schöpferische Kraft enthält und – im Fall von Missbrauch durch unsere sündhafte Natur – etwas, das zerstören kann. Da Gott der Schöpfer und Erlöser ist, und nicht der, der tötet und vernichtet, hat er uns alles mitgeteilt, was wir wissen müssen, um zerstörerische Einflüsse zu vermeiden.

Wir wollen gemeinsam entdecken, was er zu sagen hat – sowohl das Positive als auch das Negative!

1

Am Anfang...

Warum hat Gott Sex erschaffen?

In unserer heutigen Gesellschaft herrscht im sexuellen Bereich große Verwirrung. Wir leben in einer Kultur, in der Sex beinahe in der Luft liegt! Man braucht nur einige Minuten lang das Fernsehgerät einzuschalten, um damit konfrontiert zu werden. Sex wird diskutiert, debattiert, demonstriert und verwendet, um die verschiedensten Produkte zu vermarkten – vom Shampoo über Kaffee bis zur Zahnpasta. Die Botschaft, dass wir begehrenswert sein müssen, wird ununterbrochen laut und deutlich verkündet. Wenn wir geliebt werden wollen, dann müssen wir uns darum bemühen, auf das andere Geschlecht anziehend zu wirken! Unsere Welt wird nicht mehr durch die Liebe in Gang gehalten, sondern durch Sex!

Beim Surfen im Internet genügt manchmal irgendein harmloses Suchwort, und schon wirst du ohne Vorwarnung mit verführerischen Bildern konfrontiert oder lernst Dinge kennen, von denen du nicht einmal gewusst hast, dass es sie gibt – und du wünschst dir, dass du sie nie gesehen hättest! Deine Neugier treibt dich dazu, weiterzusuchen. Dein Verstand findet alle möglichen Gründe, dich mit Dingen zu beschäftigen, von denen du im Grunde genau weißt, dass du sie meiden solltest. Und auf einmal kämpfst du mit einem unstillbaren Verlangen, das in dir wachgerufen wurde...

Oder du gehst die Straße entlang, und plötzlich kreuzt sie deinen Weg – mit langen, wohlgeformten, anziehenden Beinen und einem kurzen enganliegenden Rock, der jede Bewegung ihrer Hüften betont. Du schaust weg, um den Gedanken auszuweichen, die dir in den Sinn kommen und dein Blick fällt auf ein Plakat, das dich verlockt, die gleichen Gedanken weiter zu verfolgen.

Du betrittst den Laden an der Ecke, um etwas zum Essen oder Trinken zu kaufen, und deine Augen bleiben an den Illustrierten hängen. Die Titelbilder und Schlagzeilen versprechen Antworten auf die intimsten Fragen, Tricks, um das Interesse des Partners wachzuhalten und Umfragen, anhand derer du deinen sexuellen IQ testen kannst.

Oder du triffst dich mit deinen Freunden, und schon bald ist nur mehr vom anderen Geschlecht die Rede – es wird von „Eroberungen" erzählt, Frustrationen werden ausgedrückt, Ratschläge gegeben, oder du wirst ausgelacht, weil du noch keine „Erfahrungen" gemacht hast und du musst dir sagen lassen, dass du gar nicht weißt, was wirklich aufregend ist.

Am selben Abend siehst du dir vielleicht einen Film an. Der Film ist jugendfrei, aber die Attraktionen rund herum sind es nicht. Überall wird Sex vermarktet, und du sitzt neben einem Mädchen, dessen Haut sich warm und weich anfühlt, hast deinen Arm um ihre Schultern gelegt und genießt den Duft ihres Parfums, das den Eindruck ihrer Weiblichkeit verstärkt – oder du sitzt eng neben einem Mann, der Stärke und Zärtlichkeit ausstrahlt. Deine Gedanken wandern, wohin sie eigentlich nicht wandern sollten; du sehnst dich nach etwas, was dir eigentlich nicht zusteht: denn das Mädchen neben dir ist nicht deine Frau; du bist mit dem Mann neben dir nicht verheiratet...

Anschließend begleitest du sie bzw. ihn nach Hause und stehst vor einem weiteren Dilemma. Wirst du die Wohnung betreten, wenn auch nur für ein paar Minuten? Und wenn ja, lässt du dich dann zu einer geschlechtlichen Begegnung hinreißen – oder zu fast allem, was so dazugehört? Und ungeachtet dessen, ob du „aufs Ganze" gehst oder nicht: es stellt sich in jedem Fall die Frage: wirst du dich an Gottes Design halten und Sex so erleben, wie es von ihm ursprünglich vorgesehen war?

Der ursprüngliche Plan

Gehen wir zum Anfang zurück, zum Buch Genesis, dem ersten Buch in der Bibel. Ich lade dich ein, selber herauszufinden, was Gott über Sex, über die Unterschiede zwischen den Geschlechtern und über die Gründe dafür, warum er uns als geschlechtliche Wesen erschaffen hat, gesagt hat. Ich empfehle dir, beim Lesen den folgenden Text aus Genesis (1. Mose) 1 zu markieren. Wenn du das tust und außerdem deine Erkenntnisse aufschreibst, dann wird dir das nicht nur helfen, Gottes Wort besser zu verstehen, sondern du wirst dir die gewonnenen Erkenntnisse auch besser merken können. Unterstreiche daher jede Erwähnung des *Menschen*, einschließlich der Fürwörter, die sich auf den Menschen beziehen (*ihn* und *sie*).

1. Mose 1,25-28

> 25 Und Gott machte die ‹wilden› Tiere der Erde nach ihrer Art und das Vieh nach seiner Art und alle kriechenden Tiere auf dem Erdboden nach ihrer Art. Und Gott sah, dass es gut war.
>
> 26 Und Gott sprach: Lasst uns Menschen machen in unserm Bild, uns ähnlich! Sie sollen herrschen über die Fische des Meeres und über die Vögel des Himmels und über das Vieh und über die ganze Erde und über alle kriechenden Tiere, die auf der Erde kriechen!
>
> 27 Und Gott schuf den Menschen nach seinem Bild, nach dem Bild Gottes schuf er ihn; als Mann und Frau schuf er sie.
>
> 28 Und Gott segnete sie, und Gott sprach zu ihnen: Seid fruchtbar und vermehrt euch, und füllt die Erde, und

> macht sie ‹euch› untertan; und herrscht über die Fische des Meeres und über die Vögel des Himmels und über alle Tiere, die sich auf der Erde regen!

Was erfährst *du* in den markierten Textstellen über den *Menschen*? Das Wort *du* in dieser Frage ist absichtlich kursiv gedruckt! Es geht in diesem Buch letztendlich um *dich*. Das Ziel unseres gemeinsamen Studiums ist nicht, dass du *meine* Ansichten akzeptierst oder ablehnst, sondern dass du *mit deinen eigenen Augen* siehst, was Gott über Sex gesagt hat. Danach kannst du entscheiden, was du mit der Information machen wirst. Wenn du mit diesem Buch fertig bist, kannst du jedenfalls nicht mehr sagen: „Wenn ich nur gewusst hätte...!" Du *wirst* Bescheid wissen, und zwar gründlich, denn wir werden uns mit allen einschlägigen Bibelstellen auseinandersetzen.
Wenden wir uns daher wieder unserem Text zu und beginnen wir damit, unsere Erkenntnisse aufzuschreiben. Wenn wir uns mit dem Text auf diese Weise auseinandersetzen, können wir uns darauf konzentrieren, was Gott wirklich gesagt hat und werden nicht von Gedanken wie „ich denke, dass...", „ich habe gehört, dass..." oder „ich meine, dass..." abgelenkt. Solche Gedanken sind nicht unbedingt falsch; aber es geht darum, zunächst die Tatsachen zu finden und von den Tatsachen auszugehen. Schreibe daher in dem folgenden Zwischenraum auf, was du in Genesis 1 über den *Menschen* erfährst.

Bevor wir uns damit auseinandersetzen, was wir in 1. Mose 1 erfahren, wollen wir einen Blick auf 1. Mose 2 werfen. In diesem Kapitel finden wir sozusagen eine „Nahaufnahme“ der Erschaffung des Mannes und der Frau.
Markiere beim Lesen jede Erwähnung des Mannes mit diesem Symbol ♂ und jede Erwähnung der Frau so: ♀. Vergiss nicht, auch die entsprechenden Fürwörter zu markieren:

1. MOSE 2,7-8.15-25

7 - da bildete Gott, der HERR, den Menschen, ‹aus› Staub vom Erdboden und hauchte in seine Nase Atem des Lebens; so wurde der Mensch eine lebende Seele.

8 Und Gott, der HERR, pflanzte einen Garten in Eden im Osten, und er setzte dorthin den Menschen, den er gebildet hatte...

15 Und Gott, der HERR, nahm den Menschen und setzte ihn in den Garten Eden, ihn zu bebauen und ihn zu bewahren.

16 Und Gott, der HERR, gebot dem Menschen und sprach: Von jedem Baum des Gartens darfst du essen;

17 aber vom Baum der Erkenntnis des Guten und Bösen, davon darfst du nicht essen; denn an dem Tag, da du davon isst, musst du sterben!

18 Und Gott, der HERR, sprach: Es ist nicht gut, dass der Mensch allein sei; ich will ihm eine Hilfe machen, die ihm entspricht.

19 Und Gott, der HERR, bildete aus dem Erdboden alle Tiere des Feldes und alle Vögel des Himmels, und er

brachte sie zu dem Menschen, um zu sehen, wie er sie nennen würde; und genau so wie der Mensch sie, die lebenden Wesen, nennen würde, ‹so› sollte ihr Name sein.
20 Und der Mensch gab Namen allem Vieh und den Vögeln des Himmels und allen Tieren des Feldes. Aber für Adam fand er keine Hilfe, ihm entsprechend.
21 Da ließ Gott, der HERR, einen tiefen Schlaf auf den Menschen fallen, so dass er einschlief. Und er nahm eine von seinen Rippen und verschloss ihre Stelle mit Fleisch;
22 und Gott, der HERR, baute die Rippe, die er von dem Menschen genommen hatte, zu einer Frau, und er brachte sie zum Menschen.
23 Da sagte der Mensch: Diese endlich ist Gebein von meinem Gebein und Fleisch von meinem Fleisch; diese soll Männin heißen, denn vom Mann ist sie genommen.
24 Darum wird ein Mann seinen Vater und seine Mutter verlassen und seiner Frau anhängen, und sie werden zu einem Fleisch werden.
25 Und sie waren beide nackt, der Mensch und seine Frau, und sie schämten sich nicht.

Schreibe auf, was du in dieser Stelle über den *Mann* und die *Frau* erfährst.

DER MANN DIE FRAU

In 1. Mose 1 erfahren wir, dass Mann und Frau am sechsten Tag erschaffen wurden; doch laut 1. Mose 2 fand ihre Erschaffung nicht gleichzeitig statt. Zuerst erschuf Gott Adam aus dem Staub der Erde, anschließend formte er die Frau aus einer Rippe, die er der Seite des Mannes entnommen hatte. Gott wollte deutlich machen, welchen Zweck er mit der Erschaffung der Frau verfolgte: Sie sollte eine „Hilfe“ für den Mann sein, da sich unter den „Tieren des Feldes“ keine passende Gefährtin für ihn fand. Die hebräischen Wörter, die mit „eine Hilfe, ihm entsprechend“ übersetzt wurden, lauten *ezer neged. Ezer* bedeutet „Hilfe“, *neged* ist ein „Gegenstück“ oder „Partner“.
Wenn es „nicht gut ist, dass der Mensch allein sei”, hätte Gott dann nicht einfach einen weiteren Mann erschaffen können, um Adam einen Gefährten zu geben? Gibt es einen Unterschied zwischen den Geschlechtern? Du musst wissen, welche Antwort die Bibel auf diese Frage gibt, denn in unserer Gesellschaft findet eine Ansicht, die im Widerspruch zur Bibel steht, immer mehr Verbreitung.
Ich besitze die handschriftlichen Notizen eines Studenten, der im Jahr 1979 eine Lehrveranstaltung über die Entwicklung von Kindern besuchte. Bei den folgenden Zeilen (sie geben die Aussagen des Vortragenden wortwörtlich wieder) handelt es sich leider nicht um die isolierten Ansichten eines einzelnen Liberalen, sondern um ein System ausgeklügelter Lügen, die allgemein gelehrt – und akzeptiert – werden mussten, um den Weg für jene Perversionen zu bereiten, die im Namen „wissenschaftlicher“ Untersuchungen heute gang und

gäbe sind. Ich möchte nur die ersten drei Aussagen zitieren; sie reichen aus, um einen Eindruck zu gewinnen.

1. Wir wurden asexuell geboren – weder homosexuell noch heterosexuell.
2. Die Sexualität von Kindern wird durch elterliche Einflüsse in den ersten zwei Lebensjahren geprägt.
3. Unser sexuelles Verhalten ist erlernt. Der Sexualtrieb wird durch unsere Umwelt vermittelt.

Zwar beruhen diese Aussagen angeblich auf den neuesten wissenschaftlichen Erkenntnissen im Bereich der Erforschung menschlicher Sexualität, aber entsprechen sie der Wahrheit? Stehen sie mit dem Wort Gottes im Einklang?

Was haben wir in 1. Mose 1 und 2 erfahren? Wurden wir wirklich asexuell erschaffen?

Wurden wir erschaffen, um asexuelle Nachkommen zu zeugen? 1. Mose 4 gibt eine konkrete Antwort auf diese Frage. Als Eva ihr erstes Kind zur Welt brachte, sagte sie: „Ich habe einen *Mann* hervorgebracht mit dem HERRN“ (Vers 1). Eva wusste sofort, dass ihr Kind nicht weiblich war so wie sie selbst. Ein Mensch, ja; aber kein Mädchen: seine Anatomie war anders, und dieser Unterschied zeigte sich bereits bei der Geburt. Und das war schon immer so.

Gott bestimmt das Geschlecht eines Kindes, und dieses Geschlecht ist, außer in ganz seltenen Fällen, bereits bei der Geburt offenkundig. Der Unterschied besteht jedoch nicht nur in der Anatomie. Man kann einen kleinen Jungen in einer femininen Umgebung aufziehen, doch das hat keinen Einfluss auf das Y-Chromosom, das ihn zu einem Mann macht, oder auf den Testosterongehalt in seinem Körper, ein Hormon, das sechs bis sieben Wochen nach der Befruchtung der Eizelle wirksam wird und die Menge an Testosteron in dem Körper eines Mädchens um ein Vielfaches übersteigt.

Wenn Kinder das Pubertätsalter erreichen, dann spielt es keine Rolle, in welcher Umgebung sie aufgewachsen sind, welche Kleider ihnen angezogen wurden oder ob ihnen eine bestimmte geschlechtliche Rolle aufgezwängt wurde. Im Körper eines Mädchens wird die Menge an Östrogen um das Acht- bis Zehnfache höher sein als im Körper eines Jungen, und seine Menge an Testosteron wird ihre um das Fünfzehnfache übersteigen[1]. Die Umwelt kann zwar beeinflussen, wie wir uns selbst sehen, was wir als normal betrachten und was wir bevorzugen – aber unser *Geschlecht* kann sie nicht verändern, ansonsten würden manche Leute nicht versuchen, ihr Geschlecht operativ ändern zu lassen...

Wenn wir nach der unverfälschten Wahrheit suchen, dann ist die Bibel die beste Quelle dafür. Gott teilt uns in seinem Buch mit, dass wir entweder als Mann oder als Frau erschaffen wurden. Eva wurde als passende Hilfe, als Gefährtin für Adam erschaffen. Beiden gemeinsam gab Gott die Fähigkeit, Nachkommen zu zeugen. Zwei Männer – ungeachtet ihrer Erziehung – können kein Kind zeugen, ebensowenig können es zwei Frauen. Ein Kind entsteht nur durch eine Eizelle plus eine Samenzelle – und dafür ist ein Mann und eine Frau notwendig!

Gott hat also keinen zweiten Mann als Gefährten für Adam erschaffen, sondern eine Frau - Eva. Adam und Eva bekamen den Auftrag, „fruchtbar zu sein und sich zu mehren", indem sie männliche und weibliche Babys zeugten, die ihrerseits aufwachsen und männliche und weibliche Nachkommen haben sollten.

Wie sollte das vor sich gehen? In 1. Mose 2,24 lesen wir: „... und sie werden zu *einem* Fleisch werden". Was ist damit gemeint?

Die Antwort auf diese Frage finden wir in 1. Korinther 6,15-18. Berücksichtige beim Lesen dieser Stelle, dass der Apostel Paulus an Christen schrieb. Ein echter Christ ist ein Mensch, in dem der Heilige Geist wohnt. Christentum bedeutet: *Christus in uns*; d. h., unser Körper wird zum Tempel des Herrn.

Markiere beim Lesen die folgenden drei Wörter mit unterschiedlichen Farben oder Symbolen: *ihr* (bzw. *euer*) sowie jede Erwähnung der Begriffe *Hure* und *Unzucht*. Die Verwendung verschiedener Farben erleichtert das Finden eines bestimmten Wortes im Text. (Ich empfehle dir, beim Studium dieses Buches fünf bis sechs Farbstifte oder zumindest einen Kugelschreiber

---

[1] Dr. James Dobson, *Bringing Up Boys: Practical Advice and Encouragement for Those Shaping the Next Generation of Men* (Wheaton, Illinois: Tyndale, 2001), 19-28.

mit drei verschiedenen Farben zur Hand zu haben.) Wenn die Verwendung verschiedener Farben für dich unpraktisch ist, dann unterstreiche das Wort *ihr* und markiere *Hure* mit einem Pfeil ↓ sowie *Unzucht* mit einem großen „**U**".

1. KORINTHER 6,15-18

15 Wisst ihr nicht, dass eure Leiber Glieder Christi sind? Soll ich denn die Glieder Christi nehmen und zu Gliedern einer Hure machen? Das sei ferne!
16 Oder wisst ihr nicht, dass, wer der Hure anhängt, ein Leib ‹mit ihr› ist? »Denn es werden«, heißt es, »die zwei ein Fleisch sein«.
17 Wer aber dem Herrn anhängt, ist ein Geist ‹mit ihm›.
18 Flieht die Unzucht! Jede Sünde, die ein Mensch begehen mag, ist außerhalb des Leibes; wer aber Unzucht treibt, sündigt gegen den eigenen Leib.

Was erfährst du in den markierten Textstellen über *uns*?

Was bedeutet laut dieser Stelle und 1. Mose 2 der Satz: „... die zwei werden ein Fleisch sein"?

Was meint Paulus mit dem Begriff „Unzucht" konkret?

Laut Gottes wunderbarem Plan bedeutet Sex also, *ein Fleisch zu werden*. Als er Adam und Eva erschuf, gab er ihnen die anatomischen Merkmale, durch die sie im Geschlechtsakt körperlich einswerden konnten.

Als Gott unseren Körper formte, gab er uns die Fähigkeit, eine unvergleichliche ekstatische Erfahrung zu machen: Hormone, Nerven, Sinnesorgane und andere körperliche Eigenschaften spielen in Gottes Plan zusammen, um die körperliche Vereinigung der Ehepartner zu einem lustvollen Erlebnis zu machen:

eine ekstatische Erfahrung, die alle Erwartungen weit übertrifft...

ein Eintauchen in eine Welle von Leidenschaft...

ein Empfinden der Unbeschwertheit und des Glücks...

Erregung, die uns alles andere vergessen lässt...

und schließlich ein Zustand totaler Erschöpfung, ein Befreitsein von jeder Spannung und ein Gefühl vollkommener Befriedigung.

Sex hat seine eigene Schönheit, und das Erstaunliche ist: Sex wurde von Gott erfunden!

Gott hätte Sex eigentlich auch ganz anders gestalten können. Er hätte uns eine Reihe mechanischer Anweisungen geben können: wer ein Baby haben will, muss erstens das tun, zweitens jenes, und drittens dieses. Dabei ist zu beachten, dass... Neun Monate später sollte das Kind zur Welt kommen; wenn nicht, Vorgang so lange wiederholen, bis ein Resultat eintritt.

Keine Gefühle, keine Leidenschaft, keine Erregung – nur mechanisches Handeln.

Ganz im Gegenteil! Sex ist nicht mechanisch, sondern leidenschaftlich. Sex in seiner perfekten, geheiligten, reinen Form stärkt nicht nur das Bewusstsein der Ehepartner, einander zu gehören, sondern auch die Sehnsucht füreinander. Die Vereinigung von Mann und Frau ist ein Bild für das Einswerden zwischen dem Herrn und seiner Braut, zwischen Gott und seinem Volk Israel.

EINE PERFEKTE LIEBESGESCHICHTE...

Die Bibel ist von der ersten bis zur letzten Seite eine göttliche Liebesgeschichte. Sie beginnt mit der Geschichte eines Mannes und einer Frau, die zu *einem Fleisch* werden. Im letzten Kapitel der Bibel laden der Geist und die Braut ein, sich Gottes Familie anzuschließen[2]. Das Alte Testament betont den Wert ehelicher Treue und warnt vor den schmerzhaften Folgen von Ehebruch. Gott malt auf dem Hintergrund des Alten Testaments ein Bild seiner Liebesbeziehung zu Israel.

In Hesekiel 16 beschreibt Gott die Geburt der Nation, ihre Einsamkeit und sein Mitleid, als er Israel sozusagen auf freiem Feld findet – wie ein blutverschmiertes neugeborenes Kind, dessen Nabelschnur nicht durchtrennt und das nicht gewaschen worden war. Mit rührenden Worten beschreibt Gott seine Fürsorge für Israel, bis sie sozusagen das heiratsfähige Alter erreicht. In Jeremia 2 erinnert sich Gott an die Verlobungszeit mit seinem Volk, als Israel ihm durch die Wüste folgte. Und schließlich kam der Tag, an dem Israel seine Frau wurde: „Und ich ging wieder an dir vorüber und sah dich, und siehe, deine Zeit war da, die Zeit der Liebe; und ich breitete meinen Zipfel über dich aus und bedeckte deine Blöße. Und ich schwor dir und trat in einen Bund mit dir, spricht der Herr, HERR, und du wurdest mein“ (Hesekiel 16,8)

Ein Bund ist eine feierliche Übereinkunft zwischen zwei Partnern – einem größeren und einem geringeren, oder zwei gleichrangigen -, die unter bestimmten Bedingungen eine Verpflichtung zueinander eingehen. Ist ein Bund einmal geschlossen worden, darf er nicht gebrochen werden. In einer Bundesbeziehung werden zwei *eins*; sie leben nicht mehr unabhängig voneinander, sondern sind nunmehr verpflichtet, einander beizustehen und zu verteidigen, alles miteinander zu teilen und bis zum Tod füreinander da zu sein. Das Prinzip des Bundes ist eine so

---

[2] Offenbarung 22,17.

ernste Angelegenheit, dass Gott selbst bei jedem Bundesschluss Zeuge ist und darüber wacht, dass die Bedingungen eingehalten werden. Sollte es zu einem Bundesbruch kommen, wird er dem Betrogenen beistehen und den Übertreter bestrafen. Im Buch Maleachi bezeichnet Gott die Ehe als einen Bund und fügt hinzu, dass er es hasst, wenn ein Ehemann sich von der „Frau seiner Jugend" scheiden lässt[3].

Die Bibel wird nicht müde, die Liebesbeziehung Gottes zu seinem Bundesvolk mit allen möglichen Bildern zu beschreiben. Nichts ist für Israel zu gut. Gott beschenkt sie mit Schmuck, legt ihr Armreifen an, hängt ihr eine Kette um den Hals und setzt ihr eine prachtvolle Krone auf. Ihr Gewand besteht aus feinstem Leinen, Seide und besticktem Samt. Sie bekommt die besten Speisen zu essen. Gott gibt ihr in ihrer Schönheit einen Platz auf dem königlichen Thron. Er umgibt sie mit seiner Pracht, und ihr Ruhm verbreitet sich.

Und dann passierte es.

Israel vertraute auf ihre eigene Schönheit, wurde zur Prostituierten und stellte sich jedem Vorübergehenden zur Verfügung. Sie opferte ihre Kinder auf dem Altar der Berühmtheit und des Glücks[4]. Ihre einstige Lieblichkeit wurde zur Liederlichkeit. Sie stellte ihre Blöße zur Schau, und Gottes Herz brach.

Um Israels Aufmerksamkeit zu erwecken, stellte Gott ihr schließlich einen Scheidebrief aus und schickte sie weg – doch sie verlor nie den Platz in seinem Herzen.

Sie sank immer tiefer und tiefer, bis sie schließlich auf dem Sklavenmarkt feilgeboten wurde – und an diesem Punkt griff Gott ein, um Israel, seine Geliebte, zu erlösen. (Der Prophet Hosea beschreibt diese Episode aus Israels Geschichte anhand seiner persönlichen Erfahrung mit seiner Frau Gomer.)

Israels Erlösung vom Sklavendasein wurde schließlich durch Jesus vollbracht, den Sohn Gottes und Nachkommen Israels, dessen Name soviel wie „Gott ist unsere Rettung" bedeutet, weil er „sein Volk von ihren Sünden retten wird"[5]. Als Jesus

---

[3] Maleachi 2,14-16.

[4] Hesekiel 16.

[5] Matthäus 1,21.

herangewachsen war, suchte Gott nach einer Braut für seinen Sohn. Diese Braut – ein „Mischling“ aus Juden und Heiden in einem Leib – musste ebenfalls befreit werden, und zwar um einen schrecklichen Preis. Der Vater und der Sohn zögerten keine Sekunde, diesen Preis zu bezahlen, und sie fassten den Entschluss, die Braut mit dem Blut ihres Verlobten - des einzigen Sohnes Gottes - zu erlösen.
Dieser Ehebund zwischen Jesus und seiner Braut, der Gemeinde, wurde auf Golgatha geschlossen, aber er wurde noch nicht vollzogen. Jesus bereitet im Haus seines Vaters einen Platz für seine Braut vor. Die Diener des Vaters wachen über sie und erinnern sie daran, rein zu bleiben, damit sie ihrem Bräutigam als unberührte Jungfrau begegnen kann, wenn er beim Schall der letzen Posaune kommen wird, um sie unter Jubelrufen zu sich zu nehmen. Sie sehnt sich nach ihm und lebt in der Erwartung dieses großen Tages, bereitet ihr reines weißes Hochzeitsgewand vor und schickt die Einladungen zum Hochzeitsmahl des Lammes aus.
Das „Buch der Bücher“, die Bibel, beginnt mit der Hochzeit im Garten Eden und endet mit jener Hochzeit, bei der das neue Jerusalem als geschmückte Braut vom Himmel auf die Erde herabkommen wird.
In der Mitte der Bibel wiederum finden wir das größte Liebeslied, das je geschrieben wurde: das Hohelied Salomos - eine Schilderung der Schönheit von Sex und leidenschaftlicher Liebe, einer Liebe, die unsere tiefsten Sehnsüchte stillt, so dass wir kein Verlangen nach irgend jemand anderem mehr haben, denn: „... ich gehöre meinem Geliebten, und mein Geliebter gehört mir... und nach mir ist sein Verlangen.“ (Hohelied 6,3; 7,11). Gott wird in diesem Buch zwar nicht erwähnt, doch es schildert all das, was er im Sinn hatte, als er uns „männlich und weiblich“ erschuf. Das Hohelied warnt uns davor, „die Liebe zu erwecken, bevor es ihr selber gefällt[6]„ damit wir ihre einzigartige Schönheit und Intimität nicht verletzen.

---

[6] Hohelied 2,7.

2

Das Portrait einer Jungfrau

Warum soll ich mit Sex unbedingt bis zur Ehe warten?

Eine junge Frau schrieb mir die folgenden Zeilen:

> Ich hatte das Glück, in einer liebevollen Familie mit strengen moralischen Grundsätzen aufzuwachsen, in der jedes einzelne Familienmitglied wirklich wichtig war. Meine Eltern sind mittlerweile vierunddreißig Jahre verheiratet und waren einander immer treu, was heute selten zu finden ist...
> Leider hatten unsere moralischen Grundsätze zur Folge, dass ich ganz alleine dastand, wenn ich mit Fragen des Lebens und der Sexualität konfrontiert wurde. Meine Eltern dachten, anständige Menschen beschäftigen sich einfach nicht mit Sexualität und sexuellen Dingen. Ich führte ein anständiges Leben vor allem aus dem Grund, weil ich nie Versuchungen ausgesetzt wurde. Ich dachte, die einzigen Leute, die Probleme mit sexuellen Versuchungen haben, sind diejenigen, die an wilden Partys teilnehmen oder mit wilden Typen befreundet sind.
> Da ich aufgrund einer Sehbehinderung in einer sehr beschützten Umgebung aufwuchs, war ich

weder in der Schule noch später auf der Universität besonders beliebt. Autofahren konnte ich wegen meiner Behinderung nicht, und so zog ich mich in mein familiäres Umfeld zurück. Ich wurde nie richtig reif. Während meine Altersgenossen und Mitschüler Beziehungen eingingen, sich verlobten und schließlich heirateten, war ich noch immer das kleine Mädchen, das im Schutz der Familie lebte.

Doch an einem bestimmten Punkt wurde ich rebellisch. Ich ertrug es nicht mehr, wegen meiner Unreife und Unfähigkeit, mich des Lebens zu erfreuen, gehänselt zu werden. Ich versuchte alles Mögliche, um Anschluss zu finden, aber sobald meine Naivität zutage trat, wurde ich im Regen stehen gelassen. Ich hatte buchstäblich keine sozialen Kontakte. Jedes Wochenende fuhr ich von der Universität nach Hause, vergrub mich in meinen Büchern und begann, Kurzgeschichten zu schreiben, von denen ich keine einzige je fertig stellte.

Dann kam mein letztes Studienjahr und die Gelegenheit, ein Praktikum bei einem lokalen Radiosender zu absolvieren. Dort traf ich einen vierunddreißigjährigen Mann (wir wollen ihn Don nennen) und entschied mich, eine Beziehung zu ihm einzugehen - sozusagen mein erster Versuch, „normal" zu werden. Das war der Zeitpunkt, an dem ich wirklich begann, gegen meine Eltern zu rebellieren. Ich war fast einundzwanzig und hatte bis dahin noch nie jemanden kennen – oder lieben – gelernt, aber ich dachte mir: wenn er nicht verheiratet ist, dann gehört er mir! Es stellte sich heraus, dass er eine Scheidung hinter sich hatte und der Vater eines dreizehnjährigen Sohnes war.

Ich tat, was ich konnte, um seine Aufmerksamkeit zu erwecken, auch wenn einiges völlig im

Widerspruch zu unseren familiären Prinzipien stand, wie zum Beispiel meine Kleidung. Mein Leben wurde auf einmal zu einer großen Täuschung. Wenn ich zu Hause war, vermied ich es, von Don zu sprechen. Irgendwie wusste ich, dass er nicht mein Typ war und ich entdeckte vieles an ihm, was mich störte, aber das war mir egal – ich war endlich frei!

Irgendwann zeigte mein Bemühen endlich Erfolg, und Don verabredete sich mit mir. Meine Eltern unterstützten mich insofern, als sie mir die Freiheit ließen, und zunächst ging auch alles sehr gut: Minigolf, stundenlange Gespräche in seiner Wohnung, der erste Kuss. Mit der Zeit begannen wir, im sexuellen Bereich zu experimentieren. Bei unserer dritten Verabredung sahen wir uns – nach einem Besuch im Einkaufszentrum und einem gemeinsamen Abendessen im Restaurant - den ersten Sexfilm an, den ich je gesehen hatte.

In den darauffolgenden Wochen ließ ich mich zögernd, aber doch überreden, Dons sexuellen Erwartungen entgegenzukommen. Er argumentierte, dass alle normalen Mädchen diese Dinge tun und lieben. Das ganze war jedoch so grauenhaft und so pervers, dass ich mich schließlich in psychiatrische Behandlung begeben musste. Mit der Hilfe meines Therapeuten versuchte ich, zu einem normalen Leben zurückzufinden, aber die Alpträume plagten mich weiterhin.

Dann bekam ich eine Stelle in einer christlichen Fernsehstation. Für mich war das wie ein Neubeginn, obwohl die Narben noch immer da waren. Einige Zeit darauf bekehrte ich mich... Doch obwohl ich mit ganzem Herzen nach der Wahrheit suchte, war ich immer noch verwirrt. Vor kurzem habe ich dann eine Ihrer christlichen Fernsehsendungen gesehen, und auf ein-

mal wurde mir alles klar. Sie haben mir sehr viel über einen bestimmten Bereich beigebracht, den ich bislang immer ignorierte: meine eigene Sexualität. Meine Zerbrochenheit wurde endlich geheilt.
Ich fühle mich jetzt wieder wie eine Jungfrau.

EIN GESCHENK FÜRS LEBEN

Wenn die Ehe ein Bild für Gottes Beziehung zu Israel ist und er Israel wegen ihrer Untreue als Hure bezeichnet, und wenn Gott der Gemeinde – der Braut Christi - Ehebruch vorwerfen musste, weil sie mit der Welt Freundschaft schloss, dann stellt sich die Frage, welchen Wert Gott unserer Jungfräulichkeit beimisst (wobei dieser Begriff sowohl für Frauen als auch für Männer gilt, wie wir noch sehen werden). Mit dieser Frage wollen wir uns als nächstes auseinandersetzen. Wenn du nicht verheiratet bist, aber deine Jungfräulichkeit verloren hast, dann lies bitte trotzdem weiter. Lass dich nicht von dem Gedanken abhalten, dass die Beschäftigung mit diesem Thema zu viele schmerzhafte Erinnerungen wachrufen könnte, nur weil du deine Jungfräulichkeit verloren hast oder sie dir gewaltsam weggenommen wurde. Den Kopf in den Sand stecken bringt nichts, sondern führt nur dazu, dass uns die Erinnerungen an die Vergangenheit ein Leben lang quälen. Um von diesen Qualen frei zu werden, brauchst du Heilung und musst zu der Unberührtheit zurückfinden, die Gott für dich beabsichtigt, so wie die junge Frau, deren Brief wir gerade gelesen haben. Lies daher bitte weiter und lass dir von Gott helfen!
Wir werden im 5. Buch Mose beginnen, einem der ersten fünf Bücher in der Bibel. Diese Bücher werden zusammen als das Gesetz, die Torah oder der Pentateuch bezeichnet.
Lies 5. Mose 22,13-21. Diese Stelle erklärt, was getan werden musste, wenn ein Ehemann behauptete, seine Frau wäre bei der Eheschließung keine Jungfrau mehr gewesen. Unterstreiche beim Lesen die Wörter *Jungfrau*, *junge Frau* oder *Jungfrauschaft* überall dort, wo sie im Text vorkommen, mit einer be-

stimmten Farbe oder markiere sie mit einem großen „**J**". (Ich empfehle dir, verschiedene Farben für das Markieren der sogenannten *Schlüsselwörter* – jene Wörter, die für die Aussage des Textes wichtig sind – zu verwenden, weil man verschiedene Farben besser sieht als Symbole in der gleichen Farbe.)

5. MOSE 22,13-21

13 Wenn ein Mann eine Frau nimmt und zu ihr eingeht, und er hasst sie

14 und legt ihr Taten zur Last, die sie ins Gerede bringen, und bringt sie in schlechten Ruf und sagt: Diese Frau habe ich genommen und mich ihr genaht und habe ‹die Zeichen der› Jungfrauschaft nicht an ihr gefunden! -,

15 dann sollen der Vater der jungen Frau und ihre Mutter die ‹Zeichen der› Jungfrauschaft der jungen Frau nehmen und zu den Ältesten der Stadt ins Tor hinausbringen.

16 Dann soll der Vater der jungen Frau zu den Ältesten sagen: Ich habe meine Tochter diesem Mann zur Frau gegeben, und er hasst sie.

17 Und siehe, er legt ihr Taten zur Last, die sie ins Gerede bringen, indem er sagt: Ich habe an deiner Tochter die ‹Zeichen der› Jungfrauschaft nicht gefunden! Dies ‹hier› sind nun die ‹Zeichen der› Jungfrauschaft meiner Tochter. Und sie sollen das Tuch vor den Ältesten der Stadt ausbreiten.

18 Und die Ältesten jener Stadt sollen den Mann nehmen und ihn züchtigen.
19 Und sie sollen ihm eine Geldbuße von hundert ‹Schekel› Silber auferlegen und sie dem Vater der jungen Frau geben, weil er eine Jungfrau in Israel in schlechten Ruf gebracht hat. Und sie soll ‹weiterhin› seine Frau sein; er kann sie nicht entlassen alle seine Tage. -
20 Wenn aber jene Sache Wahrheit gewesen ist, die ‹Zeichen der› Jungfrauschaft sind an der jungen Frau nicht gefunden worden,
21 dann sollen sie die junge Frau hinausführen an den Eingang des Hauses ihres Vaters, und die Männer ihrer Stadt sollen sie steinigen, dass sie stirbt, weil sie eine Schandtat in Israel verübt hat, zu huren im Haus ihres Vaters. Und du sollst das Böse aus deiner Mitte wegschaffen.

Um welche Personen geht es in dieser Stelle? Schreibe sie auf.

Was erfährst du über die Begriffe *Jungfrau* bzw. *Jungfrauschaft*? Schreibe alles auf, was der Text darüber sagt – und zwar *nur* das, denn schließlich wollen wir ja herausfinden, was *Gott* über Sex gesagt hat.

Das Besondere an einer Jungfrau ist, dass sie noch nie mit einem Mann Geschlechtsverkehr hatte. Als Gott den Körper der Frau formte, gab er ihr ein Kennzeichen für den Zustand der Jungfräulichkeit. Er gab der Frau eine Vagina, die den Penis des Mannes beim Geschlechtsverkehr aufnimmt, und in der Vagina befindet sich das Hymen, eine Membran, welche die Öffnung der Vagina zum Teil verschließt und gerade genug Platz für den Blutfluss bei der monatlichen Regelblutung lässt. Gott gab der Frau also ein Siegel ihrer Jungfräulichkeit. In der Hochzeitsnacht gibt sie dem Ehemann ihren jungfräulichen Zustand als Geschenk; ein Geschenk, das er dann öffnet, wenn er mit seiner Frau zu *einem* Fleisch wird.

Es ist dir vielleicht peinlich, darüber zu reden (eigentlich spricht es für dich, wenn du zu den Menschen gehörst, die noch erröten können!), aber ich bringe diese Dinge nur deshalb zur Sprache, weil du wissen sollst, wie man feststellen kann, ob ein Mädchen Jungfrau ist oder nicht. Und obwohl manches daran peinlich ist, dürfen wir nicht vergessen, dass es Gott war, der unseren Körper mit allen seinen Merkmalen erschaffen hat – „und Gott sah alles, was er gemacht hatte, und siehe, es war sehr gut“[1]!

Was war also der Beweis für die Jungfräulichkeit einer Frau angesichts solcher Vorwürfe, oder für den Fall, dass der Mann ihrer müde war und sich von ihr scheiden wollte? Der Beweis war das „Tuch“ – ihr Brautgewand oder das Leintuch, das in der Hochzeitsnacht verwendet wurde.

Zur Zeit des Alten Testaments gab es eine Eheschließung in unserem Sinn nicht. Statt dessen wurde ein Ehevertrag abgeschlossen, und das Mädchen wurde ihrem künftigen Mann zur Frau versprochen. Obwohl dieser Vertrag lange vor dem eigentlichen Hochzeitstag gemacht wurde, war er bindend und durfte nicht gebrochen werden, außer es stellte sich in der Hochzeitsnacht heraus, dass das Mädchen keine Jungfrau mehr war[2].

---

[1] Genesis 1,31.

[2] Ein Beispiel dafür sehen wir in dem Bericht über Maria und Joseph. Die Jungfrau Maria war mit Joseph verlobt, als der Engel ihr mitteilte, dass sie schwanger werden und den Sohn Gottes zur Welt bringen sollte. Als Joseph von der Schwangerschaft Marias erfuhr, wollte er

Am Tag der Hochzeit schmückte die Familie der Braut das Haus, bereitete ein Festmahl vor und half dem Mädchen, sich für den Bräutigam zurechtzumachen und ihr Brautgewand anzuziehen. Sobald alles bereit war, schickte der Bräutigam seine Freunde, um die Braut zu holen. Mit Fackeln in den Händen kam der festliche Zug im Dunkel der Nacht zum Haus der Braut, „entführte" das Mädchen und brachte sie zum Haus des Bräutigams. Alle geladenen Gäste – die Jungfrauen mit ihren Öllampen und die Männer mit ihren Fackeln – trugen festliche Gewänder. Es war ein aufregendes, lautes Ereignis; die Leute wurde aus dem Schlaf gerissen und eilten auf die Flachdächer ihrer Häuser, um wenigstens einen Blick auf die Braut werfen zu können.

Wenn die Braut nicht mehr weit vom Haus des Bräutigams war, wurde der Ruf laut: „Siehe, der Bräutigam kommt!" Er kam ihr entgegen, um sie als seine Bundespartnerin in Empfang zu nehmen.

Später zogen sich Braut und Bräutigam in das Brautzelt oder die Brautkammer zurück, um ihren Ehebund zu vollziehen. Der Bräutigam „ging zu seiner Braut ein", wie die damalige Redewendung lautete. Über dem Hochzeitsbett gab es einen Baldachin, die *chuppah*; die Braut lag auf ihrem Brautgewand oder Tuch. Der Blutfleck auf dem Brautgewand oder Tuch bezeugte die Tatsache ihrer Jungfräulichkeit und wies auf den Bundesschluss hin – auf eine feierliche Übereinkunft, die dadurch abgeschlossen wurde, dass ein Einschnitt gemacht wurde, bei dem Blut fließt[3]. Die zwei wurden zu *einem* Fleisch; die Ehe war damit vollzogen. Das Brautgewand, das mit dem Blut des Bun-

---

sie heimlich entlassen – sich von ihr scheiden lassen. Diese Scheidung hätte ihn von den Verpflichtungen des Ehebundes befreit.

[3] Der hebräische Ausdruck für Bundesschluss lautet *karath beriyth* – „einen Bund schneiden" und ist eine Anspielung auf die Tatsache, dass dabei ein Einschnitt gemacht wurde, bei dem Blut floss; z. B. gingen die beiden Parteien beim Bundesschluss manchmal zwischen den Hälften eines zerteilten Opfertieres hindurch (vgl. Genesis 15,9-18), um anzudeuten, dass sie ihre Unabhängigkeit aufgaben und eine unwiderrufliche Verpflichtung zueinander eingingen (Anmerkung des Übersetzers).

desschlusses gekennzeichnet war, wurde aufbewahrt und war der Beweis ihrer Jungfräulichkeit – jenes Geschenkes, das sie in der Hochzeitsnacht ihrem Bräutigam überreichte; ein Geschenk, das nur ein einziges Mal und nur einer einzigen Person gegeben werden konnte.

Diese Tatsachen zeigen deutlich, dass der jungfräuliche Zustand einer Frau als wertvoller Besitz betrachtet wurde, der unter allen Umständen gehütet werden musste. Der Mann, der ihr Herz gewann, gewann auch ihren Körper. Er war, solange beide lebten, der einzige, der sie auf diese Weise „kannte“. Die Bundesbeziehung, die durch das Zeichen der Jungfräulichkeit der Braut bekräftigt wurde, gab der Braut Sicherheit und bot beiden Ehepartnern Schutz vor den „kleinen Füchsen“, die, wie das Hohelied Salomos sagt, die Früchte des Weinstocks rauben wollen (Hohelied 2,15).

Heutzutage wird Jungfräulichkeit entweder belächelt oder sogar als Schande betrachtet, weil ein jungfräulicher Mensch offensichtlich so wenig begehrenswert ist, dass niemand mit ihr oder ihm schlafen will. Jungfräulichkeit gilt als überholt, und das ist ein Symptom dafür, dass in unserer Gesellschaft jedes moralische Empfinden beinahe ausgerottet ist.

Leute in meinem Alter denken gerne an die Fernsehserie *Ozzie and Harriet*[4] zurück, in der es um ein Ehepaar mit Kindern ging, um eine gesunde, typisch amerikanische Familie: Vater, Mutter und die Kinder wohnen alle im gleichen Haus und führen ein vorbildliches Leben, in dem Moral und Anstand eine wichtige Rolle im Alltag spielen. Wir alle sahen uns die Folgen von *Ozzie and Harriet* immer wieder gerne an, konnten uns damit identifizieren und lernten das Bild von Ehe und einem gesunden Familienleben schätzen, das diese Serie vermittelte.

Dann gab es auch ein Programm mit dem Titel *Peyton Place*[5]. In diesem Programm führten einige Personen zwar ein unmora-

---

[4] Amerikanische Fernsehserie aus den 50er Jahren (Anmerkung des Übersetzers).

[5] Eine der ersten sogenannte „Seifenopern” im amerikanischen Fernsehen. *Peyton Place* wurde in den Jahren 1964-1969 vom Fernsehsender ABC ausgestrahlt (Anmerkung des Übersetzers).

lisches Leben, taten es aber wenigstens im Geheimen, weil sie sich geschämt hätten, es öffentlich zu tun. Unzucht fand keine Duldung, auch nicht im Fernsehen. Warum war das damals so? Etliche Jahre davor hatte die amerikanische Filmindustrie immer wieder zügellosen Sex, Gewalt und Unzucht auf der Leinwand dargestellt, um die Zuschauerzahlen in die Höhe zu treiben. Zum Beispiel zeigte der 1933 entstandene Film *Ecstasy* erstmals in der Geschichte des Kinos eine kurze Nacktszene mit der Schauspielerin Hedy Lamarr. Im gleichen Jahr kam der Barbara Stanwyck-Film *Baby Face* in die Kinos, in dem es unter anderem um einen Vater ging, der seine Tochter zur Prostitution zwang, um seine Spielschulden zu bezahlen. Amerika war empört! Verantwortungsbewusste Bürger fassten den Entschluss, dem moralisch verderblichen Einfluss der Filmindustrie Einhalt zu gebieten. Die Römisch-katholische Kirche leitete gemeinsam mit anderen Konfessionen rechtliche Schritte gegen Hollywood ein. Im Hinblick auf die amtliche Zensur erließ die Filmindustrie im Jahr 1934 den „Motion Picture Production Code“[6], der von einem großen Anteil der amerikanischen Öffentlichkeit – darunter Katholiken, Protestanten und Juden - unterstützt wurde, mit dem Ziel, die amerikanische Gesellschaft zu schützen.

Obwohl alle Unterstützer des „Codes“ sich dem „First Amendment“[7] verpflichtet wussten (das übrigens nicht den Zweck hatte, Obszönitäten zu schützen), erkannten sie die Notwendigkeit, bestimmte Formen der „Unterhaltung“, die als schädlich für den Einzelnen und die Gesellschaft eingestuft werden mussten, zu verbieten. „Zu den allgemeinen Richtlinien des Codes gehörte unter anderem die Forderung, dass ‚kein Film produziert werden darf, der die moralischen Maßstäbe der Zuseher herabsetzt. Es dürfen nie Sympathien für Verbrechen, Fehlverhalten, Böses

[6] Gesetzliche Richtlinien für die Filmproduktion (Anmerkung des Übersetzers).

[7] Ergänzung zur amerikanischen Verfassung, die unter anderem das Recht auf freie Meinungsäußerung garantiert (Anm. d. Übers.).

oder Sünde geweckt werden.'„[8] Der Code enthielt außerdem die Forderung, dass „die Heiligkeit von Ehe und Familie hochzuhalten ist. Ein Film darf nie den Eindruck erwecken, dass sexuelle Beziehungen auf einer niedrigen Ebene akzeptabel oder allgemein verbreitet wären." Weiter heißt es: „Viele Szenen können nicht gezeigt werden, ohne dass in unreifen, jungen oder zur Kriminalität neigenden Zusehern gefährliche Neigungen wachgerufen werden. Es sollen zwar einerseits keine unrealistischen Ansprüche gestellt werden, andererseits gibt es doch bestimmte Dinge, die von den Gesetzgebern allgemein als unvereinbar mit den Richtlinien für eine gefahrlose Darstellung (auf der Leinwand; Anm. d. Übers.) betrachtet werden."[9]

Die Fernsehindustrie wollte sich nicht auf die gleiche Kontroverse einlassen wie die Filmindustrie. Jedesmal, wenn den Zuschauern über die Kamera ein Blick in die Schlafzimmer von Ozzie und Harriet Nelson, von June und Ward Cleaver in der Serie *Leave It to Beaver*[10] oder von Lucy und Ricky Ricardo in *I Love Lucy*[11] geboten wurde, sahen sie getrennte Betten. Die Zensoren jener Zeit wollten sicherstellen, dass ein Mann und eine Frau nie und auch nicht andeutungsweise gemeinsam in einem Bett dargestellt wurden.

Auch mir sind damals, obwohl ich noch klein war, die getrennten Betten aufgefallen, und ich sagte allen, die es hören wollten: „Wenn ich einmal heirate, werden wir nicht in getrennten Betten schlafen." Mir schien es einfach unverständlich, dass sich die beiden Ehepartner in verschiedenen Hälften des Schlafzimmers aufhalten sollten!

Es gab nichts, was ich mir sehnlicher wünschte, als zu heiraten. Ich wurde nie müde, meine Mutter und meinen Vater zu beobachten. Es kam mir jedoch kein einziges Mal der Gedanke in

---

[8] Ephraim Katz, „Production Code", *The Film Encyclopedia* (New York: Harper Collins, 1994).

[9] Katz, „Production Code".

[10] Situationskomödie im amerikanischen Fernsehen (1957-1963) (Anm. d. Übers.).

[11] Situationskomödie im amerikanischen Fernsehen (1951-1961) (Anm. d. Übers.).

den Sinn, dass die beiden Sex haben könnten. Mir war nur bewusst, dass sie einander liebten. Mein Vater gab meiner Mutter oft einen liebevollen Klaps auf den verlängerten Rücken, wenn sie an ihm vorbeiging. Und wenn im Radio irgend eine gute Musik zu hören war, kam meine Mutter aus der Küche, wischte ihre Hände an der Schürze ab und fiel meinem Vater in die Arme. Die beiden waren begeisterte Tänzer – und ich ebenso!
Fernsehserien wie *Ozzie and Harriet* oder *Father Knows Best*[12] waren deshalb so beliebt, weil sie uns an unser eigenes Familienleben erinnerten. Der Vater ging zur Arbeit; die Mutter führte den Haushalt; beim Abendessen war immer die ganze Familie versammelt. Mein Bruder Jack und ich machten unsere Hausaufgaben und stritten darüber, wer diesmal an der Reihe war, das Geschirr zu waschen. Ich verbrachte eine Menge Zeit vor dem Spiegel und interessierte mich intensiv für die Jungs. Ich konnte es kaum erwarten, erwachsen zu sein, mich zu verlieben, zu heiraten und eine Familie zu gründen. Unsere Tür stand stets offen; meine Eltern kannten meine Freunde und wussten immer, wo ich zu finden war. Unser Heim war der Mittelpunkt meiner Welt. Wir besaßen nicht viel, und das Geld war manchmal knapp, aber unser Familienleben war von Liebe und Zuneigung geprägt. Wir umarmten und küssten uns und sagten zueinander „ich liebe dich". Meine Mutter und mein Vater lebten diese Dinge vor. Ich fühlte mich sicher und beschützt.

EINE ZERBRECHLICHE SCHÖNHEIT

Eines Abends saß ich an meinem Schreibtisch, machte meine Hausaufgaben und hörte Radio. Es war ein wissenschaftliches Programm, in dem es um den Rhesusfaktor ging und darum, dass bei der Geburt eines Kindes Probleme auftauchen können, wenn der Vater und die Mutter einen unterschiedlichen Rhesusfaktor hatten. Ich hörte ganz fasziniert zu, denn ich wollte eines Tages Krankenschwester werden.

---

[12] Situationskomödie im amerikanischen Fernsehen (1954-1963) (Anm. d. Übers.).

Weil ich das ganze nicht so recht verstand, fragte ich meine Mutter: „Mama, was hat das Blut des Vaters überhaupt mit dem Baby zu tun?“
Ich kann mich noch genau an ihre Antwort erinnern: „Kay, das ist etwas ganz Wunderbares.“ Das war meine erste Lektion über Sex!
Heutzutage bekommen wir im Film und im Fernsehen ein völlig anderes Bild vermittelt. Die sexuelle Revolution der sechziger Jahre brachte eine Reihe neuer Situationskomödien und Seifenopern mit sich. 1968 wurde der „Motion Picture Production Code“ abgeschafft und durch ein freiwilliges Bewertungssystem ersetzt, das von der MPAA (Motion Picture Association of America[13]) propagiert wurde. Zehn Jahre später erfuhr die Zensur eine weitere Schwächung: der Oberste Gerichtshof entschied 1978, dass künftig auch Inhalte, die für Kinder ungeeignet sind, im Fernsehen gezeigt werden dürfen - außer zu den Tageszeiten, in denen die Kinder am ehesten vor dem Fernsehgerät saßen. 1993 wurde in der Serie *NYPD Blue*[14] Nacktszenen und grobes Fluchen bereits ohne jegliche Zensur gezeigt. Und wo waren das „Salz der Erde“ und das „Licht der Welt“? Wo waren die Christen, die einer solchen Missachtung familiärer Werte hätten entgegentreten sollen? Es hat fast den Anschein, dass die Mehrheit der Christen diese Fernsehprogramme gerne sah!
Heute gibt es in den Situationskomödien und Seifenopern, die zu den Tageszeiten ausgestrahlt werden, welche früher als Familienzeit galten, keine getrennten Betten mehr. Die Personen in der Serie *Friends*[15] gehen abwechselnd miteinander ins Bett; und in einer bestimmten Folge ging es um die Frage: „Wer ist überhaupt der Vater von Rachels Baby?“ Welcher Botschaft werden die Zuseher Abend für Abend ausgesetzt? Was wird heute als normal hingestellt? Jungfräulichkeit ist passé; Sex gilt als Teil des alltäglichen Lebens, als Norm – ungeachtet dessen, ob jemand ein Teenager ist, verheiratet ist oder nicht, oder ir-

---

[13] Vereinigung der Filmproduzenten Amerikas (Anm. d. Übers.).
[14] Polizeidrama im amerikanischen Fernsehen (erstmals 1993 ausgestrahlt) (Anm. d. Übers.).
[15] Situationskomödie im amerikanischen Fernsehen (erstmals 1994 ausgestrahlt) (Anm. d. Übers.).

gendeiner Bande von Verrückten angehört. Fast jeder Dialog ist mit sexuellen Anspielungen gespickt.
Das Fernsehen und andere Formen der „Unterhaltung“ zeigen Sex mit all seiner Erregung, Lust und Leidenschaft, aber nie in dem Zusammenhang, in den Sex eigentlich hineingehört: nämlich im Rahmen der Ehe bzw. einer gesunden, heilen Familie. Leider bekommen wir nur vorgesetzt, wie hässlich, schmutzig, widerwärtig, demoralisierend und destruktiv Sex sein kann, ohne je die Wahrheit zu hören: dass Sex etwas schönes ist, wenn wir Gottes Design befolgen.
Was hatte Gott mit Sex eigentlich im Sinn? Meine Mutter hatte behauptet: „Sex ist etwas ganz Wunderbares.“ Stimmt das? *Was* macht Sex zu einer wunderbaren Erfahrung? Die Schönheit von Sex tritt erst dann zutage, wenn wir uns an Gott wenden und ihn fragen, für wen Sex gedacht ist.
Jede Generation muss die Antwort auf diese Frage von Neuem hören. Gottes moralische Richtlinien sind zwar über alle Zeiten hinweg gültig, doch unsere Gesellschaft ändert sich bekanntlich. Aus diesem Grund muss jede Generation mit dem Wort Gottes konfrontiert werden. Werfen wir noch einmal einen Blick auf 1. Mose 2,22-25:

> 22 und Gott, der HERR, baute die Rippe, die er von dem Menschen genommen hatte, zu einer Frau, und er brachte sie zum Menschen.
> 23 Da sagte der Mensch: Diese endlich ist Gebein von meinem Gebein und Fleisch von meinem Fleisch; diese soll Männin heißen, denn vom Mann ist sie genommen.
> 24 Darum wird ein Mann seinen Vater und seine Mutter verlassen und seiner Frau anhängen, und sie werden zu einem Fleisch werden.
> 25 Und sie waren beide nackt, der Mensch und seine Frau, und sie schämten sich nicht.

Für wen ist Sex eigentlich gedacht? Für einen Mann, dem Gott eine Frau gibt, für die dieser Mann die volle Verantwortung übernimmt und sich verpflichtet, sie zu lieben und für sie zu sorgen - Gebein von seinem Gebein, und Fleisch von seinem Fleisch; eine Frau, für die er sogar seinen Vater und seine Mutter verlässt; eine Frau, mit der er sich für den Rest seines Lebens verbindet. Mit dieser Frau wird er zu *einem* Fleisch! Doch vor dem Sex kommt die Verantwortung.
Ist Sex wirklich nur für verheiratete Leute? Wir wollen einen weiteren Bibelvers lesen, der hunderte Jahre später niedergeschrieben wurde:

> Die Ehe sei ehrbar in allem, und das Ehebett unbefleckt! Denn Unzüchtige und Ehebrecher wird Gott richten. (Hebräer 13,4)

Für wen ist Sex laut diesem Vers gedacht?

Aus welcher Aussage in diesem Vers ergibt sich diese Schlussfolgerung?

Ich weiß, die Zeiten haben sich geändert, seit ich ein kleines Mädchen war. Angesichts der heutigen Überbetonung von Sex als etwas, das jeder mit jedem tut und ohne das man einfach nicht auskommt, ist es kaum vorstellbar, dass es noch Mütter gibt, die ihren Töchtern vor deren Hochzeit den Rat geben: „Du musst das eben über dich ergehen lassen." Vor Jahren war das eine oft gehörte Aussage; doch in unserer Zeit überwiegt – von den Teenagern angefangen über die Mittvierziger bis zu denen, die eine „midlife crisis" durchmachen – die Vorstellung von einer leidenschaftlichen Begegnung mit dem

anderen Geschlecht. Sex wird als die Tür zur Liebe betrachtet, doch in Gottes Buch ist es genau umgekehrt: Liebe ist die Tür zu Sex.
Vielleicht gehörst auch du zu denen, die von ganzem Herzen wünschen, sie hätten bis zur Eheschließung gewartet. Vielleicht bedauerst du zutiefst, dass du dieses einzigartige Geschenk der Jungfräulichkeit gedankenlos weggeworfen hast oder es jemandem gegeben hast, der es nicht zu schätzen wusste. Vielleicht hat dir niemand die Wahrheit gesagt – oder du hast sie zwar gekannt, aber trotzdem deinem Verlangen nachgegeben. Vielleicht wurde dir deine Jungfräulichkeit gewaltsam weggenommen, als du betrunken warst oder unter dem Einfluss von Drogen gestanden bist, oder jemand hat dich vergewaltigt, und nun erfüllt Bitterkeit deine Seele.
Hast du den Brief am Anfang dieses Kapitels aufmerksam gelesen? Zwar kannst du deine physische Jungfräulichkeit genausowenig zurückgewinnen wie diese junge Frau – da helfen keine Tränen, kein Bedauern, kein „wenn ich doch nur..." – doch du kannst genauso wie sie zu dem Punkt gelangen, wo du dich „wieder wie eine Jungfrau fühlst". Gott kann das bewirken und deine Reinheit wiederherstellen, indem er dich mit dem „Wasser seines Wortes wäscht", um dich „sich selbst darzustellen" als reine Jungfrau, als Braut, „die nicht Flecken oder Runzel oder etwas dergleichen habe", wie es im Epheserbrief 5,25-27 heißt.

Die Wege des Mannes

Wenden wir uns für einen Augenblick den Männern zu. Seit Generationen wird erwartet, dass ein Mädchen bis zur Eheschließung Jungfrau bleiben soll, aber gilt das auch für die Männer? *Männer sind schließlich Männer*, denkst du vielleicht. *Sie können ohne Sex einfach nicht auskommen! Diese jungen Burschen voll von Testosteron schaffen es einfach nicht, bis zur Eheschließung zu warten! Gott muss doch wissen, wie stark der männliche Sexualtrieb ist und wie leicht er durch das, was ein Mann sieht, hört und denkt, ausgelöst werden kann. Schließlich hat Gott den Sexualtrieb des Mannes erschaffen. Nein, Gott kann einfach nicht erwarten, dass sich ein Mann bis zur Ehe geduldet!*
Solche und ähnliche Argumente werden natürlich meist von

Männern vorgebracht. Männer wissen genau, wie leicht sie durch das, was sie sehen, erregt werden können; sie wissen selbst am besten, welche Kämpfe sie Tag und Nacht durchstehen, sobald ihre Hormone in Funktion getreten sind.
Aber was sagt Gott? Erwartet Gott auch von einem Mann, jungfräulich zu bleiben? In der Stelle aus dem 5. Buch Mose, die wir gerade studiert haben, ist ja nur von der Frau die Rede. Außerdem wird der Begriff *Jungfrau* in der Bibel nie für einen Mann verwendet. Heißt das also, Gott rechnet gar nicht damit, dass ein Mann jungfräulich bleibt, und er erwartet es auch gar nicht?
Wenn wir die Antworten auf diese Fragen kennen, werden wir vielleicht auch besser verstehen, welchen Stellenwert Jungfräulichkeit in unseren Augen und in den Augen unserer Gesellschaft haben sollte. Wir wollen zwei Stellen aus der Schrift betrachten und dann unsere Schlussfolgerungen ziehen.
Das Buch der Sprüche, Kapitel 5 beginnt mit den Worten: „Mein Sohn, horche auf meine Weisheit“. Wir wollen einige Verse aus diesem Kapitel lesen und dabei das Wort *Sohn* unterstreichen oder markieren.

Sprüche 5,15-23

15 Trinke Wasser aus deiner ‹eigenen› Zisterne und was aus deinem Brunnen quillt.

16 Sollen nach draußen verströmen deine Quellen, auf die Plätze die Wasserbäche?

17 Dir allein sollen sie gehören, doch keinem Fremden neben dir.

18 Deine Quelle sei gesegnet, erfreue dich an der Frau deiner Jugend!

19 Die liebliche Hirschkuh und anmutige Gemse - ihre Brüste sollen dich berauschen jederzeit, in ihrer Liebe sollst du taumeln immerdar!

20 Warum solltest du, mein Sohn, an einer Fremden
taumeln und den Busen einer anderen umarmen?
21 Denn vor den Augen des HERRN ‹liegen› eines je-
den Wege, und auf alle seine Bahnen gibt er acht.
22 Seine eigenen Sünden fangen ihn, den Gottlosen,
und in den Stricken seiner Sünde wird er festgehalten.
23 Ein solcher wird sterben aus Mangel an Zucht, und
in der Größe seiner Narrheit taumelt er dahin.

Lies die Stelle noch einmal und beantworte anschließend die folgenden Fragen: Was ist – im Licht des Zusammenhangs (des Themas) dieser Verse – mit dem *Wasser aus der Zisterne* und den *Quellen* gemeint?

Gibt diese Stelle eine Antwort auf die Frage, wo der Mann seine sexuelle Erfüllung finden soll?

Was sagt Gott also im Buch der Sprüche, Kapitel 5? Er sagt, dass der Mann sein sexuelles Verlangen zu Hause stillen soll. Die Brüste *seiner Frau* sollen ihn erfreuen, nicht die Brüste einer Fremden, einer Prostituierten oder einer Ehebrecherin. Er soll Wasser aus seiner eigenen Quelle trinken, wenn er Durst hat, d. h., wenn er sich nach einer sexuellen Erfahrung sehnt. Seine Quellen sollen nicht in der ganzen Stadt verströmen, auf allen Plätzen, d. h., sein Samen oder Sperma soll nicht einer Frau nach der anderen gegeben werden, denn schließlich enthält dieses Sperma sein eigenstes Leben, seine DNA.

Der Same des Mannes bestimmt das Geschlecht des Kindes. Er entscheidet, ob das Kind ein Junge oder ein Mädchen wird! Daraus wird ersichtlich, dass der Mann ein Partner des Schöpfers allen Lebens ist, der uns bereits kannte, bevor wir im Mutterleib geformt wurden, der unsere Tage zählte, bevor wir auf die Welt kamen[16]. Der Same des Mannes ist sein Eigentum, dient seiner Familie, trägt seinen Namen und enthält sein Erbe. Er beinhaltet sozusagen die Zukunft dieses Mannes. Wenn du den Segen Gottes erfahren willst, dann gibt es nur einen Platz, an dem dein Same gesät werden soll – die „Frau deiner Jugend".

Ein Mann sollte seine Kinder kennen und an ihrer Erziehung beteiligt sein. Ich möchte dir eine Frage stellen: Möchtest du wissen, wer dein Vater ist - oder wärst du damit zufrieden, das uneheliche Kind von irgendeinem Unbekannten zu sein? Hast du je über diese Frage nachgedacht? Die Antwort liegt auf der Hand, und es wäre unfair, wenn dein Sohn oder deine Tochter als uneheliche Kinder aufwachsen müssen, nur weil du deiner Begierde nachgegeben hast!

Werfen wir als nächstes einen Blick auf 1. Korinther 7. Dieser Brief war an eine Gemeinde gerichtet, die der Apostel Paulus gegründet hatte. Die Stadt Korinth war für Unzucht und sexuelle Ausschweifungen bekannt. Ihre Einwohner hatten einen so schlechten Ruf, dass damals das Wort „korinthisieren" geprägt wurde – ein Begriff, der soviel wie „an sexuellen Ausschweifungen beteiligt sein" bedeutete.

Im 7. Kapitel dieses Briefes beantwortet Paulus einige Fragen, die ihm die Korinther gestellt hatten. Es war das 1. Jahrhundert nach Christus; die Gemeinde bestand aus Menschen, die in der Vergangenheit „korinthisiert" hatten und sich dann zum Christentum bekehrten. Kein Wunder, dass diese Menschen Fragen hatten!

In seiner Antwort auf diese Fragen spricht Paulus unter anderem darüber, dass Männer bis zur Eheschließung bzw. wenn sie nicht heiraten, jungfräulich bleiben sollen.

Wir wollen vier Verse aus diesem Kapitel lesen und dabei die Wörter *Unzucht* und *enthalten* markieren. Verwende dafür zwei

---

[16] Psalm 139,13.15-16.

verschiedene Farben oder Symbole, denn schließlich geht es um zwei Begriffe mit gegensätzlicher Bedeutung. Unterstreiche auch alle Wörter, die sich auf die *Ehe* beziehen.

1. KORINTHER 7,1-2.8-9

> 1 Was aber das betrifft, wovon ihr mir geschrieben habt, so ist es gut für einen Menschen, keine Frau zu berühren.
>
> 2 Aber um der Unzucht willen habe jeder seine eigene Frau, und jede habe ihren eigenen Mann...
>
> 8 Ich sage aber den Unverheirateten und den Witwen: es ist gut für sie, wenn sie bleiben wie ich. *[Paulus war nicht verheiratet, als er diese Worte schrieb.]*
>
> 9 Wenn sie sich aber nicht enthalten können, so sollen sie heiraten, denn es ist besser, zu heiraten als ‹vor Verlangen› zu brennen.

Hinweis: Mit dem Wort *berühren* in Vers 1 ist eine sexuelle Berührung gemeint. Im klassischen Griechisch bedeutete dieses Wort soviel wie „ein Feuer entfachen".
Was erfahren wir in diesen Versen? Schreibe die Antworten auf die folgenden Fragen auf:

Welche Anweisungen für den Mann gibt Gott in den ersten beiden Versen, und wie werden sie begründet?

Was ist für die Unverheirateten „gut"?

Was sollen die Unverheirateten tun, wenn sie sich nicht „enthalten“ können? Weshalb?

Ich möchte die Frage noch einmal stellen, damit du nicht übersiehst, was der Text sagt: Aus welchem Grund sollte laut Vers 9 jemand, der sich nicht enthalten kann, heiraten?

Spricht Gott hier ein klares Verbot für Unzucht aus?

Wenn ja, was ist dann die Lösung für den Sexualtrieb des Mannes?

Wenn ein Mann vor sexuellem Verlangen „brennt“, dann ist es keine Lösung, außerhalb der Ehe sexuelle Beziehungen einzugehen, sondern er soll statt dessen heiraten! So einfach ist das! Gottes Wort gibt eine eindeutige Antwort, und du hast sie gerade mit deinen eigenen Augen gelesen. Außerhalb der Ehe sollen weder die Frau noch der Mann Sex haben. Gottes Lösung für unseren Sexualtrieb ist die Ehe, und Sex soll nur innerhalb der Ehe stattfinden. Laut dem Wort Gottes – und ungeachtet dessen, was unsere Gesellschaft behauptet – soll der Mann bis zur Eheschließung ebenso jungfräulich bleiben wie die Frau.
Vor Jahren war ich in Daytona Beach im Bundesstaat Florida, um gemeinsam mit Jan Silvious, einer lieben Freundin von mir, an einem neuen *Schritt für Schritt*-Bibelstudienkurs zu arbeiten, den der Herr mir ans Herz gelegt hatte: *Eine Ehe, die nicht be-*

reut werden muss[17]. Jan ist eine Autorin und Konferenzsprecherin und half mir beim Schreiben dieses Kurses. Jemand hatte uns für diese Zeit einen Bungalow am Strand zur Verfügung gestellt, und wir verbrachten einige schöne Tage mit gemeinsamen Studium und langen Strandspaziergängen. Der einzige Nachteil war der Zeitpunkt unsere Aufenthaltes, denn es war während der Frühjahrsferien, und die Strände waren mit Studenten übersät, die das Leben in vollen Zügen genossen.

Während eines unserer Spaziergänge fiel uns eine Gruppe lärmender junger Männer auf, die vom Dach eines Bungalows aus Kopfsprünge in einen Swimmingpool machten. „Die sind ja verrückt! Die werden sich noch den Hals brechen", sagte ich zu Jan.

„Typisch für junge Burschen", antwortete sie, und ich wusste, was sie meinte, denn wir beide waren Mütter von Söhnen.

Am nächsten Tag kamen wir wieder am gleichen Bungalow vorbei. Wir sahen diesmal zwar niemanden vom Dach in den Swimmingpool springen, dafür aber ein riesiges Schild mit den Worten „LASST EUCH HIER FLACHLEGEN!" Ich war empört. Schließlich befanden sich nicht nur Universitätsstudenten und Mittelschüler am Strand, sondern auch Familien mit kleinen Kindern! Die sollten so etwas nicht sehen, und Eltern sollten nicht die Frage beantworten – oder ihr ausweichen - müssen, was denn mit diesem Schild gemeint ist.

„Irgendwer muss mit diesen Burschen reden. Dieses Schild muss weg", sagte ich und ging ein paar Schritte weiter, und dann war es, als ob Gott sagte: „Rede *du* mit ihnen!"

Ich blieb stehen, drehte mich zu Jan um und sagte: „Ich muss mit ihnen reden. Irgendwer muss es tun und ich glaube, der Herr will, dass ich es mache."

Jan sagte, sie werde warten und beten.

Wir waren beide im Badeanzug, und es war uns anzusehen, dass wir nicht mehr im Studentinnenalter waren – aber „über den Berg" waren wir auch noch nicht! Als ich an den Sanddünen vorbei auf den Bungalow zuging, bemerkten mich zwei der jun-

---

[17] Für nähere Informationen zu *Schritt für Schritt*-Bibelstudien kontaktiere Precept Ministries International e. V., Kostenzer Weg 10, D-94315 Straubing; www.induktives-Bibelstudium.com.

gen Burschen und suchten Deckung im Haus. Wurden sie von Schuldgefühlen geplagt oder bildeten sie sich ein, dass ich der Einladung auf dem Schild folgen wollte? Wer weiß? Ich dachte auch gar nicht darüber nach.

Ich sah sie wie kleine Kinder hinter dem Vorhang hervorgucken, ging auf den Eingang zu und winkte ihnen mit dem Finger, herauszukommen. Sie öffneten die Tür, wir standen einander gegenüber, und es folgte ein interessantes Gespräch. Ich sagte ihnen, was ich von der „Einladung" auf dem Schild hielt, und weshalb. Sie stammelten und stotterten und beteuerten, dass sie es nicht so gemeint hätten. Es sei schließlich nur ein Scherz. Man wird sich doch noch einen Spaß erlauben dürfen, oder?

Ich sagte: „Ich möchte euch etwas fragen. Wärt ihr damit einverstanden, wenn jemand eure Schwester ‚flachlegt'? Oder vielleicht eure Mutter? Oder was ist, wenn ihr einmal verheiratet seid, eine Tochter habt, und irgend so ein junger Bursche wie ihr will eure Tochter ‚flachlegen'"?

Natürlich folgte auf jede Frage ein Kopfschütteln und ein kaum hörbares „Nein".

„Warum sagt ihr dann, dass ihr ein Mädchen ‚flachlegen' wollt? Jedes Mädchen ist die Tochter und vielleicht die Schwester von jemandem und wird wahrscheinlich eines Tages auch Mutter sein."

Hast du, lieber Leser, je dein eigenes Verhalten im Licht dieser Fragen betrachtet? Hast du Frauen dazu missbraucht und ihre Jungfräulichkeit geraubt, um deine Lust zu befriedigen? Wenn wir Gott vergessen und wenn uns unsere Zukunft egal ist, dann sind wir zu gewissenlosen Handlungen mit schwerwiegenden Folgen fähig.

Bitte nimm ernst, was Gottes Wort über diese Dinge sagt. Lass dich nicht dazu hinreißen, einem Mädchen – und ihrem zukünftigen Ehemann – ihre Jungfräulichkeit zu rauben. Deine Frau hat das gleiche Recht, einen jungfräulichen Menschen zu heiraten wie du. Gott misst nicht mit zweierlei Maß. Opfere nicht die Reinheit und Heiligkeit von Sex auf dem Altar der Lust.

3

Vorsicht: Sex kann gefährlich sein!

Welche Folgen hat außerehelicher Sex?

Bei meinem Vortrag in Dalton sagte ich den Jugendlichen: „Ich hätte die Gebrauchsanweisungen für das Reinigungsmittel einfach ignorieren und mir denken können: *Ich lasse mir doch nicht vorschreiben, was ich tun oder nicht tun darf! Ich kann mit meinem Körper machen, was ich will; und wenn ich das Risiko einer Verätzung oder Vergiftung eingehe, dann ist das eben mein Problem. Außerdem wird mir das bestimmt nicht passieren, denn schließlich weiß ich, was ich tue und muss mich von niemandem belehren lassen!*

Diese Gedanken kamen mir jedoch nicht in den Sinn, als ich die Gebrauchsanweisung auf der Flasche las. Im Gegenteil: ich hielt mich genau an das, was der Hersteller sagte; der kannte sein eigenes Produkt und dessen mögliche Gefahren nämlich am besten.

Das gleiche gilt für Gott. Er weiß über sein eigenes Produkt am besten Bescheid.

Du weißt, was *du selbst* über Sex denkst, was deine Eltern oder Freunde dir darüber gesagt haben und was unsere Gesellschaft als akzeptabel bezeichnet oder zumindest duldet. Aber weißt du auch, was der *Hersteller* gesagt hat, der sein Produkt besser kennt als jeder andere?

Wir haben bereits darüber gesprochen, dass unsere Sexualität ein wunderbares Geschenk von Gott ist, ein Geschenk, an dem wir uns innerhalb der Ehe erfreuen dürfen. Wir werden uns damit im letzten Kapitel dieses Buches eingehend beschäftigen. Wie bereits erwähnt, sagt die Bibel mehr über die negative Seite unserer Sexualität als über die positive. Warum eigentlich? Der Grund dafür ist Gottes Gnade und Liebe. Er will nicht, dass du verletzt, zerbrochen, desillusioniert und verwundet durchs Leben gehen musst, weil du ein Opfer menschlicher Philosophien geworden bist. Es bricht Gott das Herz, wenn Menschen kopfüber in das glitzernde Meer der Leidenschaft eintauchen, von der Strömung in unserer Gesellschaft mitgerissen werden und dann krampfhaft nach Luft schnappen müssen, weil sie zu ertrinken drohen. Gott gibt uns in seinem Wort einen Rettungsanker, um uns vor dem sicheren Tod zu bewahren.

Wir müssen uns daher die folgenden Fragen stellen und Gottes Antworten auf diese Fragen finden.

Was ist mit denen, die nicht verheiratet sind, aber trotzdem miteinander schlafen?

Was ist, wenn Sex...

... im Feuer der Leidenschaft einfach so passiert;

... als Höhepunkt jeder Verabredung betrachtet wird;

... missbraucht wird, um jemanden abhängig zu machen;

... ein Hilfeschrei ist, um die Zuneigung eines anderen Menschen zu gewinnen?

Was ist mit Sex...

... mit jemandem, der mit einem anderen Menschen verheiratet ist;

... mit jemand gekauftem, um deine Phantasien zu befriedigen;

... mit jemandem, mit dem du zusammenlebst, ohne verheiratet zu sein;

... mit jemandem vom gleichen Geschlecht?

Was sagt Gott darüber?

Wir finden die Antworten auf diese Fragen im 5. Buch Mose, Kapitel 22. Lies die Stelle durch und markiere die Wörter *Mädchen* und *Jungfrau* überall dort, wo sie im Text vorkommen, mit einem „**J**“. Unterstreiche oder markiere auch das Wort *liegen* mit einer eigenen Farbe. Ich empfehle dir, diese Verse laut zu lesen. Das ist nicht nur eine Hilfe für das Verständnis des Textes, sondern du wirst dir die Worte dadurch auch besser merken.

5.MOSE 22,22-29

22 Wenn ein Mann bei einer Frau liegend angetroffen wird, die einem Mann gehört, dann sollen sie alle beide sterben, der Mann, der bei der Frau lag, und die Frau. Und du sollst das Böse aus Israel wegschaffen.

23 Wenn ein Mädchen, eine Jungfrau, einem Mann verlobt ist, und es trifft sie ein Mann in der Stadt und liegt bei ihr,

24 dann sollt ihr sie beide zum Tor jener Stadt hinausführen und sie steinigen, dass sie sterben: das Mädchen deshalb, weil es in der Stadt nicht geschrieen hat, und den Mann deshalb, weil er der Frau seines Nächsten Gewalt angetan hat. Und du sollst das Böse aus deiner Mitte wegschaffen. -

25 Wenn aber der Mann das verlobte Mädchen auf dem Feld trifft, und der Mann ergreift sie und liegt bei ihr, dann soll der Mann, der bei ihr gelegen hat, allein sterben.

26 Aber dem Mädchen sollst du nichts tun, das Mädchen hat keine Sünde ‹begangen zum› Tode. Diese Sache ist vielmehr so, wie wenn ein Mann sich erhebt gegen seinen Nächsten und ihn totschlägt.
27 Denn er hat sie auf dem Feld getroffen. Das verlobte Mädchen schrie, aber niemand war da, der es rettete.
28 Wenn ein Mann ein Mädchen trifft, eine Jungfrau, die nicht verlobt ist, und ergreift sie und liegt bei ihr, und sie werden ‹dabei› angetroffen:
29 dann soll der Mann, der bei ihr lag, dem Vater des Mädchens fünfzig ‹Schekel› Silber geben, und es soll seine Frau werden, weil er ihr Gewalt angetan hat; er kann sie nicht entlassen all seine Tage.

Wir dürfen nicht vergessen, dass es sich bei dem 5. Buch Mose um ein Gesetzbuch handelt. Das Volk Israel sollte anhand der Gesetze, Vorschriften und Richtlinien, die Gott erlassen hatte, regiert werden. Der Abschnitt, den wir gerade gelesen haben, nimmt zu den verschiedensten sexuellen Verfehlungen und Sünden Stellung, um den Israeliten zu zeigen, wie sie sich in diesem Bereich verhalten sollten. Wenn wir die Verse aus Kapitel 22 näher betrachten, werden wir letztlich auch besser verstehen, was Gott mit Sex eigentlich im Sinn hatte. Damit du nicht übersiehst, was Gott hier im Einzelnen sagt, schreibe auf, mit welchen Situationen sich die folgenden Verse auseinandersetzen, was jeweils getan werden musste und weshalb.

Vers 22

Vers 23-24

Vers 25-27

Vers 28-29

Ist dir aufgefallen, wie oft die Wörter *Tod* und *sterben* vorkommen? Lies die Stelle noch einmal und markiere diese Wörter überall dort, wo sie im Text vorkommen, mit einem Grabstein .

Die Todesstrafe für die ersten drei Verfehlungen ist doch eigentlich zu hart, oder? Aus welchen Gründen will Gott solche Leute hinrichten lassen? Die Antwort auf diese Frage wird gleich zweimal im Text gegeben. Suche sie und markiere sie mit einem Wolkensymbol .

Denke über den Satz nach: „Du sollst das Böse aus deiner Mitte wegschaffen." Welche Verhaltensweisen sind in Gottes Augen – und ich betone: in *Gottes* Augen – böse? Was soll „weggeschafft" werden? Die Antwort liegt auf der Hand: außerehelicher Sex!

Was ist daran so schlimm?, fragst du vielleicht. *Warum bezeichnet Gott ausgerechnet das als* böse*?*

Aus der Geschichte wissen wir, dass Unzucht vielfach ein Hauptgrund für den Untergang einer Nation war. Der britische Historiker Arnold Toynbee sagte: „Jede Zivilisation, die im Lauf der Zeit zugrundegegangen ist, hat sich letztlich selbst zerstört. Ihr Ende wurde nicht durch eine Eroberung von außen, sondern durch inneren Zerfall verursacht... Eine Überbetonung von Sex führt zum Fall einer Zivilisation."
Ein Beispiel dafür sind Rom und Griechenland. Welche moralischen Standards galten in den Tagen vor dem Fall dieser einst großartigen Kulturen? Wir werden auf diese Frage noch zurückkommen. Zunächst aber wollen wir über eine Entwicklung sprechen, die direkt vor unserer eigenen Haustür stattfindet.
„Die weltweiten Statistiken über HIV/AIDS sind erschreckend," schreibt der US-Senator Bill Frist, ein gläubiger Mann und erfahrener Chirurg. „Alle dreizehn Minuten sterben irgendwo auf dieser Welt zweiundsiebzig Menschen an AIDS. Das sind drei Millionen Menschen pro Jahr."[1]
Es ist offensichtlich, dass Unzucht eine Gesellschaft nicht nur entmoralisiert, sondern Menschenleben zerstört. Und da Gott ein Gott des Lebens und nicht des Todes ist, ordnete er extreme Maßnahmen an, um sexuelle Sünden zu verhindern.

GOTTES GERECHTES STRAFGERICHT

Werfen wir noch einmal einen genauen Blick auf die verschiedenen Szenarien, die Gott in 5. Mose 22 anspricht. In dem ersten Fall geht es um Ehebruch: ein Mann schläft mit der Frau eines anderen. Welches Urteil fällt Gott? Er spricht über beide Beteiligten das Todesurteil aus.
Denken wir einen Augenblick nach. Können wir uns überhaupt vorstellen, welche Auswirkungen so ein Gesetz auf die Bevölkerung vieler heutiger Nationen, einschließlich der Vereinigten Staaten von Amerika hätte? Ist uns eigentlich bewusst, wie hoch der Prozentsatz an Ehebruch in unserem Land ist, in dem es weit mehr Kirchen, Missionswerke, christliche Seminare und Konfe-

[1] Aus einem Brief von Senator Dr. Bill Frist vom 5. Februar 2002.

renzen, christliche Radiosendungen und Fernsehprogramme, Bibelübersetzungen und christliche Literatur gibt als irgendwo sonst auf der Welt? Laut der „Barna Research Group“ wird im 21. Jahrhundert „die Zahl der Scheidungen unter wiedergeborenen Christen höher sein als unter Nichtchristen.“[2] Welcher Prozentsatz dieser Scheidungen die Folge eines Ehebruchs ist, kann man sich ja denken. Eine ernüchternde Tatsache...

Werfen wir einen Blick auf Vers 23. In diesem zweiten Szenario wird ebenfalls über beide Beteiligten die Todesstrafe verhängt. Weshalb? Sie schliefen innerhalb der Stadtmauern miteinander, wo das Mädchen um Hilfe rufen konnte. Damals ging man offensichtlich davon aus, dass jemand diesen Hilfeschrei gehört und das Mädchen gerettet hätte.

Wenn es in dieser Stelle heißt, das Mädchen sei „verlobt“, dann ist damit gemeint, dass sie einem Mann zur Frau versprochen worden war, und zwar im Sinne eines Bundesschlusses, wie wir im vorhergehenden Kapitel bereits gesagt haben. Obwohl die Ehe noch nicht vollzogen worden war, wurde dieser Bund dennoch gebrochen. Die beiden hatten also außerehelichen Sex und mussten daher gesteinigt werden. Dieses Gesetz stellt zwei Dinge klar. Erstens: der Mann und die Frau waren gleichermaßen für ihre Unzucht verantwortlich; es gab keine Voreingenommenheit. Zweitens: man kann nicht einfach einen Bund brechen und ungeschoren davonkommen.

Bestätigen diese radikalen Maßnahmen nicht genau das, was wir im Hebräerbrief 13,4 gelesen haben - dass „die Ehe ehrbar in allem sei, und das Ehebett unbefleckt! Denn Unzüchtige und Ehebrecher wird Gott richten”? Dieser Vers stammt aus dem Neuen Testament; aber Gottes Maßstäbe und Richtlinien in Bezug auf Sex und Ehe ändern sich beim Übergang vom Alten zum Neuen Testament nicht – und sie gelten auch für unsere Zeit! Gott wird außerehelichen Sex in jedem Fall bestrafen – daran hat er keine Zweifel gelassen. Welchen Unterschied wür-

---

[2] Barna Research Group (ein Meinungsforschungsinstitut in den USA; Anm. d. Übers.), „Christians are more likely to experience divorce than are non-Christians”, 21. Dezember 1999, Internetseite www.barna.org.

de es in unserem Leben bewirken, wären wir uns wirklich darüber im Klaren, dass auf die Missachtung der Gebote Gottes immer sein Gericht folgt - auch für jene, die im Zeitalter der Gnade leben.

Zur Zeit des Alten Testaments war Israel zunächst eine Theokratie, d. h., Gott bestimmte, wie das Volk regiert werden sollte. Er erließ die Gesetze, legte das Strafausmaß fest und setzte die Richter ein. Das Volk war dafür verantwortlich, dem Gesetz Gottes Folge zu leisten und es in die Tat umzusetzen. Wenn Gott daher erklärte, dass ein Mann und eine Frau gesteinigt werden sollten, dann wurde das als die Entscheidung eines gerechten, allwissenden Gottes akzeptiert.

Doch die Zeiten ändern sich, wenngleich Gottes Gesetz und seine Richtlinien unveränderlich sind. Von der Zeit des Neuen Testaments an wurde das Volk Gottes - sowohl die Judenchristen als auch die Heidenchristen – über die ganze Welt zerstreut und lebte unter den verschiedensten Regierungen. Jemanden zu steinigen, weil er das Gesetz Gottes brach, war nicht mehr möglich, weil es kaum eine Regierung gibt, die den Gott der Bibel anerkennt oder ehrt. Heißt das, dass Hurer und Ehebrecher in solchen Ländern dem Gericht Gottes entkommen werden? Nein. Wie wir sehen werden, hat Gott noch andere Möglichkeiten, Unzucht zu bestrafen. Sein Maßstab für Gerechtigkeit bleibt über die verschiedenen Kulturen hinweg unverändert erhalten; er wird sein gerechtes Gericht zum richtigen Zeitpunkt durchführen. Gott ist schließlich der souveräne Herrscher über alles. Er wird nie „abdanken"!

In dem dritten Fall in 5. Mose 22 geht es um ein Mädchen, das außerhalb der Stadt vergewaltigt wurde, und in diesem Fall musste nur der Mann sterben. Warum eigentlich? Dieser Mann hat ein verlobtes Mädchen geschändet, das einem anderen Mann versprochen worden war. Auch hier wird der Täter zur Rechenschaft gezogen und für seine Tat verantwortlich gemacht. Was für ein Gegensatz zu jener Auffassung, die in unserer Gesellschaft seit der sexuellen Revolution weitverbreitet ist, dass nämlich Männer ähnlich wie Tiere von ihrem Sexualtrieb beherrscht werden und nicht zur Rechenschaft gezogen werden dürfen, weil ihre Hormone mit ihnen durchgehen. Bedenken

wir, wie viele Frauen vor einer Vergewaltigung bewahrt werden könnten, würde man die im Gesetz Gottes vorgeschriebene Strafe geltend machen. Vergewaltiger würden in diesem Fall hingerichtet werden – und jene, die in Versuchung sind, diese Tat zu begehen, würden durch die Aussicht auf die Todesstrafe viel eher davor abgeschreckt werden als durch einen kurzen Gefängnisaufenthalt.
Was soll laut Gottes Wort im vierten Szenario geschehen? Lies 5. Mose 22,28-29 noch einmal. Ist dir aufgefallen, dass in diesem Fall keine Todesstrafe verhängt wird? Warum nicht? Die Jungfrau war in diesem Fall nicht verlobt.

Was musste der Mann also tun? Schreibe deine Antwort auf.

Was lernen wir hier über den Wert der Jungfräulichkeit? Wie denkt Gott über außerehelichen Sex?

Laut 5. Mose 22,29 müssen zwei unverheiratete Personen, die unerlaubterweise miteinander geschlafen haben, heiraten und dürfen sich *nie* voneinander scheiden lassen. Das kommt auch in 5. Mose 22,19 zum Ausdruck. „Liebe und Ehe gehören zusammen wie Pferd und Wagen", heißt es schon in einem alten Lied[3]. Sie können nicht unabhängig voneinander existieren. Wie sehr haben sich die Zeiten geändert, seit dieses Lied geschrieben wurde! Wir haben „den Wagen vor das Pferd gespannt"...
Musste laut Gottes Wort eine Jungfrau *in jedem Fall* den Mann heiraten, der ihre Jungfräulichkeit raubte? Lesen wir 2. Mose 22,15-16.

---

[3] „Love and marriage, love and marriage, go together like a horse and carriage" (Anm. d. Übers.).

2. MOSE 22,15-16

15 Wenn jemand eine Jungfrau betört, die nicht verlobt ist, und liegt bei ihr, muss er sie sich gegen das Heiratsgeld zur Frau erwerben.

16 Falls sich ihr Vater hartnäckig weigert, sie ihm zu geben, soll er Geld abwiegen nach dem Heiratsgeld für Jungfrauen.

Wenn wir den „ganzen Ratschluss Gottes" – alle Schriftstellen, die zu einem bestimmten Thema Stellung nehmen – berücksichtigen, dann gibt es in diesem Fall tatsächlich eine Alternative zu der Eheschließung. Was ist diese Alternative? Schreibe deine Antwort auf.

WAS IST EIGENTLICH „SICHERER SEX"?

Das vierte Szenario in 5. Mose 22 – das Mädchen ist in diesem Fall nicht verlobt – ist in unseren Tagen wohl das häufigste. Das Gebot, in diesem Fall zu heiraten, wird jedoch völlig ignoriert, und der Mann zahlt meist keine Strafe für sein Verhalten.
Unsere Gesellschaft akzeptiert Sex unter allen Umständen –
jederzeit,
auf jede Art und Weise,
mit jedem beliebigen Partner,
Sex zwischen unverheirateten Personen findet nicht mehr im Verborgenen statt. Die Gesellschaft hat das Gebot der sexuellen Reinheit zugunsten der Forderung nach „sicherem Sex" aufgegeben!
Gibt es laut dem Wort Gottes überhaupt so etwas wie „sicheren Sex", wenn zwei Menschen nicht miteinander verheiratet sind?

In einer Gesellschaft, die vom Wort Gottes keine Ahnung hat, müssen wir diese Frage stellen. Viele Menschen gehen ein Risiko ein, weil sie sich nur nach dem richten, was sie von anderen gehört haben. Da Sex jedoch Gottes Erfindung ist, wäre es unklug, sich auf menschliche Meinungen zu verlassen. Menschen sind wie das „Gras des Feldes"[4] – sie leben für kurze Zeit und werden bald wieder „abgemäht", während eine neue Generation heranwächst.

Gott hingegen ist ewig und unveränderlich. Er bleibt immer derselbe, und eines Tages werden wir vor ihm stehen. Im Licht dieser Tatsache tun wir gut daran, herauszufinden, was Gott über außerehelichen Sex sagt. Kann Sex in diesem Fall überhaupt „sicher" sein?

Wir finden die Antwort im 1. Thessalonicherbrief, Kapitel 4. Bevor wir uns dieser Stelle zuwenden, möchte ich etwas über die Zeit sagen, in der Paulus diesen Brief schrieb. Wenn wir den geschichtlichen Hintergrund kennen, können wir besser verstehen, warum Paulus zu diesem Thema Stellung nahm.

In dem griechisch-römischen Umfeld der frühen Christenheit – also im ersten Jahrhundert nach Christus – galten mehr oder weniger die gleichen Auffassungen zur Sexualität wie heute. Es gab nämlich so gut wie keine Verhaltensmaßregeln! Obwohl es bei uns noch nicht ganz so schlimm ist wie im römischen Reich, sind wir nicht mehr weit davon entfernt, sondern bewegen uns auf die gleiche Stufe zu – es sein denn, die Christenheit wacht auf, kehrt von ihrem falschen Weg um, findet zu einem biblischen Verständnis von Sex zurück, beginnt, dementsprechend zu leben und verkündet die Wahrheit „zu gelegener und ungelegener Zeit", wie Paulus im zweiten Brief an Timotheus schrieb.

Im Hinblick auf die allgemein vorherrschende Moral befinden wir uns tatsächlich in einer „ungelegenen Zeit", wenn wir für Reinheit in unserem sexuellen Verhalten eintreten. Jeder Anstand ist verlorengegangen; Nacktheit ist „in". Man braucht nur das Fernsehgerät einzuschalten, eine Illustrierte aufzuschlagen oder die neueste Modeschau zu betrachten. Unsere Moral ist verfallen. Einige bekannte Persönlichkeiten wie Spitzensportler,

---

[4] Vgl. Jesaja 40,6-8.

Rockstars, Musiker und Schauspieler, haben mit hunderten verschiedenen Frauen geschlafen und schämen sich auch nicht, darüber öffentlich zu sprechen. Das „Ehebett" ist befleckt worden. Die Ehe wird nicht mehr als Bund betrachtet. Es herrscht die falsche Vorstellung, zwei Menschen sollten herausfinden, ob sie überhaupt „sexuell kompatibel" sind, bevor sie eine feste Beziehung eingehen. Sogar viele Menschen, die nicht „mit jedem ins Bett gehen", meinen, es sei besser, man lebt vor der Eheschließung zuerst eine Zeit lang zusammen, um sich zu vergewissern, dass die Ehe dann auch funktioniert.
Genauso wie die Vereinigten Staaten von Amerika wandte sich auch die römische Gesellschaft des ersten nachchristlichen Jahrhunderts von den moralischen Werten ab, an denen sie einst festhielt. Sex „lag nicht nur in der Luft", sondern der Staub sexueller Sünden setzte sich überall fest. Es gab keine Verhaltensmaßregeln mehr. Ein bekannter Historiker schrieb dazu Folgendes:

> Aus der römischen Literatur von Autoren wie Juvenal, Ovid, Marial und Catullus geht hervor, dass zu der Zeit, als die ersten Christen in der römischen Gesellschaft auftauchten, die sexuellen Beziehungen zwischen Männern und Frauen bereits von Promiskuität und Sittenlosigkeit geprägt waren. Im zweiten nachchristlichen Jahrhundert waren sexuelle Reinheit und eheliche Treue so gut wie verschwunden. Nicht nur waren Unzucht und Ehebruch an der Tagesordnung, sondern die Leute nahmen an allen möglichen, vielfach obszönen sexuellen Praktiken teil, die in schamloser Weise auf Haushaltsgegenständen wie Öllampen, Schalen, Becher und Vasen dargestellt wurden.[5]

Heterosexuelle Akte wurden auf Mosaiken, Zeichnungen und anderen Kunstwerken abgebildet. Darstellungen von oralem

[5] Alvin J. Schmidt, *Under the Influence: How Christianity Transformed Civilisation* (Grand Rapids: Zondervan, 2001), 79-80.

Sex und Gruppensex – zwei Männer mit einer Frau, zwei Männer mit zwei Frauen – waren überall zu sehen, auch für die damaligen Kinder.[6] Nach den Worten eines anderen Historikers „gab es nichts, was [die Römer] nicht praktizierten oder was sie für eine Schande hielten".[7]

Sexuelle Perversionen wurden nicht nur von der römischen Bevölkerung praktiziert, sondern auch von den Kaisern. Ein bekanntes Sprichwort der damaligen Zeit lautete *qualis rex, talis grex* – „wie der König, so das Volk". Wir werden an die Regierung Clinton erinnert, unter der die ganze Welt erfuhr, dass der Präsident der Vereinigten Staaten oralen Sex mit einer Assistentin im Weißen Haus praktizierte. Und wie reagierte die amerikanische Öffentlichkeit? Sie entschied, dass das Privatleben des Präsidenten niemanden etwas angeht. Das Versäumnis, Präsident Clinton aus seinem Amt zu entfernen, sandte die klare Botschaft, dass Unzucht kein ernstes Vergehen ist. Amerika duldete die Sünden dieses Mannes aus einer Reihe von Gründen; viele Amerikaner führen ein ebenso unmoralisches Leben wie ihr Präsident und wollen nicht, dass jemand ihr eigenes Verhalten an den Pranger stellt.

Doch sie vergessen, dass das Urteil bereits gesprochen ist...

Der 1. Thessalonicherbrief entstand in einem gesellschaftlichen Umfeld, in dem Unzucht nicht nur weitverbreitet war, sondern auch einen wesentlichen Aspekt des religiösen Lebens darstellte. Die damaligen Menschen meinten, die Fruchtbarkeitsgötter, die eine reiche Ernte garantierten, durch den Besuch bei weiblichen oder männlichen Tempelprostituierten gnädig stimmen zu müssen.

Dann brach der Einfluss des Christentums über diese Gesellschaft herein und mit ihm die Lehren des Alten Testaments sowie die Gebote Jesu und seiner Apostel. Zwei völlig gegensätzliche Welten prallten aufeinander. Männer und Frauen, die sich zu Jesus Christus bekehrten, entdeckten auf einmal, dass Gott

---

[6] John R. Clarke, Looking at Lovemaking: Construction of Sexuality in Roman Art, 100 B.C.-A.D. 250 (Berkeley, California: University of California Press, 1998).

[7] Schmidt, *Under the Influence*, 82.

ihnen unzweideutige moralische Verhaltensmaßregeln gegeben hatte. Und weil sie jetzt Gott gehörten, musste ihr bisheriger Lebensstil mitsamt seiner Unzucht ein Ende finden. Sie waren aus dem Reich der Finsternis befreit worden; jetzt ging es darum, im Licht Gottes zu leben. Sie durften sich nicht mehr so verhalten wie früher, aber die Prinzipien und Gebote, denen sie sich als Christen verpflichtet fühlten, schienen vor dem Hintergrund der römischen Kultur unverständlich zu sein.

Aus diesem Grund schrieb Paulus der von ihm gegründeten Gemeinde in Thessalonike, einer heute in Griechenland liegenden mazedonischen Stadt, einen Brief. In diesem Brief – dem 1. Thessalonicherbrief – lobte Paulus die erst seit kurzem zum Christentum bekehrten Gemeindeglieder dafür, dass sie für die Menschen in Mazedonien, Griechenland und anderen Gegenden, in denen von ihrer Bekehrung berichtet wurde, bereits ein Vorbild geworden waren. Paulus und seine Mitarbeiter Silvanus und Timotheus freuten sich vor allem darüber, dass die Thessalonicher trotz der Verfolgungen, die ihre Bekehrung mit sich gebracht hatte, standhaft geblieben waren. Diese Standhaftigkeit bewies den drei Männern, dass ihre Arbeit in Thessalonike nicht vergeblich gewesen war. Die Thessalonicher hatten sich von den Götzen zu Gott bekehrt und dienten jetzt dem lebendigen, wahren Gott, in der Erwartung der Wiederkunft seines Sohnes. Ihr Glaube hatte standgehalten; er war echt!

Paulus fordert diese Christen auf, in ihrer Nachfolge noch „zuzunehmen“[8]. Im gleichen Zusammenhang spricht er über die Wichtigkeit von sexueller Reinheit.

Lies 1. Thessalonicher 4,1-8. Wir haben die Stelle für dich abgedruckt. Markiere oder unterstreiche die Wörter *ihr* und *euch* (sie beziehen sich auf die *Thessalonicher*) mit einer bestimmten Farbe. Auf diese Weise wirst du leichter entdecken, was Gott einerseits den Thessalonichern, andererseits auch uns mitteilt. Die Bibel ist schließlich auch für *uns* geschrieben worden. Auf ihren Seiten finden wir zeitlose Wahrheiten, die uns in jeder Situation einen Halt geben können.

---

[8] 1. Thessalonicher 4,1.

1. THESSALONICHER 4,1-8

1 Übrigens nun, Brüder, bitten und ermahnen wir euch in dem Herrn Jesus, da ihr ja von uns ‹Weisung› empfangen habt, wie ihr wandeln und Gott gefallen sollt - wie ihr auch wandelt - dass ihr ‹darin noch› reichlicher zunehmt.

2 Denn ihr wisst, welche Weisungen wir euch gegeben haben durch den Herrn Jesus.

3 Denn dies ist Gottes Wille: eure Heiligung, dass ihr euch von der Unzucht fernhaltet,

4 dass jeder von euch sich sein eigenes Gefäß in Heiligkeit und Ehrbarkeit zu gewinnen wisse,

5 nicht in Leidenschaft der Begierde wie die Nationen, die Gott nicht kennen;

6 dass er sich keine Übergriffe erlaube noch seinen Bruder in der Sache übervorteile, weil der Herr Rächer ist über dies alles, wie wir euch auch vorher ‹schon› gesagt und eindringlich bezeugt haben.

7 Denn Gott hat uns nicht zur Unreinheit berufen, sondern in Heiligung.

8 Deshalb nun, wer ‹dies› verwirft, verwirft nicht einen Menschen, sondern Gott, der auch seinen Heiligen Geist in euch gibt.

Was erfahren wir in den markierten Textstellen über die *Thessalonicher*? Schreibe alle Aussagen im Text auf, die die Wörter *ihr* und *euch* enthalten und eine der sogenannten sechs „W-Fragen“ beantwortet: wer, was, wann, wo, wie und warum. Zum Beispiel: *wer* sind diese Menschen? *Was* tun sie bzw. sollen sie tun? *Wann* oder *wo* soll etwas geschehen oder getan werden? *Warum* – aus welchem Grund? Gibt es in dieser Stelle auch eine Antwort auf die Frage *wie*?

Ist dir das Wort *Heiligung* aufgefallen? Die Wörter *Heiligung*, *Heilige*, *heiligen* leiten sich von einem Begriff ab, der im *Koine*-Griechisch, der Sprache des Neuen Testaments so viel bedeutet wie „abgesondert; geweiht; von Gott für einen bestimmten Zweck reserviert“.
Lies die Stelle noch einmal und markiere das Wort *Heiligung*, so dass du mit einem Blick siehst, wo es im Text vorkommt. Wenn du ein Symbol verwendest, dann am besten einen Heiligenschein: .
Markiere auch jeden Begriff, der etwas mit sexuellem Verhalten zu tun hat, zum Beispiel die Wörter *Unzucht* und *Leidenschaft*. Du könntest dafür entweder einen roten Farbstift verwenden, oder ein großes „**S**“. Wenn du fertig bist, schreibe auf, was du in diesen Versen über *Heiligung* und über *sexuelles Verhalten* erfährst. Vielleicht kommt dir diese Aufgabe überflüssig vor, da du bereits eine Liste aller Tatsachen über die Thessalonicher gemacht hast, aber es wird dir nicht schaden, die Verse noch einmal aus einer anderen Perspektive zu betrachten.

Unmissverständlicher kann man sich gar nicht ausdrücken! Der Wille Gottes für jeden Christen ist, dass wir uns von der Unzucht fernhalten. Das griechische Wort für „Unzucht", *porneia*, bedeutet jede Art von sexueller Sünde. Wir werden uns mit diesen Sünden noch näher beschäftigen. Einstweilen soll uns die Tatsache genügen, dass sich ein Kind Gottes anders verhalten muss als Menschen, die Gott nicht kennen und von ihrer Lust und Leidenschaft beherrscht werden. Wir müssen unser „Gefäß" - unseren Körper – „in Heiligkeit und Ehrbarkeit gewinnen". Unseren Begierden nachgeben würde bedeuten, dem erklärten Willen Gottes zuwiderzuhandeln. Mit jemand anderem unerlaubten Sex haben heißt, sich einen Übergriff zu erlauben und diese Person zu „übervorteilen" – sie auszunützen oder ihr Gewalt anzutun.

Das ist ein starkes Wort! Hast du je daran gedacht, dass außerehelicher Sex bedeutet, den anderen auszunützen? Genau das sagt Gott hier. Wer mit einem anderen schläft, ohne mit ihm verheiratet zu sein, nützt ihn aus, um seine eigene Lust zu befriedigen. Es gibt kaum eine selbstsüchtigere Handlung als unerlaubten Sex. Eigentlich bitten, überreden, drängen, verführen oder zwingen wir den anderen, gegen Gott zu sündigen. Gott hasst dieses Verhalten. Es ist in seinen Augen ein Greuel.

Doch aus irgendeinem Grund bilden wir uns fälschlicherweise ein, dass wir der Strafe entgehen werden. Unsere postmoderne Gesellschaft meint, vergangenes Verhalten hat keine Konsequenzen für die Gegenwart oder die Zukunft, und irgendwie werden wir den Folgen unserer Handlungen schon ausweichen können. Oder – falls sich wirklich eine negative Konsequenz ergibt –wir werden damit schon irgendwie fertig werden.

EIN TÖDLICHES SPIEL

Beim Schreiben dieser Zeilen kommt mir Magic Johnson in den Sinn, der beliebte Basketballspieler. Die Nachricht von seiner HIV-Infektion schlug im Jahr 1991 wie eine Bombe ein. Die Illustrierte *Newsweek* brachte seine Geschichte:

> Die Nachricht, dass Magic Johnson HIV-positiv getestet wurde, flog letzten Donnerstag wie einer der berühmten Magic Johnson-Bälle durchs Land. Die Trauer über diese Nachricht verwandelte sich von anfänglicher Leugnung rasch zu einem offiziellen Statement im Nachrichtensender CNN. Wenige Stunden nach dem Bekanntwerden seiner Infektion trat der 32-jährige Superstar vor die Presse und sagte: „Ich bin HIV-positiv und muss daher meinen sofortigen Rücktritt von den *Lakers*[9] bekanntgeben." Johnson gestand ein, im Fall von AIDS „naiv" gewesen zu sein und fügte hinzu: „Ich muss Ihnen aus heutiger Erfahrung sagen, dass das jedem passieren kann, sogar mir, Magic Johnson."[10]

Als Magic Johnson seinen Zustand ankündigte, gingen bei der nationalen AIDS-Hotline vierzigtausend Anrufe ein, mehr als zehnmal so viele wie die täglich durchschnittlich dreitausendachthundert Anrufe. Auf einmal kam vielen Menschen zu Bewusstsein, dass ihnen genau das Gleiche zustoßen könnte wie dem Superstar.

Außerehelicher Sex ist ein tödliches „russisches Roulett", bei dem sich mehr Kugeln in der Pistole befinden, als man vermutet.

„Moment mal", sagst du vielleicht, „wir schlafen nicht mit mehreren Partnern. Wir schlafen nur miteinander, und das ist nicht falsch, denn wir lieben einander und wollen heiraten." Wirklich? Dann heiratet gefälligst bald und lasst bis dahin die Finger vom Sex! Gott ist in dieser Frage sehr streng. Beim Lesen von 1. Thessalonicher 4,6 ist dir hoffentlich aufgefallen, dass Gott als „Rächer" aller sexuellen Sünden bezeichnet wird.

Paulus gab den Thessalonichern - und uns – eine ernste Warnung. Er stellte klar, dass wir im sexuellen Bereich nicht dem Willen Gottes zuwiderhandeln können, ohne die Konsequenzen

---

[9] professionelles Basketballteam in den USA (Anm. d. Übers.).

[10] Charles Leerhsen, „Magic's Message," *Newsweek*, 18. November 1991, 58.

zu erleiden. Als Kind Gottes musst du dich von jeder Art der Unzucht fernhalten.
Und was ist, wenn ich anderer Meinung bin? Menschliche Meinungen sind zweitrangig. Du hast es selbst gelesen: diese Aussagen stehen im Wort Gottes; sie sind seine Gebote für uns und lassen keine Zweifel offen. Wirf einen Blick auf Vers 8. Gott wird uns auf jeden Fall zur Rechenschaft ziehen.
Und was mache ich, wenn ich Gottes Wort jemand anderem mitteilen will, und der akzeptiert es nicht? In diesem Fall liegt die Verantwortung bei dem anderen. Gott wird diesen Menschen ebenfalls zur Rechenschaft ziehen.
An diesem Punkt muss ich dir die Frage stellen: Wo stehst eigentlich du im Hinblick auf Gottes Gebot, sich von der Unzucht fernzuhalten? Gibt es etwas, das du bekennen oder in Ordnung bringen musst? Wofür müsstest du um Vergebung bitten, was musst du in deinem Leben ändern?
Nach einem Vortrag vor Universitätsstudenten, zu dem mich „Campus Crusade for Christ“[11] eingeladen hatte, erhielt ich einen Brief von einem jungen Mann, der mich wirklich beeindruckte. Ich möchte einige Zeilen daraus zitieren.

> Was Sie gesagt haben, hat mich umgeworfen. Ihr Zeugnis über sexuelles Fehlverhalten war mir bis dahin nicht bekannt gewesen, und mir wurde klar, dass Ihnen dieses Thema sehr am Herzen liegt (ebenso wie Gottes Wort). Ihre Worte haben mich wie Pfeile getroffen. Sie müssen wissen, dass meine Freundin und ich zu diesem Zeitpunkt die schlechte Angewohnheit hatten, ständig unseren eigenen Prinzipien zuwiderzuhandeln. Wir hatten uns anfänglich vorgenommen, in unserer Beziehung dem Willen Gottes zu gehorchen, haben das aber nur ein Jahr lang durchgehalten. Danach wurde es immer schwieriger, unser Verlangen zu beherrschen.

---

[11] Ein Missionswerk mit dem Schwerpunkt Studentenevangelisation (Anm. d. Übers.).

> Während der Konferenz merkte ich, dass Gott mir etwas mitteilen wollte. Meine Schuldgefühle wuchsen, als mir klar wurde, dass Unzucht (Galater 5,19) nicht nur bedeutet, Geschlechtsverkehr zu haben (oder fast alles zu tun, was dazugehört), sondern alles umfasst, was im Widerspruch zu der Tatsache steht, dass unser Körper ein Tempel des Heiligen Geistes ist, mit dem wir Gott dienen sollen (Römer 12,1-2).
> Als ich das, was ich von Ihnen lernte, dann auf unsere Beziehung anwendete, wurde uns beiden klar, dass wir um die Kraft Gottes beten mussten, um in unserer Beziehung rein zu bleiben.
> In den vergangenen acht Monaten haben wir zu dieser Reinheit zurückgefunden und erleben einen Frieden wie nie zuvor. Unsere Liebe zueinander und unser gegenseitiger Respekt ist ebenso gewachsen wie unsere Beziehung zu Christus. Wir sind jetzt verlobt und wollen in acht Monaten heiraten und zu *einem* Fleisch werden. Wir haben einander als Zeichen unseres Entschlusses, rein zu bleiben, und um Versuchungen aus dem Weg zu gehen, versprochen, jede Form des Küssens und des körperlichen Kontaktes (Hände halten ausgenommen) zu vermeiden...

Dieses Paar kann sich wirklich auf seine Hochzeitsnacht freuen: eine Nacht ohne Schuldgefühle, ohne Bedauern; statt dessen das Bewusstsein einer Reinheit, die ihre Beziehung zu etwas Schönem, etwas Außergewöhnlichem macht. Diese beiden werden eine Dimension des Segens Gottes erleben, die ihnen entgangen wäre, hätten sie nicht auf Gottes Wort gehört.
In unserer Gesellschaft gehört dieses junge Paar zu den Außenseitern. Die Statistiken zur Jahrtausendwende zeigen, dass Menschen, die sich als wiedergeborene Christen bezeichnen, genauso in Unzucht leben wie jene, die nicht den Anspruch erheben, Gott zu kennen. Kannst du dir vorstellen, welchen Einfluss die-

se eine Stelle aus den Paulusbriefen auf unsere Kirchen und unsere Gesellschaft haben könnte, wenn wir ihr gehorchen würden? Die Christenheit würde der Welt demonstrieren, dass Reinheit bis zur Eheschließung und darüber hinaus möglich und lohnend ist.
Hast du gewusst, dass Ehepaare, die vor ihrer Eheschließung miteinander schlafen, eine höhere Scheidungsrate haben, als Ehepaare, die bis zur Hochzeit jungfräulich bleiben? Könnte es sein, dass der Gehorsam gegenüber dem Wort Gottes eine dauerhafte Ehe garantiert?

Was ist also die Antwort auf die Frage, ob es so etwas wie „sicheren Sex“ gibt? Wie würdest du diese Frage im Licht des Wortes Gottes beantworten?

Ich möchte dir zum Abschluss noch eine persönliche Frage stellen: Wie wirst du dich angesichts dessen, was Gott über dieses Thema sagt, verhalten? Schreibe deine eigene „Verpflichtungserklärung“ auf.

4

Eine Warnung vor der verbotenen Frucht...

Warum verursacht Sex Schuldgefühle?

Reicht es, wenn wir sagen: ‚Sex ist für verheiratete Leute'? Können wir es damit bewenden lassen? Können wir Sex sozusagen wie ein Geschenk verpacken und daraufschreiben: „Bitte erst nach der Hochzeit öffnen"?
Nein, damit ist es noch nicht getan. Es gab nämlich vor fast sechstausend Jahren einen Vorfall, an dessen Folgen wir noch immer leiden. Dieser Vorfall wird im 1. Buch Mose, dem „Buch der Anfänge" berichtet. Adam und Eva, die Eltern der ganzen Menschheit, glaubten einer Lüge Satans, laut der sie angeblich selbst wie Gott werden könnten. Sie aßen im Ungehorsam gegen Gottes Anweisung die Frucht des Baumes der Erkenntnis von Gut und Böse, und dann brach buchstäblich die Hölle los. Der Feuersee, den Gott für Satan und seine Engel erschaffen hatte, sollte in der Zukunft auch der Aufenthaltsort von Menschen werden.[1]
Adam und Eva sündigten; sie entschieden sich, ihre eigenen Wege zu gehen, auf eigene Faust zu handeln und sich gegen Gott aufzulehnen. Sie versäumten es, auf ihn zu hören. Weil sie wie Gott werden und Gut und Böse erkennen wollten, lag die Verantwortung nunmehr bei ihnen. Es war ein schicksalsträchtiger Tag.

---

[1] Matthäus 25,41; Offenbarung 20.

Die Bibel sagt uns, dass die Sünde durch *einen* Menschen (Adam) in die Welt kam, und durch die Sünde der Tod, und dass der Tod Auswirkungen auf alle Menschen hat, weil alle sündigen.[2] Adam und Eva wurden ursprünglich zwar im Ebenbild Gottes erschaffen[3], doch ihre Kinder besaßen die Merkmale der Eltern und trugen Adams Bild.[4] Adam und Eva brachten kleine Sünder zur Welt, deren Nachkommen ebenfalls Sünder waren.[5] Die Sünde verbreitete sich wie eine Seuche, die das menschliche Erbgut infizierte. König David schrieb: „In Sünde hat mich meine Mutter empfangen" (Psalm 51,7). Was war die Lösung dieses Problems? Wodurch konnte die Menschheit in ihrem gottlosen Zustand davor bewahrt werden, sich selbst zu zerstören? Die Antwort war das Gesetz.

Das Gesetz legte nicht nur Grenzen fest, um Menschen zu schützen und in Schranken zu halten, sondern es definierte auch inakzeptables Verhalten und beschrieb die Konsequenzen des Ungehorsams gegenüber den Geboten Gottes. Aus diesem Grund enthält die Bibel weit mehr Aussagen über Sex als nur den Hinweis, dass Sex für die Ehe gedacht ist. Als verantwortungsbewusster „Hersteller" hat Gott uns mitgeteilt, was wir tun müssen, wenn die Warnungen vor Missbrauch seines Produktes nicht beachtet werden. Gott weiß sehr wohl um die Macht des Geschlechtstriebes, die Schwachheit unseres Fleisches und die Lust der Augen sowie die Leidenschaften, Gedanken und Perversionen von Menschen, die keine Ehrfurcht vor ihm haben.

Aus diesen Gründen gibt Gott dem Thema Sex in der Bibel breiten Raum, um uns alles mitzuteilen, was wir wissen müssen – nicht weniger, aber auch nicht mehr. Zu viel Information kann schädlich sein, weil sie uns zu unnötigen oder ungesunden Gedanken verleiten kann. Genau das geschieht beim Sexualunterricht in amerikanischen Schulen. Mein Enkel sagte mir, der Lehrplan über sexuelle Aufklärung hätte ihn und seine Mitschüler mit Dingen konfrontiert, über die sie bis dahin nie nachdach-

---

[2] Römer 5,12.
[3] Genesis 1,26-27.
[4] Genesis 5,3.
[5] Psalm 51,7.

ten und für die sie sich eigentlich nicht interessierten. Pädagogen in Großbritannien gaben zu, dass der Sexualunterricht trotz aller Bemühungen weder die Zahl der Abtreibungen verminderte noch mehr Schüler dazu bewegte, Kondome zu verwenden; im Gegenteil: die einzige Folge war, dass der Prozentsatz von sexuell aktiven Schülern zunahm.
Wahre Sexualerziehung heißt, zu lehren, was laut Gottes Wort richtig und falsch ist und was die Konsequenzen für Fehlverhalten sind. Nur das Wort Gottes kann uns letztlich vor Unzucht bewahren.
Was sagt Gott also über Sex – abgesehen von der Tatsache, dass Sex nur in der Ehe stattfinden soll? Beginnen wir mit jenem Teil des Gesetzes, in dem Gott das Fundament für sexuelles Verhalten legt und klar definiert, was nicht akzeptabel ist.

GOTTES SICHT VON EHEBRUCH UND LUST

Die Zehn Gebote zeigen deutlich, dass Gott versteht, welche Kämpfe wir mit unserem Körper aus Fleisch und Blut durchstehen müssen. Das Volk Israel, dem er diese Gebote gab, lebte inmitten anderer Völker, deren sogenannte „Götter" Promiskuität und Untreue nicht nur duldeten, sondern laut den Legenden der damaligen Zeit selbst darin verwickelt waren. Wenn wir die Weltreligionen studieren, dann merken wir sehr bald, dass es keinen Gott gibt, der, was den sexuellen Bereich angeht, so streng ist wie der eine, wahre Gott. Götter, die von Menschen gemacht werden, ähneln eben ihren Erfindern!
Von den Zehn Geboten, die in 2. Mose 20 zu finden sind, haben zwei mit unserer Sexualität zu tun. Eines davon ist das siebente Gebot: „Du sollst nicht ehebrechen" (Vers 14). Das hebräische Wort für „ehebrechen" lautet *na'ap* und bedeutet „Geschlechtsverkehr mit der Frau oder Verlobten eines anderen Mannes haben".[6] In weiterem Sinn bedeutet *na'ap* „untreu werden" oder

---

[6] R. Laird Harris, Gleason L. Archer und Bruce K. Waltke, Hrsg. Theolog*ical Wordbook of the Old Testament*, 2 Bände (Chicago: Moody, 1980), 2:542.

„abfallen", also sich von etwas oder jemandem abwenden, dem man sich einst verpflichtet fühlte.[7] Diese Definitionen deuten an, wie schwerwiegend der Bruch des Ehebundes in Gottes Augen ist.

Auch das zehnte Gebot hat mit unserer Sexualität zu tun. Lies die folgenden Worte laut; du wirst sie dir dadurch besser merken können: „Du sollst nicht das Haus deines Nächsten begehren. Du sollst nicht begehren die Frau deines Nächsten, noch seinen Knecht, noch seine Magd, weder sein Rind noch seinen Esel, noch irgend etwas, was deinem Nächsten ‹gehört›" (2. Mose 20,17).

Etwas begehren heißt, sich daran zu erfreuen. Gott will nicht, dass wir uns an etwas erfreuen, das uns nicht gehört. Hast du das je getan? Ich habe es getan. In meinem Schmerz, meiner Leere, meiner Einsamkeit habe ich mich oft dabei ertappt, einen Mann zu bewundern, seinen Charakter und seine Fähigkeiten zu bestaunen, ihn attraktiv zu finden – mich an ihm zu erfreuen. Und dann begann ich, mir vorzustellen, wie es wohl wäre, wenn ich mit ihm verheiratet wäre.

Was geschah in diesen Augenblicken in mir? Ich habe „begehrt". Für Kinder Gottes ist das verbotenes Territorium, auf dem wir nichts zu suchen haben. Begehren ist Sünde und bedeutet, dass wir das Gesetz Gottes brechen und uns auf gefährlichen Boden begeben.

Bilde dir nicht ein, dass dir das nicht passieren kann! Ein Pastor schrieb mir die folgenden Zeilen:

> Ich dachte mir nichts dabei, und so verbrachten wir eine Menge Zeit miteinander. Die Frau kam öfters in mein Büro, und wir redeten. Bisweilen erzählte sie mir von Schwierigkeiten in ihrer Ehe, und ich gab ihr seelsorgerliche Ratschläge. An diesem Punkt hätte ich den Kontakt eigentlich abbrechen sollen. Ich hatte überhaupt kein Recht dazu, dem konkreten Bedürfnis im Leben

---

[7] Der Begriff wird an zahlreichen Bibelstellen für die Untreue gegenüber Gott verwendet (Anm. d. Übers.).

> dieser Frau abzuhelfen. Wir haben einander weder berührt noch geküsst, noch gaben wir unserer Zuneigung sonst irgendwie Ausdruck. Aber die Gefühle waren da, und ich genoss sie. Zunächst spielte sich alles nur in meinem Verstand ab, aber dabei blieb es nicht...[8]

Gott weiß, dass wir, wenn wir begehren, mit bestimmten Gedanken spielen. Auf Gedanken folgen die Taten und wir suchen absichtlich den Kontakt, bis wir schließlich von unseren Sehnsüchten, Gefühlen, Träumen und Begierden überwältigt werden – und dann brechen wir das siebente Gebot und begehen Ehebruch.

Die Nähe von jemandem suchen, der uns nicht gehört, alle möglichen Vorwände dafür finden, unsere Handlungen rechtfertigen – all das ist vor Gott unentschuldbar. Von Menschen gemachte Götter verhalten sich vielleicht so, doch der, der vollkommen gerecht ist, verbietet uns mit aller Schärfe, nach einer Person zu verlangen, die mit einem anderen Menschen verheiratet ist.

Es ist interessant, die Reaktion der Israeliten auf die Zehn Gebote zu beobachten. Unterstreiche beim Lesen der folgenden Verse das Wort *prüfen*.

2. Mose 20,18-20

> 18 Und das ganze Volk nahm den Donner wahr, die Flammen, den Hörnerschall und den rauchenden Berg. Als nun das Volk ‹das› wahrnahm, zitterten sie, blieben von ferne stehen
>
> 19 und sagten zu Mose: Rede du mit uns, dann wollen wir hören! Aber Gott soll nicht mit uns reden, damit wir nicht sterben.

---

[8] Aus der christlichen Zeitschrift *Focus on the Family*, Februar 2002, 10-11. Der Name des Pastors wurde nicht bekanntgegeben.

> 20 Da sagte Mose zum Volk: Fürchtet euch nicht! Denn ‹nur› um euch zu prüfen, ist Gott gekommen, und damit die Furcht vor ihm euch vor Augen sei, damit ihr nicht sündigt.

Inwiefern prüfte Gott das Volk? Die Prüfung bestand in seinen Geboten. Sie teilen uns mit, was Gott erwartet und stellen uns vor die Wahl. Wir bestehen die Prüfung dann, wenn wir tun, was Gott fordert. Wenn wir nicht glauben bzw. nicht gehorchen, haben wir die Prüfung nicht bestanden und zeigen, dass wir Gott nicht fürchten, ihm nicht vertrauen und ihn weder ehren noch respektieren. Gottesfurcht zeigt sich daran, dass wir ungeachtet unserer Vorlieben oder Argumente das tun, was er geboten hat. Die Furcht Gottes bewahrt uns davor, zu sündigen und ist eine heilsame Furcht, denn die Sünde bringt immer den Tod mit sich. Während ich diese Zeilen schreibe, liegen ganze Stapel von tragischen Berichten über Ehebruch auf meinem Schreibtisch – Berichte von Menschen, deren Leben wie die Windschutzscheibe eines Autos in hunderte Splitter zerbrachen, die unmöglich wieder zusammengesetzt werden können. Auch wenn die Splitter zum Teil noch miteinander verbunden sind, genügt ein Windhauch, um sie zu zerstreuen. Es sind Berichte von Untreue, Zornausbrüchen, Racheakten und von hilflosem Zusammenkauern unter Gewaltandrohung; Berichte, in denen quälende Schuldgefühle und Gedanken des Versagens geschildert werden, wenn die Betroffenen durch die Schubladen ihrer Vergangenheit wühlen, auf der Suche nach Antworten auf die Frage, wie es dazu kommen konnte... *Wie konnte ich das nur tun? Wie konnte ich nur so denken? Wie konnte ich nur so dumm sein? Hätte ich doch nur nicht...!* Dann sitzt du da, gequält von den Erinnerungen an dein Fehlverhalten und denkst dir: *Was wird mit unseren Kindern passieren? Unsere Kinder! Mein Gott! Und meine Eltern? Meine Nachbarn? Was werden die wohl sagen? Und unsere Freunde? Werden die weiter unsere Freunde sein? Und was ist mit unseren Arbeitskollegen, mit den Leuten in der Gemeinde?*

Ehebruch – jemand anderen begehren und unserer Leidenschaft freien Lauf lassen - hat tragische Folgen; unsere Leidenschaft ist vergänglich und nur von kurzer Dauer, denn „Unzüchtige und Ehebrecher wird Gott richten" (Hebräer 13,4).
Vergiss nicht: Sünde geschieht nie unabsichtlich, sondern ist etwas, wofür *wir* uns entscheiden und wofür wir daher auch verantwortlich sind. Wenn wir uns zum Ungehorsam entscheiden, dann muss uns klar sein, gegen wen sich diese Entscheidung letztlich richtet.
Im 3. Buch Mose ruft Gott sein Volk auf, heilig zu sein, weil er heilig ist. Heilig sein heißt, für Gott abgesondert zu sein, ganz für ihn da zu sein. Vom 1. Buch Mose bis zur Offenbarung betont Gott immer wieder, dass er der Schöpfer des Himmels, der Erde und aller Lebewesen ist. Gott hat uns erschaffen. Wir existieren, weil er uns unsere Existenz gegeben hat; wir sind für ihn erschaffen worden; und aus diesem Grund sollen wir heilig sein.

Was verbietet Gott noch?

Das Gesetz verbietet uns, den Ehepartner eines anderen zu begehren oder mit ihm zu schlafen. Im zwanzigsten Kapitel des 3. Buches Mose finden wir weitere Richtlinien für unser sexuelles Verhalten und unsere sexuellen Neigungen. Wir haben die Stelle zum Teil für dich abgedruckt. Unterstreiche beim Lesen alle Verbote und markiere den Begriff *Tod* wie zuvor mit einem Grabstein.
Lies die Verse laut, und lies sie aufmerksam. Es ist sehr wichtig, dass du persönlich weißt, was in der Bibel steht. Gott hat sich klar und deutlich ausgedrückt. Er möchte, dass wir ihn verstehen und wissen, was er will. Er möchte, dass wir ihm glauben, und dafür haben wir allen Grund, denn Gott kann nicht lügen.

3. Mose 20,7-12

> 7 So sollt ihr euch heiligen und sollt heilig sein, denn ich bin der HERR, euer Gott,
>
> 8 und sollt meine Ordnungen einhalten und sie tun. Ich bin der HERR, der euch heiligt.
>
> 9 Wenn irgend jemand seinem Vater oder seiner Mutter flucht, muss er getötet werden; er hat seinem Vater oder seiner Mutter geflucht, ihr Blut ist auf ihm.
>
> 10 Wenn ein Mann mit einer Frau Ehebruch treibt, wenn ein Mann Ehebruch treibt mit der Frau seines Nächsten, müssen der Ehebrecher und die Ehebrecherin getötet werden.
>
> 11 Und wenn ein Mann bei der Frau seines Vaters liegt: er hat die Blöße seines Vaters aufgedeckt, beide müssen getötet werden, ihr Blut ist auf ihnen.
>
> 12 Und wenn ein Mann bei seiner Schwiegertochter liegt, müssen beide getötet werden. Sie haben eine schändliche Befleckung verübt, ihr Blut ist auf ihnen.

Ich möchte sicherstellen, dass dir die Bedeutung der Begriffe in diesen Versen klar ist. Mit *Befleckung* (Vers 12) ist die Blutschande gemeint, also sexuelle Beziehungen zwischen Blutsverwandten oder angeheirateten Verwandten. Das hebräische Wort bedeutet eine unnatürliche Vermischung. Unnatürlich ist, wenn zum Beispiel ein Vater seine Tochter oder seinen Sohn sexuell missbraucht, oder ein Bruder seine Schwester. Blutschande ist ein weltweites Problem, und wir werden in diesem Buch noch einmal darauf zurückkommen müssen. Vorläufig geht es uns darum, einen Überblick über jene sexuellen Verhaltensweisen zu gewinnen, die in Gottes Augen inakzeptabel sind.

> 13 Und wenn ein Mann bei einem Mann liegt, wie man bei einer Frau liegt, ‹dann› haben beide einen Greuel verübt. Sie müssen getötet werden, ihr Blut ist auf ihnen.

Hier ist offensichtlich von der Homosexualität die Rede, zu der laut Römer 1,26-27 auch lesbische Verhältnisse zwischen Frauen gehören. Auch damit müssen wir uns noch eingehend auseinandersetzen.
Falls du mit Homosexualität oder Lesbianismus zu tun hast, musst du dich den Aussagen der Bibel stellen. Du musst dir persönlich darüber im Klaren sein, was die Bibel lehrt, anstatt dich auf die Interpretationen von jemand anderem zu verlassen. Der Vers, den wir gerade gelesen haben, betont, dass es dabei um Leben oder Tod geht. Es wäre falsch, sich in so einem Fall auf die Meinungen anderer zu verlassen.

> 14 Und wenn ein Mann eine Frau nimmt und ihre Mutter, das ist eine Schandtat; man soll ihn und sie mit Feuer verbrennen, damit keine Schandtat in eurer Mitte sei.

Das hebräische Wort für „Schandtat" lautet *zimmah* – „Bosheit".

> 15 Und wenn ein Mann bei einem Vieh liegt, soll er unbedingt getötet werden, und das Vieh sollt ihr umbringen.
>
> 16 Und wenn eine Frau sich irgendeinem Vieh nähert,

> damit es sie begatte, dann sollst du die Frau und das Vieh umbringen. Sie müssen getötet werden, ihr Blut ist auf ihnen.

Unzucht mit Tieren wird auch als *Bestialität* bezeichnet.

> 17 Und wenn ein Mann seine Schwester nimmt, die Tochter seines Vaters oder die Tochter seiner Mutter, und er sieht ihre Blöße, und sie sieht seine Blöße: das ist eine Schande, und sie sollen ausgerottet werden vor den Augen der Kinder ihres Volkes. Er hat die Blöße seiner Schwester aufgedeckt, er soll seine Schuld tragen.

Was heißt „die Blöße" einer Person „aufdecken"? Das hebräische Wort für „aufdecken" lautet *galah* und bedeutet, jemanden zu entkleiden, und zwar in einem unsittlichen Sinn. Kriegsgefangene wurden manchmal auf diese Weise entkleidet, um sie zu demütigen.

Das hebräische Wort für „Blöße", *ervah*, ist eine Anspielung auf die Geschlechtsorgane. Das „Aufdecken der Blöße" meint daher eine unsittliche Zurschaustellung. Nur im Ehebett darf dieses „Aufdecken" geschehen, und in der Ehe dürfen die Ehepartner Freude am Körper des anderen haben. Wir werden darüber anhand des Hoheliedes Salomos noch ausführlicher sprechen.

Was können wir aus der Stelle über das „Aufdecken der Blöße" schließen? Was ist mit den Nachtclubs, den sogenannten exotischen Tänzerinnen, der Pornographie im Internet oder anderswo, den Nacktszenen in Filmen und im Fernsehen, den Illustrierten wie *Playboy* und anderen Formen der „Unterhaltung", in denen der nackte Körper im Mittelpunkt steht? Die Bibel gibt uns eine eindeutige Antwort auf diese Fragen.

18 Und wenn ein Mann bei einer kranken Frau liegt und ihre Blöße aufdeckt, so hat er ihre Quelle enthüllt, und sie hat die Quelle ihres Blutes aufgedeckt. Sie sollen beide ausgerottet werden aus der Mitte ihres Volkes.
19 Und die Blöße der Schwester deiner Mutter und der Schwester deines Vaters sollst du nicht aufdecken; denn wer das tut, hat seine Blutsverwandte entblößt: sie sollen ihre Schuld tragen.
20 Und wenn ein Mann bei der Frau seines Onkels liegt, hat er die Blöße seines Onkels aufgedeckt. Sie sollen ihre Sünde tragen, kinderlos sollen sie sterben.
21 Und wenn ein Mann die Frau seines Bruders nimmt: das ist eine Befleckung. Er hat die Blöße seines Bruders aufgedeckt, sie sollen kinderlos sein.
22 Und ihr sollt all meine Ordnungen und all meine Rechtsbestimmungen halten und sie tun, damit euch das Land nicht ausspeit, in das ich euch bringe, darin zu wohnen.

Was wird in diesen Versen verboten? Ehebruch, Blutschande, Homosexualität, Bestialität – eine ganze Liste von Verfehlungen. Gibt es diese Dinge heute überhaupt noch? Leider ja. Jede einzelne dieser sexuellen Sünden wird auch heute noch bei obszönen Partys und anderswo praktiziert, auf Arten und Weisen, wie wir sie uns zum Teil gar nicht vorstellen können oder sollen.
Ich möchte dir an diesem Punkt die Frage stellen, ob du in eine dieser Sünden verwickelt bist, oder ob du mit Versuchungen, negativen Gedanken und Phantasien kämpfst.

Vielleicht ist das sogar der Grund, warum du dieses Buch liest – weil du wissen willst, wie du mit deinen Gefühlen, Leidenschaften und Neigungen umgehen sollst.
Möglicherweise hast du dir einzureden versucht – oder ein Freund hat dir eingeredet -, dass das schon in Ordnung ist, dass dein Verhalten und deine Neigungen ganz natürlich sind. Aber du fragst dich trotzdem:
Warum habe ich solche Schuldgefühle? Warum fühle ich mich so unfrei?
Warum bringen mir diese Dinge keine Erfüllung?
Warum verabscheue ich mich tief in meinem Inneren?
Warum muss ich solche extremen Verhaltensweisen wählen, um Befriedigung zu erfahren?
Warum gibt es in unserer Gesellschaft gegensätzliche Meinungen über manche sexuelle Praktiken oder Neigungen?
Warum wirft man den Gegnern mancher sexueller Praktiken eine „Phobie" vor?
Denken wir einen Augenblick über das nach, was wir im 2. und 3. Buch Mose gelesen haben.
Welche Einstellung müssen wir zu diesen sexuellen Praktiken haben, wenn wir uns strikt an das halten, was die Bibel sagt? Schreibe deine Antwort auf.

Wie beurteilt Gott diese Verhaltensweisen?

Gibt es für diese Verhaltensweisen Folgen? Wirf einen Blick auf die „Grabsteine" im Text. Welche „Namen" stehen auf diesen Grabsteinen?

Die Aussagen der Schrift sind eindeutig und müssen nicht erst interpretiert werden. Es gibt keine verborgenen Bedeutungen oder symbolische Formulierungen, die erst entziffert werden müssten. Gott hat zu diesen Dingen klar und unmissverständlich Stellung genommen und seine Einstellung zu diesen sexuellen Praktiken deutlich zum Ausdruck gebracht: Tod für Ehebruch; Tod für die Blutschande; Tod für Homosexualität; Tod für Bestialität.
Das klingt hart und ist es auch. Wir bekommen einen Eindruck davon, wie schwerwiegend diese Dinge sind. Die Konsequenzen sind gravierend. Wir müssen jedoch nicht verzweifeln. Wenn du in eine dieser Sünden verwickelt bist, dann habe ich eine gute Nachricht für dich: es gibt einen Ausweg aus dieser Lage, auf den wir gleich zu sprechen kommen werden. Lies bitte weiter.

HOFFNUNG FÜR DIE GEFANGENEN

Wenn du das Opfer von Blutschande bist und von einem Verwandten sexuell missbraucht wurdest, bist du wahrscheinlich darüber erleichtert, dass Gott dieses Verhalten verurteilt. Es ist in seinen Augen ein Greuel. Du musst in diesem Fall verstehen, dass es *nicht* deine Schuld ist, wenn dich jemand missbraucht hat, auch dann nicht, wenn du dabei Lustgefühle empfunden hast. Diese sind eine Reaktion unseres Körpers auf bestimmte Reize; sie bedeuten nicht, dass du schuldig bist. Die Schuld liegt beim Täter, nicht beim Opfer.
Und was ist, wenn du absichtlich an solchen Handlungen teilgenommen hast? Hat dich das Wort Gottes in Furcht und Schrecken versetzt? Wenn ja, dann ist das ist ein gutes Zeichen. Fühlst du dich verloren, verurteilt und verdammt? Hast du den Eindruck, dass es keine Hoffnung mehr für dich gibt? Wünscht du dir, du könntest den Vorfall ungeschehen machen?
Mein Lieber, meine Liebe – und wenn ich dich so anrede, dann geschieht das durchaus mit Absicht, denn Gott *liebt* dich, auch wenn du eine dieser Sünden begangen hast, die er verabscheut, weil sie dich letztlich zerstören – es gibt eine gute Nachricht für dich, und zwar aus dem 1. Korintherbrief 6,9-11.

Wir wollen diese Verse lesen und dabei das Wort *ihr* markieren.

> 9 Oder wisst ihr nicht, dass Ungerechte das Reich Gottes nicht erben werden? Irrt euch nicht! Weder Unzüchtige noch Götzendiener, noch Ehebrecher, noch Lustknaben, noch Knabenschänder,
> 10 noch Diebe, noch Habsüchtige, noch Trunkenbolde, noch Lästerer, noch Räuber werden das Reich Gottes erben.
> 11 Und das sind manche von euch gewesen; aber ihr seid abgewaschen, aber ihr seid geheiligt, aber ihr seid gerechtfertigt worden durch den Namen des Herrn Jesus Christus und durch den Geist unseres Gottes.

Diese Verse sind wirklich aufschlussreich. Schreibe alles auf, was du aus dem Text über das Wort *ihr* erfährst.

Ist dir aufgefallen, was diese Menschen einst *gewesen* sind? In diesem kleinen Wort steckt eine ungeheure Hoffnungsbotschaft. Unterstreiche es. Welche Botschaft vermittelt es denen, die keine Hoffnung auf Änderung haben?

Gott ist jemand, der Menschen *befreit*! Er befreit uns von der Sünde und ihren Fesseln. Er ist der Erlöser, der uns ein für alle Mal vom Sklavenmarkt der Sünde loskauft. Weil er unser Schöpfer ist, ist er in der Lage, uns zu neuen Geschöpfen zu machen, uns ein neues Herz zu geben, und uns von neuem in seinem Ebenbild zu erschaffen. Er tut all das durch seinen Sohn Jesus Christus, und nur durch ihn.

Wenn du wirklich umkehrst (deine Gesinnung änderst) und akzeptierst, dass Jesus Christus der Sohn Gottes ist und nur er dich von deinen Sünden retten kann, dann tritt Gott in Aktion.

Wie wir gerade in 1. Korinther 6 gelesen haben, wird Gott dich reinwaschen und dich für seine Zwecke absondern (Heiligung). Er befreit dich von jedem Verdammungsurteil und erklärt dich für gerecht (Rechtfertigung).

Wenn du keinen Ausweg siehst, keine Möglichkeit, je von deinen sexuellen Sünden loszukommen, keine Hoffnung und keine Zukunft, dann kann dir das Wissen über diese Dinge helfen, deine Verzweiflung zu überwinden.

Gott kann dich heilen. Du musst jedoch auf ihn hören, nicht auf deine eigenen Gefühle. Im Römerbrief, Kapitel 5, lesen wir, dass Gott uns bereits geliebt hat, als wir noch Sünder und seine Feinde waren. Schon damals hat Gott durch den Tod und die Auferstehung seines Sohnes Jesus Christus unsere Schuld bezahlt und uns die Gewissheit gegeben, dass wir mit ihm die Ewigkeit verbringen werden.

GOTTES GERICHT HERAUFBESCHWÖREN

Wir wollen uns noch einmal mit dem 3. Buch Mose beschäftigen und diesmal das 18. Kapitel lesen, in dem zum Teil die gleichen Sünden erwähnt werden wie im 20. Kapitel, doch hier wird noch deutlicher gesagt, wie Gott über diese Sünden denkt und was für Auswirkungen sexuelle Sünden auf eine Nation haben können.

In 3. Mose 18 verwendet Gott einige Wörter, die im 20. Kapitel nicht vorkommen: *Greuel*, *schändliche Befleckung* und *unrein*.

Markiere *Greuel* mit einem großen „**G**“, *schändliche Befleckung* und *unrein* mit einem großen „**U**“.

3. MOSE 18,22-30

22 Und bei einem Mann sollst du nicht liegen, wie man bei einer Frau liegt: ein Greuel ist es.

23 Und bei keinem Vieh sollst du liegen, so dass du dich an ihm unrein machst. Und eine Frau soll sich nicht vor ein Vieh hinstellen, damit es sie begattet: es ist eine schändliche Befleckung.

24 Macht euch nicht unrein durch all dieses! Denn durch all dieses haben die Nationen sich unrein gemacht, die ich vor euch vertreibe.

25 Und das Land wurde unrein gemacht, und ich suchte seine Schuld an ihm heim, und das Land spie seine Bewohner aus.

26 Ihr aber, ihr sollt meine Ordnungen und meine Rechtsbestimmungen halten, und ihr sollt nichts tun von all diesen Greueln, der Einheimische und der Fremde, der in eurer Mitte als Fremder wohnt -

27 denn all diese Greuel haben die Menschen des Landes getan, die vor euch ‹da› waren, und das Land ist unrein gemacht worden -,

28 damit das Land euch nicht ausspeit, wenn ihr es unrein macht, ebenso wie es die Nation ausgespieen hat, die vor euch ‹da› war:

29 denn jeder, der etwas von all diesen Greueln tut, - die Seelen, die es tun, sollen ausgerottet werden aus der Mitte ihres Volkes.
30 Und ihr sollt meine Vorschriften halten, damit ihr keine der greulichen Bräuche übt, die vor euch geübt worden sind. Ihr sollt euch nicht durch sie unrein machen. Ich bin der HERR, euer Gott.

Welche Sünden bezeichnet Gott als *Greuel* bzw. *schändliche Befleckung*? Schreibe sie auf.

Diese sexuellen Praktiken stellen eine Perversion dessen dar, was Gott mit Sex im Sinn hatte; sie sind widernatürlich und daher ein Greuel. Das hebräische Wort für „Greuel" lautet *tow'ebah* und bedeutet „ekelhaft". Was in Gottes Augen ekelhaft ist, sollte es auch für uns sein, nicht nur wegen der Auswirkungen auf den Einzelnen, sondern auch wegen der Folgen für die Gesellschaft. Die Sünde bleibt nicht stehen. Denken wir nur an die zahllosen Opfer von AIDS und anderer Krankheiten, die durch sexuelle Sünden übertragen werden.
Schreibe alles auf, was du in 3. Mose 18,22-30 über den Begriff *unrein* erfährst.

Gottes Gericht ergeht laut dieser Stelle nicht nur über sein eigenes Volk. Lies die Verse 24 und 28 noch einmal. Was fällt dir auf? Schreibe es auf.

Gott verwendete sein Volk Israel, um die Kanaaniter zu richten und sie wegen ihrer sexuellen Perversionen aus dem Land zu vertreiben. Er zögerte jedoch nicht, mit seinem eigenen Volk das gleiche zu tun, als sie die gleichen Sünden begingen.
Dazu kam es leider auch. Israel missachtete Gottes Wort und verfiel in Götzendienst und Unzucht. Als Folge gab Gott sie in die Hand der Babylonier, die das Land verwüsteten und das Volk verschleppten. Die Israeliten wurden von dem Land „ausgespien", und zwar gleich zweimal! Im Jahr 70 n. Chr. machte der legendäre römische General Titus Jerusalem dem Erdboden gleich. Gott verwendete ironischerweise einen unmoralischen General und eine unmoralischen Nation, um sein eigenes Volk zu bestrafen.
Gott duldet keine Perversion und sprach daher das Todesurteil über jene aus, die ihrer Lust freien Lauf ließen. Er will dem Greuel Einhalt gebieten, bevor der Täter zu einem Raubtier wird und das Leben anderer zerstört, und bevor sexuelles Fehlverhalten sich wie eine Seuche in der Nation ausbreitet und ein Strafgericht nach sich zieht. Das wird nirgendwo deutlicher als in dem bekannten Beispiel von Sodom und Gomorrah.

Zerstört durch eine Lüge

Seit Jahrzehnten beschwört Amerika durch seine Toleranz für sexuelle Perversionen das Gericht Gottes herauf, vor allem seit dem Erscheinen von Alfred Kinseys Büchern *The Sexual Behavior of the Human Male*[9] (1948) und *The Sexual Behavior of the*

[9] Das Sexualverhalten des Mannes (Anm. d. Übers.).

Human Female[10] (1953). Kinseys sogenannte „wissenschaftliche Erkenntnisse“ legten den Grundstein für die sexuelle Revolution – doch seine Erkenntnisse waren grundfalsch.
In ihrem Buch *Kinsey: Crimes and Consequences*[11] beschreibt Dr. Judith A. Reisman, zu welchen Mitteln Menschen greifen, um ihre perversen Begierden zu befriedigen und zu rechtfertigen. Ihr Buch baut auf sorgfältig recherchierten unwiderlegbaren Tatsachen auf und reißt den irreführenden Konzepten, die vom Kinsey-Institut der Universität des Bundesstaates Kansas publiziert wurden, die Maske vom Gesicht.
Dr. Reismans Nachforschungen ergaben, dass Kinsey in einem schalldichten Labor, das von der Universität des Bundesstaates Indiana eigens für ihn eingerichtet wurde, Experimente an Menschen durchführte. Unter anderem bildete der sexuelle Missbrauch von mindestens 317 Kleinkindern (manche davon waren erst fünf Monate alt) die „wissenschaftliche“ Grundlage für Kinseys Publikation aus dem Jahr 1948. Seine pädophilen Experimente führten zu der Schlussfolgerung, dass Kinder von Geburt an sexuell aktiv sein können.
James Jones, ein Historiker der Universität in Houston, schreibt in seiner Kinsey-Biographie, dass der Sexualforscher nicht jener „verbissene, nur an der Wissenschaft interessierte Forscher war, als der er sich ausgab“. Statt dessen war Kinsey „ein heimlicher Homosexueller und Masochist, der von Sex besessen war und, getrieben von seinen eigenen Dämonen der Lust, versuchte, seine Zeitgenossen aus dem Griff viktorianischer Unterdrückung zu befreien“.[12] Der Abstieg unserer[13] Nation von Sittlichkeit zu sexueller Anarchie wurde durch Kinseys Vorhaben

---

[10] Das Sexualverhalten der Frau (Anm. d. Übers.).

[11] Judith A. Reisman, *Kinsey: Crimes and Consequences*, 2. Auflage (Crestwood, Kentucky: Institute for Media Education, Inc., 1998). Dieses Buch ist beim Institute for Media Education, Inc., Box 1136, Crestwood, KY 40014-9524, U.S.A. erhältlich. Für alle, denen eine moralische Wende unserer (d. h., der amerikanischen; Anm. d. Übers.) Nation am Herzen liegt, enthält dieses Buch eine Fülle wertvoller Information.

[12] Reisman, *Kinsey*.

[13] d. h., der amerikanischen (Anm. d. Übers.).

beschleunigt, die jüdisch-christliche Ethik zu unterminieren[14]. Die amerikanische Gesetzgebung beruht ursprünglich auf biblischen Prinzipien und damit auf dem Gesetz Gottes, und Kinsey wollte eigentlich nichts anderes als den Menschen den Schutz rauben, den das Gesetz Gottes bietet.

Kinseys Pseudowissenschaft - die aus dem Labor der Hölle stammt - führte nicht nur zur sexuellen Revolution der sechziger Jahre, sondern schadet immer noch dem moralischen Charakter dieser Nation, und zwar durch ihre Auswirkungen auf Erziehung und Rechtsprechung. Gesetze, die auf Kinseys irreführenden Konzepten aufbauen, bilden nach wie vor einen Teil des Rechtssystems der Vereinigten Staaten von Amerika. Die Gesetzgebung wurde derart beeinflusst, dass die Straftäter oft ungeschoren davonkommen, während die Unschuld der Opfer ebenso oft in Frage gestellt wird. „Die mehr als 6000 Zitate Kinseys in juridischen, sozialwissenschaftlichen und wissenschaftlichen Fachzeitschriften sind ein deutlicher Beweis für seinen beträchtlichen Einfluss."[15] Sie geben jedoch keine Antwort auf die Frage, inwieweit seine Konzepte verwendet wurden, um eine grundlegende Änderung des Sexualgesetzes der Vereinigten Staaten durchzusetzen.

Unter Berufung auf Kinseys irreführenden Daten behauptet ein öffentlich anerkannter Experte folgendes:

> Diese vorehelichen, außerehelichen, homosexuellen und bestialischen Kontakte werden, wie uns mitgeteilt wurde, von 95 Prozent der Bevölkerung unter Missachtung bestehender gesetzlicher Regelungen praktiziert. Sind diese Angaben richtig, dann geht daraus klar hervor, dass unser Sexualstrafrecht jeglichen Bezug zur Realität verloren hat.[16]

---

[14] Dass Kinsey dieses Ziel verfolgte, geht aus einem 1973 erschienenen Buch seines Mitarbeiters Pomeroy hervor (siehe Tom Bethell, „Mortal Sins", *National Review*, 19. Mai 1997, 37).

[15] Reisman, *Kinsey*, 210.

[16] Reisman, *Kinsey*, 210.

Letztlich wurden also Gesetze geändert, um niederträchtige Menschen zu schützen, was zur Folge hatte, dass die Opfer dieser Menschen gefährdet wurden! Bevor Kinsey seine falschen Behauptungen publizierte, waren die Sexualstraftäter gefährdet, da das Gesetz die Unschuldigen und Verwundbaren schützte. Heute ist das Gegenteil der Fall. Wie lange wird es noch dauern, bis uns das Land „ausspeit“, bis Gott in seiner Heiligkeit genug hat und in noch größerem Ausmaß als bisher sein Strafgericht über diese Nation hereinbrechen lässt?

Denken wir an die vielen Menschen, deren Leben durch die Lügen dieses Mannes zerstört wurde, weil sie Gottes Gebote für sexuelles Verhalten ignorierten. Wenn du nach 1948 geboren wurdest, bist du wahrscheinlich auf die eine oder andere Weise von Kinseys Lehren über Sexualität beeinflusst oder infiziert worden, es sei denn, deine Eltern haben dir von klein auf das Wort Gottes beigebracht.

Wird dir langsam klar, wie wichtig es ist, Gottes Wort über Sex zu kennen? Wenn wir sein Wort nicht kennen, sind wir in der Gefahr, durch Lügen zerstört zu werden. Sex außerhalb der von Gott festgesetzten Richtlinien ist eine verbotene Frucht, die uns den Platz in seinem Garten verlieren lässt – den einzigen Platz, an dem wir den Baum des Lebens finden können.

Erinnerst du dich noch an den Pastor, der von einer Frau in seiner Gemeinde in Versuchung geführt wurde? Wir kennen bereits einen Teil seiner Geschichte; hier ist die Fortsetzung, aus der wir alle eine Lehre ziehen können:

> Zunächst spielte sich alles nur in meinem Verstand ab, aber dabei blieb es nicht. Ich begann, während meiner Freizeit an sie zu denken. Ich redete mir ein: *Ich werde schon nichts Falsches machen. Ich bin noch nicht zu weit gegangen; es ist alles in Ordnung.* Aber ich hätte ohne weiteres zu weit gehen können; die Versuchung war da.
>
> Gelegentlich bekam ich Angst und dachte: *Ich will eigentlich gar nicht an sie denken. Schließlich habe ich eine großartige Frau und eine*

> *Familie. Ich will nicht in diese Richtung gehen!* Irgendwie machte es zwar Spaß, im Geheimen an diese Frau zu denken, aber mein Gewissen plagte mich. Ich wusste, dass es nicht in Ordnung war. Und dann war ich eines Tages in meinem Büro und telefonierte. Sie kam von hinten an mich heran und gab mir einen Klaps aufs Hinterteil. In diesem Augenblick brachte mich meine Angst endlich zur Besinnung.
> „Ich werde mit meiner Frau über diesen Vorfall sprechen", sagte ich ihr.[17]

Das tat er auch und sprach außerdem mit seinem Vorgesetzten. Obwohl im physischen Bereich nichts vorgefallen war, war er sich der Gefahr bewusst, der er sich in seinen Gedanken aussetzte.
Wenn du mit dem Feuer spielst, empfehle ich dir, es schnellstens mit dem Wasser des Wortes Gottes zu löschen. Andernfalls wird deine Sünde ernste Folgen haben. Gott ist heilig; er muss Sünde richten. Schuld, Scham und ein schlechtes Gewissen sind Vorboten des Gerichtes und Warnzeichen, die uns drängen, Gottes reinigende Kraft in Anspruch zu nehmen, bevor es zu spät ist.

> Als ich schwieg, zerfielen meine Gebeine
> durch mein Gestöhn den ganzen Tag.
> Denn Tag und Nacht lastete auf mir deine Hand;
> verwandelt wurde mein Saft
> in Sommergluten. //
> So tat ich dir kund meine Sünde
> und deckte meine Schuld nicht zu.
> Ich sagte: Ich will dem HERRN meine Übertretungen bekennen;
> und du, du hast vergeben die Schuld meiner Sünde. //

[17] *Focus on the Family*, Februar 2002, 10-11. Der Name des Pastors wurde nicht bekanntgegeben.

Deshalb soll jeder Fromme zu dir beten,
zur Zeit, da du zu finden bist;
gewiss, bei großer Wasserflut -
ihn werden sie nicht erreichen.
Du bist ein Bergungsort für mich; vor Bedrängnis behütest du mich;
du umgibst mich mit Rettungsjubel. //
Ich will dich unterweisen und dich lehren den Weg,
den du gehen sollst;
ich will dir raten, meine Augen über dir ‹offenhalten›.
Seid nicht wie ein Ross, wie ein Maultier, ohne Verstand;
mit Zaum und Zügel ist seine Kraft zu bändigen,
sonst nahen sie dir nicht.
Viele Schmerzen hat der Gottlose;
wer aber auf den HERRN vertraut,
den umgibt er mit Gnade.
(Psalm 32,3-10)

5

Die Falle der Verführung

Was ist schon dabei, wenn man ein paar Seitensprünge macht?

Das Lied der Sirenen, vom Wind über die Oberfläche des Meeres getragen, von den Segeln der Schiffe aufgefangen, lenkte viele Kapitäne und ihre Mannschaften vom Kurs ab. Unfähig, dem faszinierenden Gesang zu widerstehen, steuerten die Männer auf den Strand der Sirenen zu, ohne die scharfen Klippen zu beachten, die unter der glitzernden Wasseroberfläche lauerten. Von ihrer Lust verblendet, warteten einige der Seeleute gar nicht erst auf den unvermeidlichen Schiffbruch, sondern sprangen ins Wasser und schwammen an Land, um von den Sirenen gefressen zu werden. Das verführerische Aussehen der Sirenen verbarg einen kannibalischen Appetit, mit dem sie das Fleisch ihrer Opfer erbarmungslos verzehrten.
In Homers *Odyssee* lesen wir von dem mythischen Helden Odysseus oder Ulysses, der auf der Heimfahrt vom Krieg an der Insel der Sirenen vorbeikam.[1] Seine Geliebte Circe, mit der er ein Verhältnis hatte, hatte ihn vor dem Gesang der Sirenen gewarnt. Als sich sein Schiff der Insel näherte, befahl der den Matrosen, ihre Ohren mit Wachs zu verstopfen, um den verführerischen Gesang der Sirenen nicht zu hören. Er selbst war neugierig geworden und wollte sich ihre herrlichen Stimmen nicht

---

[1] *Gods and Heroes in Greek Mythology* (Florenz, Italien: Casa Editrice Bonechi, 1998), 109-113.

entgehen lassen. Er wies seine Mannschaft an, ihn am Mast des Schiffes festzubinden und ihn erst dann loszubinden, wenn das Schiff wieder weit von der Insel der Sirenen entfernt war, egal, wie sehr er auch darum bat.

Wie sich herausstellte, hatte Circe recht gehabt, und Odysseus hatte gut daran getan, auf sie zu hören. Das Lied der Sirenen war so verführerisch, dass ihm der Tod sicher gewesen wäre, hätte er sich von den Stricken befreien können, mit denen er festgebunden war.

Diese Legende aus der griechischen Mythologie ist eine Warnung an alle, die sich gerne in der Nähe gefährlicher Strände aufhalten und von der Lust ihres Fleisches getrieben werden. Ähnlich wie die Geschichte von den Sirenen ist auch die Beschreibung der „fremden Frau“ aus dem Buch der Sprüche eine Warnung für alle, die Gottes Wort über Sex missachten.

Das Buch der Sprüche gehört zur Weisheitsliteratur der Bibel, wurde von König Salomo verfasst und enthält die Worte eines Vaters, der seinen Sohn ermahnt, der „fremden Frau“, der „glattzüngigen Ehebrecherin“ aus dem Weg zu gehen.[2] So wie Circe Odysseus warnte, so warnte Salomo seinen Sohn. Der Unterschied war, dass Salomo Gottes Weisheit weitergab - Weisheit, die vom Thron des Himmels ausging, statt einen Mythos.

Wir wollen die besorgten Worte eines Vaters an seinen Sohn aus den Sprüchen 6,20-29 lesen. Sie enthalten zeitlose Ratschläge für alle Generationen. Markiere das Wort *Gebot* und seine Synonyme wie *Weisung* mit diesem Symbol: 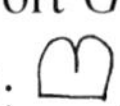.

SPRÜCHE 6,20-29

20 Bewahre, mein Sohn, das Gebot deines Vaters, verwirf nicht die Weisung deiner Mutter!

21 Binde sie stets auf dein Herz, winde sie um deinen Hals!

---

[2] Sprüche 1,1-2; 6,24.

22 Bei deinem Gehen leite sie dich, bei deinem Liegen behüte sie dich, und wachst du auf, so rede sie dich an!
23 Denn eine Leuchte ist das Gebot und die Weisung ein Licht, und ein Weg zum Leben sind Ermahnungen der Zucht,
24 dich zu bewahren vor der Frau des Nächsten, vor der glatten Zunge der Fremden.

Wir wollen feststellen, was wir in diesen Versen über das *Gebot* erfahren. Schreibe auf, von wem es ausgeht; was es bedeutet; was damit geschehen soll sowie die Verheißungen für jene, die dem Gebot gehorchen.

Die Gebote seiner Eltern waren nicht irgendwelche gedankenlosen Befehle, die ihm an den Kopf geworfen wurden, sondern Prinzipien, die ihn vor dem Schiffbruch auf den Klippen der Unwissenheit und Naivität bewahren konnten – vorausgesetzt, er befolgte sie.
Der Sohn des Königs sollte diese Gebote an seinem Herzen festbinden und sie sich um den Hals hängen, damit sie ihn leiten und unterweisen und ihn vor den Folgen der Unwissenheit bewahren. Solange er ihnen gehorsam war, konnte er der Falle der Sirenen, dem Reiz der Versuchung, den Begierden seines Fleisches, entkommen – jener Falle, die für Junge und Alte, Kleine und Große, Naive und Gelehrte gleichermaßen eine Gefahr darstellte. Der Vater wusste, dass ein Mann zuerst dazu verführt wird, hinzusehen, dann seinen Gedanken freien Lauf zu lassen und schließlich fühlen, berühren und erleben will. In dem Wunsch, seinen Sohn vor dem unausweichlichen Ruin der Verführung zu bewahren, setzt er mit den folgenden Worten fort:

25 Begehre nicht in deinem Herzen ihre Schönheit, lass sie dich nicht mit ihren Wimpern fangen!

26 Denn der Preis für eine Hure ‹geht› bis zu einem Brot, doch die Frau eines Mannes macht Jagd auf ‹dein› kostbares Leben. -

Die „Frau eines Mannes“! Nicht nur eine Hure, sondern eine Ehebrecherin – eine Frau, die sich auf der Jagd befindet, wo doch Gott ursprünglich vorgesehen hatte, dass der Mann der Jäger sein soll. Eine Frau, welche die Kunst der Verführung perfekt beherrscht, Männer an ihren Strand lockt, ihnen eine Falle stellt und dann ihre Beute fängt und deren gesamtes Leben auffrisst.

So eine Frau kann alles zerstören, was einen Mann auszeichnet,
was ihn zu einem Mann von Charakter macht:
zu einem Vorbild für seine Söhne
und einer moralischen Festung, in der seine Töchter Schutz finden.
Der Verlust seiner Unbescholtenheit
führt zu seinem moralischen Bankrott
und reduziert seinen Wert zu einem Laib Brot.

Die Ehebrecherin, die auf Männer Jagd macht, ist leider kein Mythos, sondern eine traurige Realität. Tagtäglich fallen viele junge Männer auf ihre Verführung herein und zerstören dadurch ihr eigenes Leben.

Ein Ehepaar aus Kanada erzählte mir, was ihrem siebzehnjährigen Sohn passierte, als er und seine Freunde einen Tag im *Wonderland* verbrachten, einem Vergnügungspark ähnlich wie *Disneyworld*. Ein etwa sechzehn Jahre altes Mädchen kam mit ihnen ins Gespräch, als sie in der Warteschlange standen. Sie verbrachte schließlich den ganzen Tag mit der Gruppe und erfuhr auch den Namen und die Adresse des jungen Mannes.

Am darauffolgenden Samstag stand sie auf einmal vor der Haustür und läutete. Sie war achtzig Kilometer mit dem Auto-

bus gefahren, um ohne Einladung oder Vorankündigung den Tag mit dem Sohn dieses Ehepaares zu verbringen. Die ganze Familie war schockiert, am meisten der junge Mann selbst.
Das Mädchen war, um einen Ausdruck aus dem Buch der Sprüche zu verwenden, „wie eine Hure gekleidet“: mit einem extrem kurzen T-Shirt mit tiefem Ausschnitt, und hautengen Jeans. Um nicht unhöflich zu sein, wollte die Familie das Mädchen nicht einfach wegschicken, sondern verbrachte ein paar eher peinliche Stunden damit, sie zu unterhalten, bevor sie den ungebetenen Gast schließlich zum Autobus brachten.
Eine Woche später sah meine Bekannte die Post durch und bemerkte einen Brief, den dieses Mädchen an ihren Sohn geschickt hatte. Als sie mir den Vorfall erzählte, sagte sie: „Kay, als ich den Brief in die Hand nahm, merkte ich, dass sich ein Kondom in dem Kuvert befand.“ Sie betete um Weisheit, wie sie sich ihrem Sohn gegenüber verhalten sollte. Als er nach Hause kam, gab sie ihm den Brief und teilte ihm ihre Befürchtung mit. Es stellte sich heraus, dass sie recht gehabt hatte. „Als er das Kuvert öffnete, befand sich ein farbiges Kondom drinnen, mit einer Karte, auf der stand, dass sie das als Vorbereitung für ihren nächsten Besuch schickte. Mein Sohn schämte sich in Grund und Boden. Er hatte bis zu diesem Zeitpunkt noch nie ein Kondom aus nächster Nähe gesehen.“
Vielleicht denkst du, dass so ein Vorfall eine Ausnahme ist. Wie oft passiert so etwas schon? Wie viele Frauen befinden sich schon auf der Jagd nach Männern? Doch leider geschehen diese Dinge öfter als wir meinen. Männer finden immer wieder heraus, dass Sex leicht zu bekommen ist, wenn man sich dafür interessiert. Frauen, die auf der Lauer liegen, schreiben ihnen Briefe, tauchen plötzlich auf, rufen auf einmal im Büro oder zu Hause an. Bei Partys stürzen sie sich regelrecht auf die Männer und lassen keinen Zweifel daran, dass der Mann von ihnen alles haben kann, was er sich wünscht; er braucht nur zu fragen: „Bei dir zu Hause oder bei mir?“

> 27 Kann man Feuer wohl tragen in seinem Gewandbausch, ohne dass einem die Kleider verbrennen?

> 28 Oder kann jemand wohl schreiten auf glühenden Kohlen, ohne dass er sich die Füße versengt?

Die Antwort auf diese Frage ist ein eindeutiges „Nein“! Wer auf Kohlen tritt, wird versengt, zur Gefühllosigkeit verbrannt und trägt bleibende Narben davon.

> 29 So ‹geht es auch dem›, der hineingeht zur Frau seines Nächsten: keiner bleibt ungestraft, der sie berührt.

Das Risiko und der Lohn des Gehorsams

Die Augen des Herrn prüfen das Herz jedes Menschen.
Du sagst vielleicht: „Ich konnte nicht anders.“ Du hast das verführerische Lied der Sirenen gehört und hast nachgegeben. „Ich konnte nicht widerstehen“, sagst du deinem Schöpfer. „Die Versuchung war zu stark. Du kannst mich doch deswegen nicht bestrafen, Herr. Du weißt doch, dass ich einen ausgeprägten Sexualtrieb habe. Das ist ein Teil von mir, das gehört einfach zu mir dazu. Du lässt mich doch sicher ungeschoren, oder?“
Wer so denkt, muss sich der Tatsache stellen, dass wir im ersten Buch der Bibel das Vorbild eines Menschen finden, der Tag für Tag von der Frau seines Herrn gedrängt wurde, mit ihr zu schlafen. Sein Name ist Joseph.
Joseph hatte allen Grund zur Bitterkeit. Seine hasserfüllten Brüder hatten ihn als Sklave verkauft, und so kam er in das Haus Potiphars, eines Beamten des Pharao. Gott hatte Joseph zwar in einem Traum verheißen, dass seine Brüder sich vor ihm verneigen würden, aber dieser Traum hatte sich bis dahin nicht erfüllt. Joseph war weit weg von seinen Eltern, seinen Brüdern, seiner Heimat und den Menschen, die den gleichen Gott wie er anbeteten – warum sollte er nicht die Gelegenheit für ein bisschen Vergnügen nützen? Schließlich war er jung und kräftig! Als Sklave hatte er kaum Aussichten auf Heirat. Gott würde schon verstehen, und wenn nicht, dann konnte es Joseph eigent-

lich auch egal sein. Gott hätte ihn eben nicht in diese missliche Lage bringen sollen!
Versuchen wir nicht oft, unser Nachgeben in Versuchungen mit solchen und ähnlichen Argumenten zu entschuldigen? *Meine* Bedürfnisse, *mein* Verlangen, *meine* Sehnsucht...
Wie hat unser Vorbild im Fall der Versuchung reagiert?

Genesis 39,7-9

> 7 Und es geschah nach diesen Dingen, da warf die Frau seines Herrn ihre Augen auf Josef und sagte: Liege bei mir!
> 8 Er aber weigerte sich und sagte zu der Frau seines Herrn: Siehe, mein Herr kümmert sich um nichts bei mir im Haus; und alles, was er besitzt, hat er in meine Hand gegeben.
> 9 Er ‹selbst› ist in diesem Haus nicht größer als ich, und er hat mir gar nichts vorenthalten als nur dich, weil du seine Frau bist. Wie sollte ich dieses große Unrecht tun und gegen Gott sündigen?

Ist dir aufgefallen, wie Joseph sein Verhalten begründet? Unterstreiche die entsprechende Aussage im Text. Was für eine hervorragende Antwort für den Fall, dass dich jemand zu unerlaubtem Sex überreden will: „Wie sollte ich dieses große Unrecht tun und gegen Gott sündigen?“ Was für eine Möglichkeit, Zeugnis von Gottes Wahrheit und der Rettung zu geben, die Gott uns anbietet!

Diese Rettung gibt uns die Kraft, „nein“ zu sagen...

nicht weil wir Angst haben, erwischt zu werden, uns mit einer Geschlechtskrankheit zu infizieren, oder schwanger zu werden,

sondern weil außerehelicher Sex eine Sünde gegen Gott ist.

> Diese Errettung gibt uns die Kraft, unseren Überzeugungen treu zu bleiben, auch wenn die Weigerung zu sündigen, uns dem Ärger oder Hass anderer aussetzt.

Der Versuchung widerstehen ist nicht unbedingt einfach. Josephs Weigerung, mit Potiphars Frau zu schlafen, bedeutete ein großes persönliches Risiko. Sie wollte sich mit seiner Weigerung nicht abfinden und verfolgte Joseph Tag für Tag mit dem gleichen Angebot. Doch Joseph blieb fest und ließ sich durch ihre Hartnäckigkeit nicht umstimmen. Auch als er eines Tages allein im Haus war, und sie bei dem neuerlichen Versuch, ihn zu verführen, sein Gewand ergriff, floh er und ließ sein Gewand zurück.

Joseph tat genau das, wozu uns das Wort Gottes auffordert. Er wurde nicht schwach und ging keine Kompromisse ein. Er war fest entschlossen, nicht gegen Gott zu sündigen und musste um seines Gehorsams willen leiden. Als Potiphars Frau sich für die Ablehnung rächte, landete Joseph im Gefängnis. Sie warf ihm vor, dass er sie vergewaltigen wollte. Potiphar reagierte genau so, wie es das Buch der Sprüche beschreibt:

> Verachtet man nicht ‹schon› den Dieb, auch wenn er ‹nur› stiehlt, um den Bauch sich zu füllen, weil Hunger ihn treibt? Und wird er ertappt, so muss er es siebenfach erstatten; den ganzen Besitz seines Hauses kann er dahingeben. Wer aber Ehebruch treibt mit der Frau ‹seines Nächsten›, ist ohne Verstand. Nur wer sich selber vernichten will, der mag das tun. Plage und Schande ‹nur› findet er, und seine Schmach wird nicht mehr gelöscht. Denn Eifersucht ‹weckt› die Zornglut des Mannes, kein Mitleid verspürt er am Tage der Rache. Er nimmt keine Rücksicht auf irgendein Sühnegeld und willigt nicht ein, selbst wenn du die Bestechung häufst. (Sprüche 6,30-35)

Potiphar war wütend. Im 1. Buch Mose lesen wir: „Und es geschah, als sein Herr die Worte seiner Frau hörte, die sie zu ihm

redcte, indem sie sagte: Nach diesen Worten hat mir dein Sklave getan, da entbrannte sein Zorn. Und Josefs Herr nahm ihn und legte ihn ins Gefängnis, an den Ort, wo die Gefangenen des Königs gefangen lagen; und er war dort im Gefängnis" (1. Mose 39,19-20).
Es erscheint ungerecht, dass Gott die Tugendhaftigkeit Josephs zunächst nicht belohnte. Warum ließ er zu, dass Joseph so grausam behandelt wurde? Stellt sich angesichts dieser Folgen nicht die Frage, ob es sich überhaupt auszahlt, das Richtige zu tun? Doch wir können uns sicher sein, dass Gott unseren Gehorsam immer belohnen wird – auf seine Art und Weise und zu seiner Zeit.
Joseph verbrachte mindestens zwei Jahre im Gefängnis, doch danach gab Gott seinem treuen Diener einen Platz im Palast des Pharao und die zweithöchste Position im Land Ägypten. Niemand außer Pharao hatte mehr Einfluss als er, und schließlich kamen auch seine Brüder und verneigten sich vor ihm, genauso wie Gott es in dem Traum verheißen hatte.

DIE WUNDEN SEXUELLER SÜNDEN

Sind dir die folgenden Worte aus dem Buch der Sprüche, Kapitel 6, Vers 33 aufgefallen?

> Plage und Schande ‹nur› findet er, und seine Schmach wird nicht mehr gelöscht.

Das hebräische Wort für „Plage" lautet *nega* und bedeutet „Schläge, Qual oder Krankheit".[3] Das Hauptwort *nega* stammt von dem Zeitwort *naga* - „jemand oder etwas berühren" – ab. Die Bedeutung dieses Begriffes sollte uns zu denken geben. Was sind eigentlich Geschlechtskrankheiten? Es sind Krankheiten, die durch körperliche *Berührung* beim Geschlechtsverkehr

---

[3] R. Laird Harris, Gleason L. Archer und Bruce K. Waltke, Hrsg. Theolog*ical Wordbook of the Old Testament*, 2 Bände (Chicago: Moody, 1980), 2:551.

übertragen werden. Im 1. Korintherbrief 6,18 werden wir aufgefordert, vor der Unzucht zu fliehen. Paulus sagt im gleichen Vers: „Jede Sünde, die ein Mensch begehen mag, ist außerhalb des Leibes; wer aber Unzucht treibt, sündigt gegen den eigenen Leib."

Eine weitere Warnung ist in Römer 1,27 zu finden. Im Zusammenhang von „schändlichen Leidenschaften" wie Homosexualität und Lesbianismus erwähnt das Wort Gottes, dass „Männer mit Männern Schande trieben, und den gebührenden Lohn ihrer Verirrung an sich selbst empfingen".

Wir werden einige Geschlechtskrankheiten und ihre Auswirkungen beschreiben. Überspringe diesen Abschnitt nicht, sondern beachte, welche „Wunden" diese Krankheiten verursachen. Ist es angesichts dieser möglichen Folgen wirklich wert, ein sexuelles Abenteuer außerhalb der Ehe zu suchen? Könnten diese Krankheiten etwas mit der Aussage in Hebräer 13,4 zu tun haben, wo es heißt: „Die Ehe sei ehrbar in allem, und das Ehebett unbefleckt! Denn Unzüchtige und Ehebrecher wird Gott richten"?

- *Chlamydien* und Gonorrhoe verursachen Sterilität bei Männern und Frauen.
- *Syphilis* kann zu Erkrankungen des Herzens, Blindheit, Gehirnstörungen, Demenz und schließlich zum Tod führen.
- *Herpes genitalis* ist im Prinzip unheilbar und erfordert medikamentöse Behandlung für den Rest des Lebens. Infektionen mit dem *Herpes simplex*-Virus Typ 2 wurden kürzlich oberhalb der Gürtellinie gefunden, wo normalerweise nur Typ 1-Infektionen vorkamen, während die Typ 2-Infektionen unterhalb der Gürtellinie auftraten. Diese Typ 2-Infektionen „können zum Teil auf die Zunahme genitaler-oraler Kontakte zurückgeführt werden".[4] Hier besteht ganz offenbar ein Zusammenhang zu oralem Sex, der von vielen Jugendlichen als „Ersatz" für Geschlechtsverkehr praktiziert wird. Lassen wir uns warnen! Parallel dazu stieg die

---

[4] „Rise in Herpes Simplex Keratitis Seen Due to Oral-Genital Contact", *Ophthalmology Times*, 1. Juli 1982, Titelseite.

Anzahl der *Herpes simplex keratitis* (HSK)-Infektionen, einer Augeninfektion, „die nach den traumabedingten Erblindungen der zweithäufigste Grund für den Verlust des Augenlichtes in den Vereinigten Staaten ist. Sie tritt nicht nur bei Erwachsenen auf, sondern auch bei Neugeborenen, die nach dem Einreißen der Fruchtblase mit der Infektion, die sich durch den Geburtskanal ausbreitet, in Kontakt kommen.“[5] Eine schwangere Frau kann also auch ihr Kind mit dem Virus infizieren.

- *Papillomaviren* (HPV – *human papillomavirus*) können Krebs im Penis oder Analbereich des Mannes verursachen und bei Frauen zu Vagina- und Vulvakarzinomen führen.
- *Hepatitis B* bewirkt schwere Leberschäden, die im schlimmsten Fall Krebs oder Leberzirrhose nach sich ziehen.
- *Pelvic inflammatoy disease* (PID) betrifft nur Frauen und kann Bauchhöhlenschwangerschaften und Sterilität verursachen.
- HIV (*human immunodeficiency virus*) gelangt über die Schleimhäute von Vagina, Vulva, Penis, Rectum oder Mund beim Geschlechtsverkehr mit einem infizierten Partner in den Körper. Manche nehmen vielleicht Anstoß, weil ich den Begriff „ungeschützter Sex“ vermeide, doch es ist eine Tatsache, dass Kondome keinen richtigen Schutz bieten.[6]

---

[5] *Ophthalmology Times*, 32.

[6] Dr. Tom Coburn, ein Gynäkologe und ehemaliger republikanischer Kongressabgeordneter des Bundesstaates Oklahoma, wurde von Präsident George W. Bush, Jr. zum stellvertretenden Vorsitzenden des „Presidential Advisory Council on HIV/AIDS“ ernannt. In einem Interview mit *Newsweek* gab Dr. Coburn die folgende Stellungnahme ab: „Ich würde nie einem Patienten empfehlen, sich beim Geschlechtsverkehr mit einem HIV-infizierten Partner auf ein Kondom zu verlassen. Ich kenne die Statistik nur zu gut. Kondome reißen oder verrutschen. Wir haben der Öffentlichkeit die volle Wahrheit über Kondome vorenthalten... Die einzige Lösung für das HIV-Problem ist die Monogamie (Einehe). Ich weiß, Leute halten mich für unrealistisch, aber ich lebe in einer monogamen Beziehung und es gibt hun-

- HIV kann auch durch infizierte Bluttransfusionen oder Injektionsnadeln sowie während der Schwangerschaft und Geburt oder beim Stillen eines Babys übertragen werden.
- AIDS (*acquired immunodeficiency syndrome*) ist die fast unausweichliche Folge einer HIV-Infektion. AIDS zerstört das Immunsystem und führt nahezu immer zum Tod.

Ist dir bewusst, dass abgesehen von der Grippe Geschlechtskrankheiten die häufigsten Infektionskrankheiten in den Vereinigten Staaten sind? Am Beginn des 21. Jahrhunderts stecken sich täglich schätzungsweise dreiundreißigtausend Amerikaner mit zumindest einer dieser Krankheiten an. Was sagt uns diese Tatsache über den moralischen Zustand unserer Gesellschaft?

Dr. Everett Koop, der frühere Gesundheitsminister der Vereinigten Staaten sagte: „Wer mit jemandem Sex hat, hat gleichzeitig Sex mit dessen Partnern der vergangenen zehn Jahre und deren Partnern."

Sei nicht „ohne Verstand", wie es im Buch der Sprüche heißt. Höre auf das, was die Weisheit sagt, und mache es dir zu eigen.

> Glücklich der Mensch, der Weisheit gefunden hat, der Mensch, der Verständnis erlangt! Denn ihr Erwerb ist besser als Silber und ‹wertvoller› als Gold ihr Gewinn. Kostbarer ist sie als Korallen, und alle deine Kleinode kommen an Wert ihr nicht gleich. Länge des Lebens ‹ist› in ihrer Rechten, in ihrer Linken Reichtum und Ehre. Ihre Wege sind freundliche Wege, und alle ihre Pfade sind Frieden. Ein Baum des Lebens ist sie für ‹alle›, die sie ergreifen, und wer an ihr festhält, ist glücklich zu preisen (Sprüche 3,13-18).

Ehebruch kann einen Mann ruinieren, seine Familie zerstören und eine Nation demoralisieren. Lass dich nicht zum Ehebruch

---

derte Millionen Leute, auf die das ebenfalls zutrifft." David France, „'I'm not ashamed of my opinions,'" Newsweek, 5. Februar 2002. Siehe auch www.msnbc.com/news.

verleiten. Hänge deinen Mantel nicht in den Wind. Setze dich statt dessen dem sanften Regen vom Himmel aus. Lass das Wort Gottes auf dich herabregnen, dich durchtränken, deine Seele erfrischen. Sein Wort schmeckt süß und bringt Leben, nicht Tod.

WIE EIN OCHS ZUR SCHLACHTBANK...

Wir wollen uns mit einer weiteren Stelle aus dem Buch der Sprüche beschäftigen, in der Salomo seinen Sohn sozusagen mit den Stricken der Wahrheit am Mast des Schiffes festbindet, damit er nicht dem Lied der Sirenen folgt. Er sagt: „Ich möchte dir erzählen, was ich beobachtet habe, damit du nicht den gleichen Weg einschlägst!"
Lies das 7. Kapitel laut und unterstreiche jede Erwähnung des *jungen Mannes*, einschließlich der Synonyme und Fürwörter, sowie jede Erwähnung der *fremden Frau.*

SPRÜCHE 7

1 Mein Sohn, bewahre meine Worte, und meine Gebote birg bei dir!

2 Bewahre meine Gebote, damit du lebst, und meine Weisung wie deinen Augapfel!

3 Binde sie um deine Finger, schreibe sie auf die Tafel deines Herzens!

4 Sprich zur Weisheit: Meine Schwester bist du! - und Verwandte nenne die Einsicht,

5 dass sie dich bewahre vor der fremden Frau, vor der Ausländerin, die ihre Worte glatt macht.

6 Denn durch das Fenster meines Hauses ‹blickte ich›, durch mein Gitter schaute ich hinaus.

> 7 Und ich sah unter den Unerfahrenen, bemerkte unter den Söhnen einen Jüngling ohne Verstand,
> 8 der geht über die Straße hin zu ihrer Ecke, den Weg zu ihrem Haus betritt er
> 9 in der Dämmerung, am Abend des Tages, beim Anbruch der Nacht und bei Dunkelheit.

Schreibe auf, was du im Text über diesen jungen Mann erfährst.

Es ist dir sicher aufgefallen, dass dieser junge Mann „ohne Verstand“ nicht bereit war, seinen jugendlichen Lüsten eine Absage zu erteilen, sich ins Schussfeld der Versuchung begab und sich viel zu nahe an den Strand der unvermeidlichen Zerstörung heranwagte. Er meinte, gefahrlos ausprobieren zu können, wie es sich anfühlt, wenn man in der Finsternis wandelt. Er war sich in seiner Naivität der eigenen Verwundbarkeit nicht bewusst und fiel auf die Verführung herein. Er bildet sich ein, dass ihn in der Nacht ohnehin niemand sehen konnte, vergaß jedoch, dass für Gott die Nacht genauso hell ist wie der Tag.[7]

> 10 Da siehe, eine Frau kommt ihm entgegen im Hurenkleid und mit verstecktem ‹Plan im› Herzen.

Diese Frau war listig. Sie nützte die „Lust der Augen“ aus und stand wahrscheinlich stundenlang vor dem Spiegel, um ihr Äußeres so verführerisch wie möglich zu gestalten. Ihre Kleidung

---

[7] Psalm 139,11-12.

bildete die perfekte Ergänzung für ihr Sirenenlied. Sie wusste, dass Männer durch optische Eindrücke in Erregung versetzt werden.
Die folgende Geschichte aus dem Buch *Every Man's Battle* ist ein gutes Beispiel für die Macht der Augen. Lies diese Worte aufmerksam. Sie stammen nicht von einem „schmutzigen alten Mann“, sondern von einem Menschen, wie wir ihm tagtäglich überall begegnen können.

> Meine Augen... waren gierige Hitzesensoren, suchten ständig mein Gesichtsfeld ab und blieben an jedem Ziel hängen, das eine sinnliche Hitze ausstrahlte. Junge Mütter in kurzen Hosen, die sich bückten, um ihr Kind aufzuheben; Solistinnen mit seidenen Blusen, Sommerkleider mit tiefem Ausschnitt. Meine Gedanken taten, was sie wollten. Diese Entwicklung hatte in meiner Kindheit begonnen, als ich unter dem Bett meines Vaters einen Stapel *Playboy*-Illustrierter fand. Mein Vater abonnierte damals auch *From Sex to Sexty*, eine Zeitschrift, die Witze und Comic-Strips mit sexuellen Themen enthielt. Als sich meine Eltern scheiden ließen, zog mein Vater in seine „Junggesellenwohnung“ um und hängte ein riesiges Bild mit einer nackten Frau an die Wand, das sich direkt über uns befand, wenn wir am Sonntag Nachmittag gemeinsam Karten spielten.
> Jedesmal wenn ich meinen Vater besuchte, gab er mir eine Liste von Hausarbeiten. Eines Tages fand ich ein Nacktfoto seiner Freundin.
> Diese Bilder brannten sich tief in meiner Seele ein und zerstörten eine Reinheit, die ich erst nach vielen Jahren wieder zurückgewann.[8]

---

[8] Stephen Arterburn und Fred Stoeker, *Every Man's Battle* (Colorado Springs: WaterBrook, 2000), 13-14.

Die Folge war, dass dieser Mann schließlich „jederzeit und mit jeder nur möglichen Partnerin Sex hatte.“[9] Was waren das für Frauen? Salomo beschrieb sie:

> 11 Leidenschaftlich ist sie und unbändig, zu Hause haben ihre Füße keine Ruhe.
>
> 12 Bald ist sie draußen, bald auf den Plätzen, und neben jeder Ecke lauert sie.

Sie kennt deinen Weg und weiß, wo du dich aufhältst. Du denkst vielleicht, die Begegnung ist zufällig, doch sie hat das Treffen sorgfältig geplant. Eure Wege *werden* sich kreuzen, sie *wird* in dein Blickfeld treten, während du die Straße entlanggehst, wird stehenbleiben, sich umdrehen, deinen Blick suchen, lächeln...

> 13 Da greift sie ihn, da küsst sie ihn, wird unverschämt und sagt zu ihm:
>
> 14 Zu Heilsopfern war ich verpflichtet, heute habe ich meine Gelübde erfüllt.
>
> 15 Darum bin ich ausgezogen, dir entgegen, um dein Gesicht zu suchen, und ich habe dich gefunden.
>
> 16 Mit Decken habe ich mein Bett bedeckt, mit buntem ägyptischem Leinen.
>
> 17 Ich habe mein Lager benetzt mit Myrrhe, Aloe und Zimt.
>
> 18 Komm, wir wollen an Liebe uns berauschen bis zum Morgen, wollen schwelgen in Liebkosungen.

---

[9] Arterburn und Stoeker, *Every Man's Battle*, 13-14.

Ihre Hände befinden sich auf deinen Schultern, gleiten über deinen Körper; ihre Worte sind verlockend. Du lässt deinen Phantasien und Begierden freien Lauf. „Nur für eine Nacht", verspricht sie. Eine Liebesnacht im Dunkeln, allein mit ihr...

> 19 Denn der Mann ist nicht zu Hause, er ist weggegangen, fort auf weite Reise.
>
> 20 Den Beutel mit dem Geld nahm er in seine Hand, am Tag des Vollmondes ‹erst› kommt er nach Haus.

Niemand wird es erfahren. Ihr Mann ist weit weg; es kann dir nichts passieren. Und so redet sie und redet sie; ihre Worte sind sanft... verführerisch... versprechen dir eine aufregende Nacht... locken dich... winken dir... verzaubern dich.

> 21 Sie verleitet ihn durch ihr vieles Überreden, mit ihren glatten Lippen reißt sie ihn fort.

„Warum auch nicht? Es wird schon niemand erfahren."
Schließlich sieht niemand, was du im Internet siehst oder auf dem Fernsehschirm in deinem Hotelzimmer. Dann gibt es auch keinen körperlichen Kontakt. Du berührst sie sozusagen nur in Gedanken, und das weiß niemand – außer Gott, der Vater, der Sohn, der Heilige Geist... und du.

> 22 Er folgt ihr augenblicklich, so wie ein Stier zur Schlachtung geht, wie in die Fessel hüpft der Hirsch,

Er merkt nicht, dass der Schiffbruch unmittelbar bevorsteht; er sieht die verborgenen Klippen nicht. Das einzige, was er hört, ist das Lied der Sirenen, die ihn wie in der griechischen Mythologie auf den Strand der Lust und Begierde locken.

23 bis ein Pfeil die Leber ihm zerreißt; wie ein Vogel
sich ins Fangnetz stürzt und nicht weiß, dass es um sein
Leben geht. –

Zuerst ist es ein E-mail, dann eine Pornoseite im Internet, dann der Kontakt in einem *chat room*. Bis zu diesem Punkt hatte niemand etwas bemerkt. Dann folgte eine konkrete Einladung. Zunächst lehnte er ab, doch es kam eine erneute Einladung. Er akzeptierte und fühlte sich daraufhin schmutzig. Sie kannte ihn jetzt zwar, aber er nahm sich vor, sie nicht mehr zu kontaktieren. Das ganze sollte sein Geheimnis bleiben.
Dann kam eine weitere Einladung von einer anderen Frau. Er lernte sie kennen und begann eine Affäre, die seine Ehe zerstörte. Er verlor seine Frau, hoffte aber, wenigstens seine Kinder behalten zu können. Sie waren sein Lebensinhalt – zumindest hatte er ihnen das immer wieder gesagt, als sie aufwuchsen.
Eines Tages erhielt er ein E-mail von seiner neunzehnjährigen Tochter:

> Ich kann dir einfach nicht mehr glauben. Du behauptest, dass du mich liebhast, aber du hast mir und der ganzen Familie sehr weh getan. Du hast gesagt, du würdest für mich sterben, aber du warst nicht einmal bereit, für mich zu leben. Du sehnst dich angeblich nach mir, aber du warst derjenige, der uns verlassen hat. Ich merke immer deutlicher, dass deine Worte nichts wert sind.
> Ich bin zornig darüber, dass du uns angelogen hast und das Gegenteil von dem tust, was du mir beigebracht hast. Ich kann dich als Mann, Ehemann und Vater einfach nicht mehr respektieren. Du bist zu feige, um für deine Kinder ein Opfer zu bringen. Eigentlich tust du mir leid. Du tust mir leid, weil du dein Leben um deiner Lust willen weggeworfen hast. Du hast

alles gehabt, was sich ein Mann wünschen kann, eine liebevolle Familie, zwei Kinder, die dich angebetet haben, eine gute Arbeitsstelle, den Respekt deiner Umgebung und deinen materiellen Besitz. Doch du hast den leeren Raum in dir mit der Sünde gefüllt, statt mit Jesus Christus. Du bist in einem Netz der Verführung gefangen. Mir tut es weh, wenn ich daran denke, dass du eines Tages merken wirst, was du alles verloren hast... um nichts und wieder nichts. Ich habe Angst um dich, weil Gott dich zu seiner Zeit für deine Sünde bestrafen wird, und das wird viel schlimmer sein als jede Strafe oder jeder Kummer auf dieser Welt. Du bist wirklich in Gefahr, weil du keine Ehrfurcht vor Gott hast.

Ich kann dir erst dann wieder Zugang zu meinem Leben geben, wenn du deine Einstellung änderst. So sehr es mir auch weh tut, auf Distanz zu gehen – ich muss es einfach tun, damit meine Wunden verheilen können. Ich glaube nicht, dass mein Bruder und ich dir wirklich so am Herzen liegen wie du immer wieder behauptest. Du hast uns oft gesagt, dass Eltern sich nichts sehnlicher wünschen als die Liebe ihrer Kinder. Offensichtlich hast du deine Ansicht geändert – wenn du wirklich ernst gemeint hast, was du damals behauptet hast. Du hast scheinbar überhaupt kein Problem damit, uns gegen jemand anderen einzutauschen. Egal wie oft du auch beteuerst, dass du mich liebst – ich glaube dir einfach nicht mehr, weil ich keine Taten sehe.

So enttäuscht und zornig ich auch bin, ich werde nicht aufhören, für dich zu beten. Ich bete darum, dass Gott dein Herz erweicht. Ich bete, dass du erst dann Frieden findest, wenn du deine Beziehung zu Gott in Ordnung bringst. Ich

> bete, dass du hoffentlich noch vor deinem Tod deine Herzenseinstellung änderst und unsere Beziehung wiederhergestellt werden kann. Und ich bete darum, dass Gott mir zur richtigen Zeit die Gnade gibt, dir zu vergeben.
> Bis dahin möchte ich von neuem lernen, wie man lebt. Ich möchte lernen, Gott als meinem Vater zu vertrauen. Ich bin dankbar dafür, dass Gott uns nie enttäuscht, im Stich lässt oder verletzt. Es wird nicht immer einfach sein, aber ich weiß, Gott wird für Mama, meinen Bruder und mich sorgen. Jeder Tag wird eine Erleichterung bringen, und die Schmerzen werden immer weniger werden.[10]

Was wirst du tun? Wirst du dein Schiff zu den Stränden der Verführung lenken? Tue es nicht. Verstopfe deine Ohren mit Wachs und höre auf die sanfte, leise Stimme deines Gewissens. Wenn du auf sie achtest, wird dich die Furcht Gottes auf dem richtigen Kurs bewahren.
Zurück zu den Worten Salomos im 7. Kapitel der Sprüche:

> 24 Nun denn, ihr Söhne, hört auf mich und horcht auf die Worte meines Mundes!
> 25 Nicht schweife dein Herz ab zu ihren Wegen, verirre dich nicht auf ihre Pfade!
> 26 Denn viele sind die Erschlagenen, die sie gefällt hat, und zahlreich alle, die sie ermordete.
> 27 Ein Weg zum Scheol ist ihr Haus, der hinabführt zu den Kammern des Todes.

---

[10] Robert E. Reccord, *Beneath the Surface*, (Nashville: Broadman & Holman, 2002) 73-75.

Bob Reccord, ein Pastor und lieber Bruder im Herrn, erzählt in seinem Buch *Beneath the Surface*, wie ihn das Lied der Sirenen ereilte, als er sich allein in einem Hotelzimmer aufhielt:

> Ich schaltete das Fernsehgerät ein und begann zu surfen. Bestimmte Kanäle übersprang ich von vornherein, weil ich mir ihrer Gefahren bewusst war, aber schließlich landete ich bei *HBO*. Ich brauchte ein paar Minuten, um herauszufinden, worum es in dem Programm eigentlich ging. Dann wurde mir klar, dass hier, auf einem der meistgesehenen Fernsehkanäle, eine Show mit exotischen Tänzerinnen gezeigt wurde, bei der nichts der Phantasie überlassen wurde.
> Mein Gewissen drängte mich dazu, sofort umzuschalten. Doch eine andere Stimme in mir sagte: „Schau doch ein bisschen zu... Das Programm wird dir gefallen... es wird noch besser!"
> Wie Joseph (in 1. Mose 39) wurde ich mit einer Entscheidung konfrontiert, die nur ich treffen konnte. Gott sei Dank hatte ich mich lange vor diesem Zeitpunkt bereits entschieden, was ich im Fall solcher Versuchungen tun wollte und schaltete daher rasch um, doch nicht ohne mit verlockenden Gedanken zu kämpfen.[11]

Wenn du keiner Versuchung widerstehen kannst und nie Gottes warnende Stimme in deinem Gewissen hörst, dann musst du dich ernstlich fragen, ob du überhaupt sein Kind bist.
Gott sagt: „Oder wisst ihr nicht, dass Ungerechte das Reich Gottes nicht erben werden? Irrt euch nicht! Weder Unzüchtige noch Götzendiener, noch Ehebrecher, noch Lustknaben, noch Knabenschänder, noch Diebe, noch Habsüchtige, noch Trunkenbolde, noch Lästerer, noch Räuber werden das Reich Gottes erben" (1. Korinther 6,9-10).
Wenn diese Beschreibung auf deinen *gegenwärtigen* Zustand

[11] Reccord, *Beneath the Surface*, 30.

und deine *derzeitige* Lebensweise zutrifft, dann bist du nicht errettet, sondern auf dem Weg, dich selbst zu zerstören. Wenn du einen Ausweg suchst und frei werden willst, dann kann Gott dir helfen. Er kann dich ganz neu machen und will durch seinen Geist in dir wohnen. Du musst ihn nur darum bitten, in dein Leben zu kommen, und er wird dir die Weisheit und Kraft geben, der Sünde zu widerstehen.

FREMDE FRAUEN UND TÖRICHTE MÄNNER

Wir wollen diese Verse aus dem Buch der Sprüche noch einmal lesen. Obwohl sie an Männer gerichtet sind, enthalten sie eine Reihe von Aussagen über „fremde Frauen" und „törichte Männer", die sich von diesen Frauen verführen lassen. Die Bibel verwendet das Wort „unerfahren"; ich bevorzuge den Begriff „töricht", weil diese Männer keine Ahnung haben, welcher Gefahr sie sich aussetzen.

Schreibe alles auf, was du über den *jungen Mann* erfährst. Deine Mühe wird sich eines Tages auszahlen! Wenn du ein Mann bist, wird der Geist Gottes dir jedes Mal diese Worte in Erinnerung rufen, wenn du der Versuchung ausgesetzt bist, „töricht" zu handeln. Wenn du einen Sohn hast, werden dir diese Aussagen helfen, ihn vor einer falschen Naivität gegenüber verführerischen Frauen zu warnen.

Schreibe anschließend auf, was uns diese Verse über die „fremde Frau" mitteilen.

Präge dir diese Aussagen ein. Gib ihnen einen festen Platz in deinem Herzen. Sie werden dich am Mast festbinden, wenn die Stürme der Versuchung wehen, und dir helfen, den richtigen Kurs einzuschlagen, wenn dir oder deinem Mann eine Verführerin über den Weg läuft. Viele Männer wurden durch die Weisheit ihrer Ehefrauen davor bewahrt, von einer Verführerin ruiniert zu werden. Männer sind sich der Tricks und Absichten einer Verführerin oft nicht bewusst, während Frauen meist sofort merken, woher der Wind weht. Ein weiser Mann wird die Warnungen seiner Frau beachten und sein Schiff in die entgegengesetzte Richtung lenken.

Als mir diese Dinge bewusst wurden, entschieden mein Mann Jack und ich, dass unsere Söhne sich erst ab dem sechzehnten Lebensjahr mit Mädchen verabreden durften – sobald sie in der Lage waren, eine „fremde Frau“ als solche zu identifizieren. Mein Mann und ich wollten keine „törichten Männer“ großziehen. Unsere Söhne sollten über die Gefahren der „fremden Frau“ Bescheid wissen!

Beim Lesen dieser Verse ist dir vielleicht aufgefallen, dass die „fremde Frau“ ihre Worte benützt, um den jungen Mann zu verführen, ihm zu schmeicheln und ihn weichzuklopfen, bis er wie Ton in ihren Händen ist. Sie baut zuerst sein Ego auf, um ihn dann ins Bett zu ziehen. In den Sprüchen 5,3-4 lesen wir: „Denn Honig träufeln die Lippen der Fremden, und glatter als Öl ist ihr Gaumen; aber zuletzt ist sie bitter wie Wermut, scharf wie ein zweischneidiges Schwert.“

Ihre Worte sind verführerisch, ihre Rede verlockend, sie hat keinen Anstand. Der ging in unserer Gesellschaft schon vor Jahren verloren. Romantik und Anstand gelten als veraltet. Es gibt keine Privatsphäre mehr, auch nicht bei den intimsten Themen. Taktvolle und feinfühlige Worte sind eine Seltenheit. Frauen sind in ihrer Ausdrucksweise oft unverschämt und grob, und wie in den Tagen des Propheten Jeremia haben wir jede Scham verlernt.[12] Nichts ist mehr heilig, am allerwenigsten Sex.

Ich merke sofort, wenn jemand eine Verführerin ist. Es genügt, auf ihre Augen zu achten, vor allem, wenn Männer in der Nähe

---

[12] Jeremia 6,15.

sind. Die Augen einer Frau sind die Fenster zu ihrer Seele. Vielleicht betrachtest du es als Spiel, Männern verführerische Blicke zuzuwerfen, aber du wirst dich letztlich vor Gott dafür verantworten müssen. Es ist furchtbar, in die Hände des lebendigen Gottes zu fallen...[13]

Das Lied der Sirenen ist auch heute noch zu hören. „Fremde Frauen“ befinden sich auf der Jagd nach Männern und berauben sie ihrer Männlichkeit. Eigentlich liegt es in der Natur der Männer, jagen und erobern zu wollen. Männer wollen Frauen beschützen und für sie als das schwächere Geschlecht sorgen, doch wir haben diese Sehnsucht durch unser feministisches Verhalten fast ausgerottet. Die „fremde Frau“ ist einer Lüge auf den Leim gegangen: sie meinte, sexy zu sein und einen Mann nach dem anderen zu verführen, sei ein Beweis ihrer Macht und Weiblichkeit.

So eine Frau verschwendet keinen Gedanken an ein häusliches Leben, sondern sie will draußen auf der Straße sein, wo sich alles abspielt. Ihr Verhalten ist laut und auffällig; sie will unbedingt beachtet werden! Ihre Sexualität ist von Schamlosigkeit geprägt; ihr einziges Ziel ist, mit einem Mann ins Bett zugehen. Weshalb sind manche Frauen so? Vielleicht ist der Grund der, dass sich diese Frau nach Liebe sehnt und glaubt, Liebe auf diese Art und Weise kaufen zu können. Vielleicht leidet sie an Selbsthass, betrachtet sich als wertlos und rechnet damit, ohnehin nur ausgenützt zu werden. Möglicherweise wurde sie als Kind oder als Mädchen sexuell missbraucht, oder ihr Verhalten ist eine Folge von Alkoholismus, Drogensucht und Elend. Es gibt Dutzende Gründe, aber sie bestehen im Grunde alle in einer Lüge, und mein Herz tut weh, wenn ich an solche Frauen denke. Ich möchte sie am liebsten in die Arme nehmen und ihnen versichern, dass Gott sie liebt, dass sie in seinen Augen wertvoll sind und dass ihr derzeitiges Leben nicht das ist, was Gott für sie vorgesehen hat, weil sie auf diese Weise keine Erfüllung finden werden.

In den Sprüchen 5,6 lesen wir, dass solche Frauen nur für den Augenblick leben und von ihrer Vergangenheit belastet sind,

---

[13] Hebräer 10,31.

aber nicht an die Zukunft denken: „... damit du auf den Pfad des Lebens nur nicht achtgibst, sind unstet ihre Bahnen, ‹und› du erkennst es nicht."

DIE SUCHE NACH LIEBE, MACHT UND FREIHEIT

Unlängst hörte ich von einer Mittelschule, in der sich vierzehn- bis sechzehnjährige Mädchen ihren männlichen Klassenkollegen anboten, und zwar um Geld!

Erinnerst du dich noch an die Zeit, in der die „schlimmen Mädchen", über die man hinter vorgehaltener Hand flüsterte und denen man aus dem Weg ging, die Ausnahme waren? Man fragt sich, warum Frauen auf sexuellem Gebiet eine Kehrtwendung gemacht haben. Ich glaube, ein wesentlicher Grund dafür ist die Zerstörung der traditionellen Familie. Wenn einem jungen Mädchen ein Vater mit starken moralischen Grundsätzen fehlt, der seine Tochter liebt, beschützt und Zeit mit ihr verbringt, wird sie sich jemanden suchen, der diese Rolle einnimmt! Manchmal ist das eine andere Frau, manchmal ein Mann. Und wenn Sex eine Voraussetzung dafür ist, diesen Mann zu bekommen oder bei der Stange zu halten, dann ist das Mädchen bereit, auch diesen Preis zu bezahlen, in der Hoffnung, dafür geliebt zu werden.

Das bekannteste Beispiel für so eine Frau ist Marilyn Monroe. Sie wurde zum Sexsymbol, aber nahm sich mit sechsunddreißig Jahren das Leben, weil sie nie das bekam, was sie mit ihrer Sexualität käuflich erwerben wollte, nämlich echte Liebe. Obwohl es nur eine Marilyn Monroe gibt, haben Tausende andere ein ähnlich tragisches Schicksal erlebt, darunter eine zweiunddreißigjährige Frau, die ich Donna nennen möchte. Donna gab mir die Erlaubnis, ihre Geschichte zu erzählen.

Als sie fünf Jahre alt war, wurde sie von dem besten Freund ihres Vaters unsittlich berührt.

> Es war mir damals nicht klar, was sich da eigentlich abspielte, aber mit der Zeit gingen mir die Augen auf. Ich kann diesem Mann einfach nicht vergeben. Mein älterer Bruder kam nachts

> in mein Schlafzimmer, um mit mir oralen Sex zu praktizieren. Ich hatte einfach Angst. Ich wusste nicht, was oraler Sex ist. Ich war damals erst neun oder zehn Jahre alt. Ich habe ihm keinen Widerstand geleistet, weil ich vor ihm Angst hatte. Als ich fünfzehn war, verliebte ich mich oder bildete mir zumindest ein, mich zu verlieben. Mein Freund beteuerte mir, dass er mich liebt, und ich glaubte ihm. Als ich merkte, dass er mich nicht wirklich liebte, war es schon zu spät. Ich war schwanger, und meine Eltern zwangen mich zu einer Abtreibung. Mein Leben ist ein einziges Durcheinander. Ich bin jetzt gläubig, habe aber die meiste Zeit meines Lebens wahllos mit verschiedenen Partnern zusammengelebt. Ich ließ mich ausnutzen, weil ich geliebt werden wollte. Ich dachte, Sex wäre ein Weg, um Liebe zu bekommen...

Ein kurzer Brief, der ein ganzes Leben voller Leid beschreibt... Wie gerne würde ich diese Frau in die Arme nehmen, mit ihr reden und ihr helfen, die Tiefe jener Liebe zu erfahren, deren ganzes Ausmaß sie erst verstehen wird, wenn sie ihrem himmlischen Bräutigam, dem Herrn Jesus Christus, von Angesicht zu Angesicht begegnet. Er wird ihre Tränen abwischen und das Böse, das ihr angetan wurde, ungeschehen machen.

Die sexuelle Revolution und der damit verbundene Untergang moralischer Grundwerte ist ein weiterer Grund für die wachsende Zahl sexuell aggressiver Frauen. Die Unzucht kam wie eine auffällig gekleidete Prostituierte aus ihrem Versteck und signalisierte das Ende von allem Anstand und einem angemessenen Schamgefühl. Der Titel des populären Liedes „Anything goes" („Alles ist erlaubt") sagt eigentlich schon alles! Die Illustrierte *Playboy* bietet eine neue Perspektive von Sex und dem weiblichen Körper. Gewöhnliche Frauen mit außergewöhnlichen Körpern wurden zum Objekt sexbesessener Männer, die sich auf einmal nicht mehr mit abgenützten, ausgelaugten Prostituierten begnügen mussten. Die doppelseitigen Abbildungen solcher Frauen wurden leider zum Vorbild für jene Frauen, die meinen, einen ähnlich perfekten Körper besitzen zu müssen, um den Männern zu gefallen.

Begleitet wurden diese Entwicklungen vom Feminismus – der Einstellung, dass Frauen auch ohne die Hilfe und den Schutz eines Mannes auskommen. Männer wurden zum unnötigen Ballast erklärt, ohne den Frauen angeblich viel besser zurechtkommen. Sex wurde zum Machtmittel herrschsüchtiger Frauen, die beweisen wollten, dass sie keinen Ehering brauchten, um im Leben erfolgreich zu sein.

Diane Passno beschreibt in ihrem Buch *Feminism: Mystique or Mistake?* wie die feministische Bewegung den biblischen Lehren über die verschiedenen Rollen der Geschlechter widersprach, die traditionelle Familie schwächte, unsere Ausdrucksweise manipulierte, moralische Richtlinien zerstörte und gleichgeschlechtliche Freundschaften zu lesbischen Beziehungen degradierte. Das Resultat war eine Generation von Männern, die keinen Respekt vor Frauen haben, sondern sie als Sexobjekte betrachten.[14] Aus unseren Beschützern wurden Raubtiere.

Die neugefundene sexuelle „Freiheit" wollte jegliche Schuldgefühle eliminieren. Kinseys tendenziöse „Untersuchungen" hatten angeblich „bewiesen", dass 95 Prozent der Gesellschaft an sexuellen Ausschweifungen beteiligt waren. Daraus wurde die Schlussfolgerung gezogen, es dürfe für solches Verhalten keine strafrechtliche Verfolgung mehr geben. Warum sollten wir uns auch durch irgendwelche Gesetze von einem ganz „natürlichen" Vergnügen abhalten lassen?

Denken wir jedoch an die Abtreibungen, die eine Folge von Unzucht und nichts anderes als Mord an unschuldigen Kindern sind, deren Leben ein Geschenk Gottes ist. Man will uns zwar einreden, es handle sich dabei um nichts weiteres als die Entfernung unerwünschten „Gewebes", doch jede Abtreibung gefährdet das Leben der betroffenen Frau, führt oft dazu, dass diese Frau nie mehr Kinder zur Welt bringen kann und hinterlässt ein nagendes Schuldgefühl.

---

[14] Diane Passno, *Feminism: Mystique or Mistake?* (Wheaton, Illinois: Tyndale, 2000), 35.

In anderen Fällen werden Kinder, die als Folge von außerehelichem Sex geboren wurden, von ihren egoistischen Eltern in Waisenheime abgeschoben oder wachsen, wie es leider in vielen Ländern der Fall ist, ohne jegliche Betreuung auf der Straße und auf Müllplätzen auf. Wie ausgemergelte Kätzchen mit aufgedunsenen Bäuchen und strähnigem Haar streifen diese Kinder auf der Suche nach Nahrung umher und gehen denen aus dem Weg, die ihnen helfen wollen. Würden wir uns die Zeit nehmen, diesen Kindern zuzuhören, ihren Schmerz zu verstehen und uns in ihre abgetragenen schmutzigen Schuhe zu versetzen, dann wären wir empört über jene, die in einem Augenblick unkontrollierter Lust diese Hölle auf Erden verursacht haben. Das sind die Früchte unserer sogenannten sexuellen Freiheit.

Als wir meinten, das „veraltete" Wort Gottes mit den „wissenschaftlichen Erkenntnissen" des Menschen ersetzen zu müssen, gingen wir in Wirklichkeit dem Satan auf den Leim und akzeptierten unbewusst die Lügen des „Menschenmörders von Anfang an"[15]. Wir aßen die verbotene Frucht, ohne zu berücksichtigen, dass wir uns dadurch aus dem Garten Eden verbannten. In unserem moralischen Exil fehlen nicht nur die persönliche Tugend, sondern auch stabile Familien und eine gesunde Gesellschaft, in der Frauen und Kinder geachtet und beschützt werden und sich ohne Angst im Freien aufhalten können.

Bitte glaube mir, wenn ich sage, dass das Anbieten deines Körpers außerhalb der Ehe zu einem leeren, einsamen, unbefriedigenden, enttäuschenden Leben ohne Hoffnung auf die Zukunft führt. Was wirst du machen, wenn deine Schönheit verschwunden ist, deine Brüste, Hüften und Taille ihre Form verloren haben und du all das versäumt hast, was Gott für dich als Frau im Sinn hatte? Was wirst du tun, wenn du von der nächsten Generation von Sirenen abgelöst wirst, weil du das Lied der Verführung nicht mehr singen kannst?

„Eine tugendhafte Frau – wer findet sie?"[16] Jesus kann auch dich zu einer tugendhaften Frau machen, wenn du bereit bist, ihm dein Leben zu übergeben...

---

[15] Johannes 8,44.

[16] Sprüche 31,10.

wie die samaritische Frau, die fünf Männer gehabt hatte und mit einem Mann zusammenlebte, mit dem sie nicht verheiratet war;

wie Maria Magdalena, aus der Jesus sieben Dämonen ausgetrieben hatte;

wie die Sünderin, die zu Jesus kam, seine Füße mit ihren Tränen wusch und seine Vergebung erfuhr.

„Dein Wert ist weit höher als der von Rubinen."[17] Gott hat mit dem Leben seines Sohnes für dich bezahlt. Es gibt keinen größeren Beweis für seine Liebe als diesen. Höre auf das Liebeslied des Evangeliums und erlaube der Liebe Gottes, dein Herz zu erfüllen.

Die berüchtigten Sirenen werden auch in der Legende von Jason erwähnt. Jason, ein Held aus der griechischen Mythologie, der von dem Kentauren[18] Chiron aufgezogen worden war, hörte ebenfalls das Lied der Sirenen, als sein Schiff, die *Argo*, an der Insel des Verderbens vorbeifuhr. Anders als Odysseus verlangte Jason von seinen Männern nicht, ihre Ohren zu verstopfen oder ihn an den Mast festzubinden. Statt dessen befahl er Orpheus, einem außergewöhnlich talentierten Musiker, ein Lied zu spielen – das schönste Lied, das je geschrieben worden war. Als die Männer an der Insel vorbeifuhren, hörten sie die Stimmen der Sirenen nicht, weil sie von der transzendenten Schönheit eines anderen Liedes überwältigt waren.[19]

Wie das Lied des Orpheus übertrifft auch das Lied unseres Herrn alles andere an Schönheit, und wenn du auf ihn hörst und seinen Ruf in deinem Herzen bewahrst, wirst du für die Verlockungen der Sirenen, die zum Verderben und zum Tod führen, taub sein.

Siehe, Gott ist mein Heil, ich bin voller Vertrauen und fürchte mich nicht. Denn Jah, der

---

[17] Sprüche 31,10.

[18] Kentaur oder Zentaur: Pferdemensch; ein Fabelwesen aus der griechischen Mythologie (Anm. d. Übers.).

[19] *Gods and Heroes in Greek Mythology*, 67; Sam Storms, *Pleasures Evermore* (Colorado Springs: NavPress, 2001).

HERR, ist meine Stärke und mein Loblied, und er ist mir zum Heil geworden (Jesaja 12,2).

Des Tages wird der HERR seine Gnade aufbieten, und des Nachts wird sein Lied bei mir sein, ein Gebet zu dem Gott meines Lebens (Psalm 42,9).

6

Ohne Rücksicht auf die Kosten?

Wir tun doch niemandem weh, wenn wir es heimlich tun!

Er nahm in der letzten Reihe Platz, als der Taufgottesdienst begann. Seine Familie füllte die ersten beiden Sitzreihen auf der rechten Seite der Kirche. Sie boten einen erfreulichen Anblick! Die Kinder saßen neben ihren Eltern, von denen sie hin und wieder einen freundlichen Klaps bekamen; die Ehepartner legten einander die Arme um die Schultern; die Jugendlichen wirkten jung und lebensfroh.
Er erkannte seine Frau Martha von hinten; die Art und Weise, wie sie ihr Haar trug, hatte ihm immer schon gefallen. Obwohl kein Ehemann an ihrer Seite saß, war sie nicht allein. Ihre rothaarige Tochter saß an einem Ende der Sitzbank, ihre eigenen Kinder zwischen sich und der Großmutter. Ihr Sohn, tadellos angezogen und offensichtlich erfolgreich, saß auf der anderen Seite, ebenfalls mit einem Enkelkind neben sich. Er beobachtete, wie sie einander zulächelten, als der Pastor den Taufkandidaten der versammelten Gemeinde präsentierte, und der Kleine zur Freude der Anwesenden vergnügt quietschte, als er merkte, dass er im Mittelpunkt stand.
Eigentlich wollte er nach der Taufe sofort gehen, blieb aber während des darauffolgenden Gottesdienstes sitzen. Einerseits tat ihm der Anblick seiner Familie weh, andererseits konnte er sich daran einfach nicht satt sehen. In den vergangenen Jahren hatte er nur wenig Zeit mit ihnen verbracht; es gab nur einige kurze, hastige,

oft peinliche Begegnungen. Das Familienleben ging ihm wirklich ab. Er wartete nach dem Ende des Gottesdienstes zunächst im Vorraum und ging dann noch einmal in den Gottesdienstraum hinein. Martha stand neben der Sitzbank, ein Enkelkind an ihrer Seite. Ihre Blicke begegneten sich, und sie lächelte. Tränen kamen ihm in die Augen; etwas drängte ihn, auf sie zuzugehen.
Sie wechselten nur wenige Worte, doch was er sagte, blieb Martha unvergesslich: „Du fehlst mir so sehr. Ich bin so einsam. Ich wünschte, ich wäre nie weggegangen."
Er hatte in seinem Leben viel versäumt: das gemeinsame Älterwerden, das Erwachsenwerden seiner Kinder, die schließlich ihre eigenen Familien gründeten, den Zyklus des Familienlebens, mit Geburten und Geburtstagsfeiern, Veranstaltungen in der Schule, gemeinsamen Festen...
Wie war es dazu gekommen? Schuld war die Sache mit seiner Buchhalterin. Sie hatten stundenlang gemeinsam gearbeitet und dabei über Probleme geredet, die er eigentlich mit seiner Frau hätte besprechen sollen. Ihre Nähe bei der Arbeit, die gemeinsamen Errungenschaften, die Blicke, die sie sich zuwarfen – all das mündete schließlich in einer Affäre. Damals meinte er, endlich gefunden zu haben, wonach er sich immer gesehnt hatte. Er dachte nie daran, die Kosten zu überschlagen. Seine Frau wäre bereit gewesen, ihm zu vergeben. Seine Kinder flehten ihn an, die Familie nicht zu verlassen, aber er hörte nicht auf sie.
Jetzt war es zu spät. Er war zu alt. Das Feuer der Leidenschaft brannte schon lange nicht mehr; die Asche war fast erkaltet. Er war zwar noch immer mit seiner Buchhalterin verheiratet, aber sie waren nur zu zweit. Es gab keine Kinder, und dieser Mangel hinterließ ein großes Vakuum in seinem Herzen.
Dieser Mann versäumte es, die Kosten zu überschlagen... ebenso wie David, der König Israels. Der eine war ein gewöhnlicher Bürger, der andere ein König. Sie lebten in verschiedenen Jahrtausenden und in unterschiedlichen Kulturen, doch Sünde hat Folgen, egal wer sich darauf einlässt. Niemand kann Gottes Gesetz brechen und ungeschoren davonkommen.
Wir wollen einen Blick auf Davids Geschichte werfen, um die Folgen sexueller Sünden besser verstehen zu können.

DER WEG ZUR SÜNDE

In Davids Geschichte im 2. Buch Samuel wird an einem bestimmten Punkt fast nebenbei erwähnt, dass David nicht dort war, wo er eigentlich hätte sein sollen, und das kann gefährlich sein! Es war Frühling, jene Zeit, in der die Könige auf Kriegszug gingen, doch David blieb zu Hause und genoss offensichtlich den Luxus seines Palastes. Unterstreiche beim Lesen von 2. Samuel 11 jede Erwähnung von *David*, einschließlich der Fürwörter, die sich auf ihn beziehen.

2. SAMUEL 11,1-5

1 Und es geschah bei der Wiederkehr des Jahres, zur Zeit, wenn die Könige ‹ins Feld› ausziehen, da sandte David Joab und seine Knechte mit ihm und ganz Israel aus. Und sie verheerten ‹das Land der› Söhne Ammon und belagerten Rabba. David aber blieb in Jerusalem.

2 Und es geschah zur Abendzeit, dass David von seinem Lager aufstand und sich auf dem Dach des Königshauses erging. Da sah er vom Dach aus eine Frau baden. Die Frau aber war von sehr schönem Aussehen.

3 Und David sandte hin und erkundigte sich nach der Frau. Und man sagte: Ist das nicht Batseba, die Tochter Eliams, die Frau Urias, des Hetiters?

4 Da sandte David Boten hin und ließ sie holen. Und sie kam zu ihm, und er lag bei ihr. Sie hatte sich aber ‹gerade› gereinigt von ihrer Unreinheit. Und sie kehrte in ihr Haus zurück.

5 Und die Frau wurde schwanger. Und sie sandte hin und berichtete es David und sagte: Ich bin schwanger.

Dieser eine Abend, dieses eine Erlebnis, dieser eine Akt des Ungehorsams gegen Gott sollte David mehr kosten, als er sich je hätte vorstellen können. Ist dir aufgefallen, *was* mit ihm geschah, *wie* es dazu kam, *wann* es sich ereignete und *warum* es passierte? Schreibe alles auf, was du in diesen Versen über *David* erfährst.

Kannst du dich mit David identifizieren? Kannst du den Anblick einer schönen Frau, die deinen Weg gekreuzt hat, einfach nicht vergessen? Fühlst du dich zu einem bestimmten Mann hingezogen? Bist du einer konkreten Versuchung ausgesetzt? Stehst du kurz davor, jede Vorsicht über Bord zu werfen, nur um dein brennendes Verlangen zu stillen? Wenn ja, dann lies bitte zumindest dieses Buch fertig, bevor du etwas unternimmst, was dir hinterher leid tun könnte. Du musst an deine Zukunft denken und darfst nicht übersehen, dass unsere Handlungen Folgen haben.
Oder vielleicht kannst du dich deshalb mit David identifizieren, weil du den gleichen Fehler gemacht hast In diesem Fall wirst du sehr gut verstehen können, warum wir wachsam sein müssen.
Lies diese Verse noch einmal, unterstreiche jede Erwähnung von *Batseba* und schreibe auf, was der Text über sie sagt. Gott verschwendet keine Worte. Der Text lässt keinen Zweifel daran, dass David genau wusste, wer diese Frau war.

Laut dem Gebot Gottes in 5. Mose 17,18-20 besaß David seine eigene Abschrift der Torah. Jeder König war verpflichtet, „sich eine Abschrift dieses Gesetzes in ein Buch zu schreiben“ und

„alle Tage seines Lebens darin zu lesen". David kannte zweifellos das Gesetz Gottes. Er wusste, was Gott über Ehebruch sagte. Wie konnte es dennoch dazu kommen, dass er mit der Frau Urias schlief? Wenn ein König, der von Amts wegen mit dem Gesetz vertraut sein musste, blindlings den Weg des Ehebruchs einschlug, dann stellt sich die Frage, welche Vorsichtsmaßnahmen wir ergreifen müssen, um nicht ebenfalls in Sünde zu fallen und uns dem Gericht Gottes auszusetzen. Wir wollen zwei Bibelstellen lesen, aus denen hervorgeht, wie es dazu kommen kann, dass jemand in die Sackgasse der Sünde hineingerät.
Lies 1. Mose 3,1-8 laut und markiere jede Erwähnung der *Frau*, einschließlich der Synonyme.

1. MOSE 3,1-8

1 Und die Schlange war listiger als alle Tiere des Feldes, die Gott, der HERR, gemacht hatte; und sie sprach zu der Frau: Hat Gott wirklich gesagt: Von allen Bäumen des Gartens dürft ihr nicht essen?

2 Da sagte die Frau zur Schlange: Von den Früchten der Bäume des Gartens essen wir;

3 aber von den Früchten des Baumes, der in der Mitte des Gartens ‹steht›, hat Gott gesagt: Ihr sollt nicht davon essen und sollt sie nicht berühren, damit ihr nicht sterbt!

4 Da sagte die Schlange zur Frau: Keineswegs werdet ihr sterben!

5 Sondern Gott weiß, dass an dem Tag, da ihr davon esst, eure Augen aufgetan werden und ihr sein werdet wie Gott, erkennend Gutes und Böses.

6 Und die Frau sah, dass der Baum gut zur Speise und

> dass er eine Lust für die Augen und dass der Baum begehrenswert war, Einsicht zu geben; und sie nahm von seiner Frucht und aß, und sie gab auch ihrem Mann bei ihr, und er aß.
> 7 Da wurden ihrer beider Augen aufgetan, und sie erkannten, dass sie nackt waren; und sie hefteten Feigenblätter zusammen und machten sich Schurze.
> 8 Und sie hörten die Stimme Gottes, des HERRN, der im Garten wandelte bei der Kühle des Tages. Da versteckten sich der Mensch und seine Frau vor dem Angesicht Gottes, des HERRN, mitten zwischen den Bäumen des Gartens.

Damit dir nichts entgeht, empfehle ich dir, die Zeitwörter in den Versen 6-8 zu unterstreichen. Sie beschreiben im Detail, wie es zu dem Sündenfall kam. Was fällt dir dabei auf? Wie kam es dazu, dass Eva und Adam von der verbotenen Frucht aßen?

Wir werden uns mit einer weiteren Stelle auseinandersetzen, bevor wir auf David zurückkommen. In jeder dieser Stellen wird der Weg zur Sünde aufgezeigt, um uns davor zu bewahren, die gleichen Fehler zu machen.
Ich möchte kurz auf den Hintergrund der folgenden Verse aus dem Buch Josua eingehen. Die Israeliten standen unmittelbar vor der Eroberung Jerichos, jener Stadt, deren Mauern durch ein Wunder Gottes zum Einsturz gebracht wurden. Gott hatte über Jericho den Bann ausgesprochen, was bedeutete, dass die Israeliten nichts von der Beute nehmen durften.

Lies die folgenden Verse, markiere die Begriffe *Bann* und *Gebanntes* mit einem Rechteck und unterstreiche jede Erwähnung von *Achan* einschließlich der Fürwörter.

JOSUA 6,17-18; 7,20-21

17 Und die Stadt selbst und alles, was darin ist, soll dem Bann des HERRN verfallen sein. Nur die Hure Rahab soll am Leben bleiben, sie und alle, die bei ihr im Haus sind, weil sie die Boten versteckte, die wir ausgesandt hatten.

18 Ihr jedoch sollt euch vor dem Gebannten hüten, damit ihr nicht ‹an anderen› den Bann vollstreckt, ‹selbst› aber ‹etwas› von dem Gebannten nehmt und das Lager Israels zum Bann macht und es ins Unglück bringt.

7,20 Da antwortete Achan dem Josua und sagte: Es ist wahr, ich habe gegen den HERRN, den Gott Israels, gesündigt, das und das habe ich getan:

21 Ich sah unter der Beute einen schönen Mantel aus Babylonien sowie zweihundert Schekel Silber und einen Goldbarren, sein Gewicht fünfzig Schekel. Ich bekam Lust danach, und ich nahm es, und siehe, es ist im Innern meines Zeltes im Boden verscharrt und das Silber darunter.

Lies Vers 21 noch einmal und unterstreiche die Zeitwörter. Beachte Achans Schritte auf dem Weg zur Sünde.

Was haben die drei Berichte über David, Eva und Achan gemeinsam?

Gibt es in den Verhaltensweisen von David, Eva und Achan Parallelen? Welche? Wie wird der Weg zur Sünde in allen drei Fällen beschrieben?

Sind dir die Gemeinsamkeiten aufgefallen? David *sah* Batseba,; er *verlangte* nach ihr und er *nahm* sie. Ebenso *sah* Eva die Frucht, *verlangte* nach ihr und *nahm* sie. Auch Achan *sah*, *verlangte* und *nahm*. Eva hätte nicht sündigen müssen; sie wusste, was Gott gesagt hatte. Genausowenig hätte Achan sündigen müssen; er kannte die Anweisungen Gottes. Auch David hätte nicht sündigen müssen; auch ihm war bewusst, was Gott über Ehebruch sagte.
David hätte nicht nur der Versuchung widerstehen, sondern das Feuer seiner Leidenschaft mit einer seiner eigenen Frauen löschen können. Er hätte sich an „ihren Brüsten berauschen" und „in ihrer Liebe taumeln" können, wie im 5. Kapitel der Sprüche zu lesen ist.
Doch in jenem folgenschweren Augenblick wollte David unbedingt haben, was er sah, und entschied sich, mit der Frau eines anderen zu schlafen, obwohl er genau wusste, dass das falsch war. Sein Diener hatte ihn ja darauf aufmerksam gemacht, dass „Batseba, die Tochter Eliams, die Frau Urias, des Hetiters" war. David wusste, was er tat. Er wusste auch, wie Gott darüber dachte. Er besaß schließlich seine eigene Abschrift des Gesetzes Gottes. Er konnte nicht so tun, als wäre er unwissend.

Die Falle der Verführung

David entschied sich, zu sündigen, und Gott entschied sich, Batseba schwanger werden zu lassen. Auf einmal steckte David in der Falle. Er hatte mit der Frau seines besten Kriegers geschlafen. Ihr Mann befand sich auf dem Schlachtfeld, dort, wo auch David hingehörte. Was unternahm David, um seine Sünde zu verheimlichen?
Lies 2. Samuel 11,6-27. Unterstreiche jede Erwähnung von *David* und markiere jede Erwähnung *Urias* mit einem Kreis.

> 6 Da sandte David zu Joab: Schick mir Uria, den Hetiter! Und Joab schickte Uria zu David.
> 7 Und Uria kam zu ihm, und David fragte nach dem Wohlergehen Joabs und nach dem Wohlergehen des Volkes und nach der Kriegslage.
> 8 Und David sagte zu Uria: Geh in dein Haus hinab und wasche deine Füße! Und als Uria aus dem Haus des Königs ging, kam ein Geschenk des Königs hinter ihm her.
> 9 Uria aber legte sich am Eingang des Königshauses nieder bei allen Knechten seines Herrn und ging nicht in sein Haus hinab.
> 10 Und man berichtete es David: Uria ist nicht in sein Haus hinabgegangen. Da sagte David zu Uria: Bist du nicht von der Reise gekommen? Warum bist du nicht in dein Haus hinabgegangen?
> 11 Uria aber sagte zu David: Die Lade und Israel und Juda wohnen in Zelten, und mein Herr ‹selbst›, Joab,

> und die Knechte meines Herrn lagern auf freiem Feld, und da sollte ich in mein Haus hineingehen, um zu essen und zu trinken und bei meiner Frau zu liegen? So wahr du lebst und deine Seele lebt, wenn ich das tue!

Was erfahren wir in diesen Versen über David? Wovon wird hier berichtet? Schreibe die Antwort auf diese Frage auf.

Was erfahren wir über Uria?

Versuchen wir, uns in Urias Lage zu versetzen. Er hat sich sicher nach seiner Frau gesehnt. Batsebas Schönheit hatte Davids Verlangen geweckt; zweifellos freute sich auch Uria darauf, mit seiner Frau zu schlafen. Ein Mann in seinen besten Jahren hat schon wegen der Bildung des Samens in seinem Körper mindestens alle zwei Tage das Verlangen, mit seiner Frau zu schlafen. Uria hätte also die Gelegenheit gehabt, eine Nacht mit seiner Frau zu verbringen, aber er verzichtete darauf. Wir wissen auch, warum: Uria war ein Mann mit starken Grundsätzen.
Warst du schon einmal in einer Situation, wo du etwas Falsches tun wolltest, während sich jemand anderer in der gleichen Situation für den richtigen Weg entschied? Was hast du damals empfunden? Wie hast du dich gefühlt? Hast du dir insgeheim gewünscht, der andere wäre dir erst gar nicht über den Weg gelaufen? Hättest du ihn am liebsten auf den Mond geschickt oder zu einem Kompromiss überredet, nur damit du dich besser fühlst?

Beachte, was David tat. Er gab sein Vorhaben, die Sache zu verheimlichen, keineswegs auf. Er *musste* Uria einfach dazu bringen, mit Batseba zu schlafen, um ihn davon zu überzeugen, dass das Kind von ihm war. Die Leute durften auf keinen Fall erfahren, dass der König seine Männer in den Krieg schickte, während er selbst zu Hause blieb und mit der Frau eines Kriegers schlief!

Jeder Mensch hat seinen Schwachpunkt, seine moralische Achillesferse – zumindest dachte David so. Beobachten wir, was er als nächstes tat. Markiere wieder *David* und *Uria.*

> 12 Da sagte David zu Uria: Bleib auch heute ‹noch› hier! Morgen werde ich dich dann entlassen. So blieb Uria an diesem Tag und am folgenden in Jerusalem.
>
> 13 Und David lud ihn ein, und er aß und trank vor ihm, und er machte ihn betrunken. Und am Abend ging er hinaus, um sich auf sein Lager bei den Knechten seines Herrn hinzulegen; aber in sein Haus ging er nicht hinab.

Davids Trick schlug fehl! Uria blieb seinen Grundsätzen sogar in betrunkenem Zustand treu, was sehr ungewöhnlich ist. Ich kenne viele traurige Fälle, in denen die Betroffenen ihre Unschuld im Nebel der Betrunkenheit verloren.

> 14 Und es geschah am ‹nächsten› Morgen, da schrieb David einen Brief an Joab und sandte ihn durch Uria.
>
> 15 Und er schrieb in dem Brief folgendes: Stellt Uria dahin, wo die Kampffront am härtesten ist, und zieht euch hinter ihm zurück, dass er getroffen wird und stirbt!

Uria war so zuverlässig, dass David ihm den Brief anvertraute, der Urias Todesurteil enthielt!

> 16 Und es geschah, als Joab die Stadt ‹ständig› beobachtete, setzte er Uria an der Stelle ein, von der er erkannt hatte, dass dort kriegstüchtige Männer waren.
> 17 Als nun die Männer der Stadt auszogen und gegen Joab kämpften, fielen ‹einige› vom Volk, von den Knechten Davids; dabei starb auch Uria, der Hetiter.

David, der heldenhafte König Israels, hatte endlich einen Weg gefunden, um seine Sünde zu vertuschen. Gelang ihm das jedoch vollständig? Beachte Joabs Antwort.

> 18 Da sandte Joab hin und berichtete David alle Ereignisse des Kampfes.
> 19 Und er befahl dem Boten und sagte: Wenn du damit fertig bist, alle Ereignisse des Kampfes dem König zu melden,
> 20 und wenn dann der Zorn des Königs aufsteigt und er zu dir sagt: Warum seid ihr so nah an die Stadt herangerückt, um zu kämpfen? Habt ihr nicht erkannt, dass sie von der Mauer herab schießen würden?
> 21 Wer hat ‹denn› Abimelech, den Sohn Jerubbeschets, erschlagen? Warf nicht eine Frau den oberen Mühlstein von der Mauer auf ihn herab, dass er in Tebez starb? Wozu seid ihr so nah an die Mauer herangerückt? - dann sollst du sagen: Auch dein Knecht Uria, der Hetiter, ist tot.

22 Und der Bote ging hin. Und er kam und berichtete David alles, was Joab ihm aufgetragen hatte.

Joab wusste genau, was David beabsichtigte. Seine Antwort an den König lautete: „Auftrag ausgeführt – schiebe mir bitte nicht die Schuld zu!“

23 Und der Bote sagte zu David: Da die Männer uns überlegen waren, zogen sie gegen uns aufs ‹freie› Feld heraus; wir aber blieben an ihnen bis zum Eingang des Tores.
24 Da schossen die Schützen von der Mauer herab auf deine Knechte, und es starben ‹einige› von den Knechten des Königs; und auch dein Knecht Uria, der Hetiter, ist tot.
25 Da sagte David zu dem Boten: So sollst du zu Joab sagen: Lass diese Sache nicht so schlimm sein in deinen Augen! Denn das Schwert frisst bald so, bald so. Führe deinen Kampf gegen die Stadt entschlossen fort und reiße sie nieder! So ermutige ihn!

Fällt dir auf, wie besänftigend Davids Antwort an Joab ausfiel? Wie sehr er ihm entgegenkam? „Denn das Schwert frisst bald so, bald so.“
Was für eine Heuchelei! David beging nicht nur Ehebruch, sondern befahl, einen Mann, der seinen Grundsätzen treu blieb, in den Tod zu schicken. Doch das Netz von Lügen, das wir manchmal weben, wird sich, ohne dass wir es zunächst merken, am Ende immer um unsere eigenen Füße wickeln.

DER GERECHTE RICHTER UND GNÄDIGE RECHTSPRECHER

Davids Versteckspiel hatte funktioniert. Es lief zwar nicht ganz so ab, wie er sich das ursprünglich vorstellte, aber zum Schluss klappte es dann doch. Endlich konnte er Batseba zu sich nehmen und ohne Angst vor Vergeltungsmaßnahmen mit ihr schlafen. Wahrscheinlich war er trotz seiner Erleichterung auch ein bisschen betrübt darüber, dass Uria ihn zu solch extremen Maßnahmen gezwungen hatte. Wäre Uria nur bereit gewesen, die Nacht mit seiner Frau zu verbringen, dann hätte er überlebt. Aber in Davids sündenkranker Einstellung war Uria entbehrlich! Genau das ist die Folge davon, wenn wir unseren Bund mit Gott und unserem Ehepartner brechen. Wir betrachten ihre Liebe als entbehrlich, weil wir unbedingt unsere Lust befriedigen wollen.

Die Lust des Augenblicks zerstörte nicht nur Davids Unbescholtenheit, sondern führte zu einer noch schwereren Sünde: er nahm Uria nicht nur die Frau weg, sondern ließ ihn ermorden. David sollte diese Entscheidung bis zu seinem Lebensende bereuen, doch daran dachte er zunächst nicht. Hätte er überlegt, was für Folgen sein Verhalten haben könnte, dann wäre ihm sehr rasch zu Bewusstsein gekommen, dass Gott ihn nicht ungeschoren davonkommen lassen würde.

> 26 Und als Urias Frau hörte, dass Uria, ihr Mann, tot war, hielt sie die Totenklage um ihren Gatten.
> 27 Als aber die Trauer‹zeit› vorüber war, sandte David hin und nahm sie in sein Haus auf. Und sie wurde seine Frau und gebar ihm einen Sohn. In den Augen des HERRN aber war die Sache böse, die David getan hatte.

Davids Ehebruch fand im Geheimen statt, doch vor Gott kann man nichts verstecken! Nur Joab und Gott wussten, dass David Uria ermorden ließ. David konnte sich darauf verlassen, dass Joab aufgrund seiner Position in Davids Regierung den Mund hielt, doch Gott ließ sich nicht das Wort verbieten. Wir dürfen nie ver-

gessen, dass wir zwar andere Menschen zum Schweigen verpflichten können, Gott aber immer seinem Wesen getreu handeln wird. Gott ist heilig und wird Sünde in jedem Fall richten.
Niemand kann seine Sünde vor den Augen Gottes verbergen. „Denn des HERRN Augen durchlaufen die ganze Erde“ (2. Chronik 16,9). Ob du an Gott glaubst oder nicht, er sieht, was du tust. „Ihr habt gegen den HERRN gesündigt; und ihr sollt erkennen, dass eure Sünde euch finden wird (4. Mose 32,23)“.
Was tat Gott? Gott schickte zunächst den Propheten Nathan zu David, um ihm eine Geschichte zu erzählen. David hörte ahnungslos zu und sprach ebenso ahnungslos das Urteil über sich selbst! Markiere beim Lesen der folgenden Stelle aus 2. Samuel 12 das Wort *Lamm*.

> 1 Und der HERR sandte Nathan zu David. Und er kam zu ihm und sagte zu ihm: Zwei Männer waren in einer Stadt, der eine reich und der andere arm.
> 2 Der Reiche hatte Schafe und Rinder in großer Menge.
> 3 Der Arme hatte aber nichts als nur ein einziges kleines Lamm, das er gekauft hatte. Und er ernährte es, und es wurde groß bei ihm, zugleich mit seinen Kindern. Von seinem Bissen aß es, aus seinem Becher trank es, und in seinem Schoß schlief es. Es war ihm wie eine Tochter.
> 4 Da kam ein Besucher zu dem reichen Mann; dem aber tat es leid, ‹ein Tier› von seinen Schafen und von seinen Rindern zu nehmen, um es für den Wanderer zuzurichten, der zu ihm gekommen war. Da nahm er das Lamm des armen Mannes und richtete es für den Mann zu, der zu ihm gekommen war.

> 5 Da entbrannte der Zorn Davids sehr gegen den Mann, und er sagte zu Nathan: So wahr der HERR lebt, der Mann, der das getan hat, ist ein Sohn des Todes.
> 6 Das Lamm aber soll er vierfach erstatten, dafür dass er diese Sache getan hat, und weil es ihm ‹um den Armen› nicht leid getan hat.

Der Mann hat nur ein Lamm gestohlen, doch David verlangt in seinem gerechten Zorn die Todesstrafe für den Übertreter! Nathan erzählte seine Geschichte; David sprach das Urteil, doch das Licht ging ihm erst dann auf, als Nathan sozusagen mit dem Finger auf ihn deutete:

> 7 Da sagte Nathan zu David: Du bist der Mann!

Nun wird David plötzlich alles klar: *Das einzige Lamm des armen Mannes... Uria hatte nur Batseba, während ich viele Frauen habe! Batseba war Urias einziger Besitz, und er liebte sie aus ganzem Herzen. In meiner Lust nahm ich ihm Batseba weg, obwohl ich mit einer meiner Frauen hätte schlafen können! Ich schändete sie – und Uria. Und dann habe ich noch den Tod anderer angeordnet, habe Joab und meine Männer in eine Niederlage geschickt, nur um meine Sünde zu verheimlichen.*
Die Schwere der Situation trifft David mit voller Wucht, als Nathan ihm Gottes Gerichtsbotschaft überbringt:

> 7 So spricht der HERR, der Gott Israels: Ich habe dich zum König über Israel gesalbt, und ich habe dich aus der Hand Sauls errettet,
> 8 und ich habe dir das Haus deines Herrn gegeben und die Frauen deines Herrn in deinen Schoß und habe dir

das Haus Israel und Juda gegeben. Und wenn es zu wenig war, so hätte ich dir noch dies und das hinzugefügt.

Beachte, was Gott hier sagt: „*Und wenn es zu wenig war, so hätte ich dir noch dies und das hinzugefügt.*“
Wenn wir Sex außerhalb der von Gott gesteckten Parameter praktizieren, verpassen wir etwas, was uns eigentlich gehörte! David hätte viel mehr haben können, wenn er nicht Ehebruch begangen und versucht hätte, seine Sünde zu verheimlichen. Sünde kostet uns immer viel mehr, als wir eigentlich zahlen wollen.
In der Hitze seiner Leidenschaft dachte David nicht darüber nach, was ihn dieser Augenblick unerlaubter Lust kosten würde. Später bekannte er zwar seine Schuld, schrie zu Gott, quälte sich Tag und Nacht und vergoss viele Tränen, doch das änderte nichts an den Folgen seines Ungehorsams.
David missachtete das Wort Gottes, und das Gleiche geschieht in der heutigen Gesellschaft. Wer Sex außerhalb der von Gott gesteckten Grenzen praktiziert, missachtet, was Gott gesagt hat. Jedesmal wenn wir dem Willen Gottes zuwiderhandeln, verachten wir nicht nur sein Wort, sondern Gott selbst!
Lies Nathans Botschaft an David und unterstreiche das Wort *verachten*.

9 Warum hast du das Wort des HERRN verachtet, indem du tatest, was böse ist in seinen Augen? Uria, den Hetiter, hast du mit dem Schwert erschlagen, und seine Frau hast du dir zur Frau genommen. Ihn selbst hast du ja umgebracht durch das Schwert der Söhne Ammon.
10 Nun denn, so soll das Schwert von deinem Haus auf ewig nicht weichen, dafür dass du mich verachtet und die Frau Urias, des Hetiters, genommen hast, damit sie deine Frau sei.

Eigentlich war Joab derjenige, der Uria an die vorderste Front schickte und den anderen Kriegern befahl, sich von ihm zurückzuziehen. Uria wurde von einem ammonitischen Soldaten getötet. Trotzdem bezeichnet Gott *David* als den Mörder. Innerhalb weniger Tage brach David drei der Zehn Gebote: er begehrte die Frau seines Nächsten, er beging Ehebruch und Mord.

Es ist egal, welches Urteil ein menschliches Gericht gefällt hätte: der oberste Richter sprach David schuldig!

Was war die gerechte Strafe für Davids Sünde?

Erstens: das Schwert sollte nie mehr von seinem Haus weichen; d. h., er sollte bis zu seinem Tod Krieg und Verderben erleben.

Zweitens: „Siehe, ich lasse aus deinem eigenen Haus Unglück über dich erstehen" (2. Samuel 12,11). Von nun an sollte es in Davids Familie Konflikte geben. Einer seiner Söhne vergewaltigte eine Tochter Davids; ein anderer Sohn versuchte, den Thron an sich zu reißen. Die Tragödien nahmen kein Ende.

Drittens: „Ich nehme deine Frauen vor deinen Augen weg und gebe sie deinem Nächsten, dass er bei deinen Frauen liegt vor den Augen dieser Sonne! Denn du, du hast es im Verborgenen getan; ich aber, ich werde dies tun vor ganz Israel und vor der Sonne!" (Verse 11-12). In nicht allzu ferner Zukunft sollte Davids Sohn Absalom mit Davids Konkubinen in einem Zelt schlafen, das zu diesem Zweck öffentlich in Israel aufgerichtet wurde. Welche Schande...

Auch heute können viele Männer bezeugen, welchen Kummer ein ehebrecherischer Sohn verursacht, der dem Beispiel seines Vaters folgt. Manchmal gehen die Kinder, deren Eltern Ehebruch begingen, nur deswegen außereheliche Beziehungen ein, um sich an ihren Eltern zu rächen.

Viertens: das Kind von David und Batseba musste sterben. Obwohl David fastete und Gott bat, das Leben des Kindes zu schonen, ließ sich Gott nicht umstimmen.

Das Strafgericht für Unzucht kann die verschiedensten Formen annehmen, doch es ist immer unvermeidlich, und manchmal treffen seine Folgen nicht nur den Übertreter. Wir protestieren vielleicht dagegen und nennen Gott unfair, aber dazu haben wir kein Recht. Gott verlangt Gehorsam, und wir haben die Pflicht, das zu tun, was er von uns erwartet. Wir haben kein Recht, uns als seine Richter aufzuspielen!

Im Fall des kleinen Lammes sprach David ein Todesurteil über den reichen Mann aus. Seine andere Forderung geht auf 2. Mose 22,1 zurück, wonach jemand, der ein Schaf stiehlt, es vierfach erstatten muss. David verlangte in seiner Rolle als Richter, dass der Mann vierfach erstattet, was er geraubt hatte.

David musste letztlich die gleiche Strafe tragen wie der reiche Mann in der Erzählung. Es ist kein Zufall, dass David nach dem Ehebruch mit Batseba und dem Mord an Uria vier seiner eigenen Söhne verlor. Ob das Strafgericht nun darin bestand oder in den Ereignissen, die Nathan voraussagte, bleibe dahingestellt. Davids Strafe war jedenfalls schwer.

Es blieb ihm nur noch übrig, Buße zu tun, sich vor Gott zu beugen und seine Sünde zu bekennen. Genau das tat David auch. Er sagte zu Nathan: „Ich habe gegen den HERRN gesündigt“ (2. Samuel 12,13). Später, im 51. Psalm schrieb er: „Gegen dich, gegen dich allein habe ich gesündigt“ (Vers 6). Jede Sünde ist letztlich eine Sünde gegen Gott, auch wenn andere Menschen davon betroffen sind, denn der Mensch ist Gottes Geschöpf.

Wie antwortete Nathan auf Davids Schuldbekenntnis? „Und Nathan sagte zu David: So hat auch der HERR deine Sünde hinweggetan, du wirst nicht sterben“ (2. Samuel 12,13).

Derselbe Mann, der David seiner Sünde überführte, teilte ihm auch die Vergebung Gottes mit. Wir bekommen hier ein wunderbares Bild vom Wesen Gottes: *gerecht* in seinem Umgang mit der Sünde und der *Rechtfertiger* derer, die Buße tun.

Nur ein Gott unvorstellbarer Gnade konnte David, dem König Israels und Dichter zahlreicher Psalmen, Vergebung gewähren, als dieser „den Feinden des HERRN durch diese Sache Anlass zur Lästerung gegeben“ hat (Vers 14). Gott ist eben ein Gott der überschwenglichen, grenzenlosen Gnade. Wo aber die Sünde zugenommen hat, ist die Gnade überreich geworden.[1] Einer der Nachkommen Davids sollte der Messias sein, der Davids und unsere Sünden auf sich nahm, um uns zu erlösen.

---

[1] Römer 5,20.

DIE FOLGEN VON EHEBRUCH

Wir wissen jetzt, welche Folgen Davids Ehebruch hatte, aber womit müssen wir rechnen?
Erstens: *Ehebruch ist ein Bundesbruch.* Die einzigartige Einheit zwischen einem Mann und einer Frau wird durch den Ehebruch zerstört.
Ich erhielt einen traurigen Brief von einer Frau, deren Mann Selbstmord beging. Er war manisch-depressiv und weigerte sich, seine Medikamente zu nehmen. Außerdem hatte er mit Unzucht zu tun, lehnte aber jede seelsorgerliche Hilfe ab. Er beging mehrfach Ehebruch, genauso wie sein Vater, sein Großvater und sein Urgroßvater, die alle Pastoren waren! Dieser Mann hatte keine „Affären", sondern wiederholte sexuelle Begegnungen mit Frauen, die er nicht einmal namentlich kannte.
Sie tat, was sie konnte, um die Ehe zusammenzuhalten, aber er wollte sein Verhalten einfach nicht ändern. Schließlich zog sie mit ihren Söhnen aus. Hätte er geglaubt und sich an Gott festgehalten, „ebenso wie der Hüftschurz sich an die Hüften eines Mannes anschließt" (Jeremia 13,11), dann hätte er seine Sünde überwinden können.
Weil er jedoch statt dessen an seiner Sünde festhielt, verlor er seine Familie und sein eigenes Leben. Als mich diese Frau in ihrem Schmerz und ihren Schuldgefühlen fragte, ob sie vielleicht bei ihrem Mann hätte bleiben sollen, um ihn vor dem Selbstmord zu bewahren, konnte ich ihr nur antworten: „Nein, du warst nicht verpflichtet, bei ihm zu bleiben. Der wiederholte Ehebruch deines Mannes hat den Bund zwischen euch gebrochen." Manische Depression ist wie andere Geisteskrankheiten zwar ein medizinisches Problem, aber keine Rechtfertigung für Unzucht.
Zweitens: *Ehebruch zieht Gottes Gericht nach sich.* Gott ist „Zeuge gewesen zwischen dir und der Frau deiner Jugend, an der du treulos gehandelt hast, wo sie ‹doch› deine Gefährtin ist und die Frau deines Bundes" (Maleachi 2,14).
Bist du über Davids Bestrafung durch Gott entsetzt? Hast du ein Problem damit, wie Gott seinen auserwählten König behandelt hat? Möchtest du am liebsten einwenden (auch wenn du es nur

hinter vorgehaltener Hand tun würdest):

„Aber David hat doch schließlich seine Sünde bekannt!
Warum hast du ihn so streng verurteilt?
Warum hat David nie bekommen, was
du ihm ‚noch hinzugefügt hättest'?
Ich verstehe das alles nicht!"

Wenn du so denkst, dann hast du in einem Punkt recht! Du verstehst nicht, worum es geht! Es fehlt dir das Verständnis für den Charakter Gottes einerseits und den Ernst der Sünde andererseits. Leider betrachten wir Sünde oft als etwas alltägliches und Gnade als billig.

Wir verbinden mit dem Begriff Gnade oft die Vorstellung, dass wir ungeschoren davonkommen werden und keine Folgen für unser Verhalten erleiden müssen. Wir meinen, die Worte „Tut mir leid, Gott!" genügen, um unsere Sünden ungeschehen zu machen. Doch das hat nichts mit Gnade zu tun. Gnade ist keine Lizenz für Sünde, sondern die Fähigkeit, die Sünde zu überwinden! Gnade bedeutet zwar Gottes Gunst und umfasst alles, was Gott uns geschenkt hat, aber sie wird uns nicht vor den Konsequenzen unserer Sünden bewahren.

Du kannst Ehebruch begehen und anschließend Gott sagen, dass es dir leid tut, und Gott wird dir vergeben. Doch seine Vergebung wird die Konsequenzen für dein Verhalten nicht ungeschehen machen und dich nicht automatisch davor bewahren, schwanger zu werden oder dich anzustecken, falls dein Partner eine Geschlechtskrankheit hatte.

Wenn wir „auf das Fleisch säen" (Galater 6,8), werden wir die Folgen ernten, und das dient letztlich zu unserem Besten, weil wir dadurch lernen, die Sünde zu verabscheuen und Gott zu fürchten.

David verstand dieses Prinzip. Es gibt keinen Hinweis dafür, dass er mit Gott gehadert hätte, sondern er trug seine Strafe wie ein Mann Gottes. Aus dieser Zeit in Davids Leben stammen einige der schönsten Psalmen. Sie enthalten Worte der Hoffnung, die uns ermutigen und inspirieren. Ein Beispiel dafür ist der 51. Psalm, mit dem wir uns noch beschäftigen werden.

Drittens: *Ehebruch ist laut der Bibel ein Grund für Scheidung.* Die Scheidung wird zwar nicht empfohlen, im Gegenteil: Gott

wäre es lieber, wenn eine Umkehr und Versöhnung stattfindet. Doch laut den Worten Jesu in Matthäus 19,9 zerstört Unzucht die Einheit des Ehebundes und gibt dem betrogenen Partner das Recht, sich scheiden zu lassen.
Ich werde an dieser Stelle nicht weiter auf das Thema Scheidung eingehen, da es nicht im Brennpunkt dieses Buches steht. Eine Möglichkeit, dieses wichtige Thema von A bis Z zu studieren, bietet das induktive Bibelstudium *Eine Ehe, die nicht bereut werden muss*[2].
Viertens: *Ehebruch ist ein Stolperstein für die betroffenen Kinder.* Ehebruch ist ein schlechtes Beispiel und vermittelt der nächsten Generation, für die wir vor Gott Verantwortung tragen, ein entstelltes Bild von der Ehe. Maleachi 2,15-16 spricht davon, dass, wenn wir „Nachkommenschaft von Gott anstreben", wir nicht an unserem Partner „treulos handeln" und dadurch unser „Gewand mit Unrecht bedecken" sollen. In 2. Mose 34,7 warnt uns Gott davor, die Schuld der Väter an die nächste Generation weiterzugeben und auf diese Weise einen tödlichen Kreislauf in Gang zu setzen: Unzucht zieht Scheidung nach sich, Scheidung hat weitere Unzucht zur Folge, die wieder zur Scheidung führt...
Fünftens: *Ehebruch macht die betroffenen Kinder verwundbar.* Ehebrecherische Eltern *müssen* und *werden* von Gott bestraft werden, denn er wird laut der Bibel Unzüchtige und Ehebrecher richten. Unzucht beschädigt oder zerstört die Einheit der Familie und setzt die Kinder großen Risiken aus. Auch im Fall einer Wiederverheiratung kommt es oft zu Konflikten, weil der neue Ehepartner nicht der Vater oder die Mutter des Kindes ist und daher die natürliche Zuneigung fehlt. Die Erziehung des Kindes wird dann oft ein Anlass für Streit: „Wem gehört dieses Kind überhaupt?"; „Ich bin in erster Linie für mein Kind da!" Wer sich scheiden lässt, um jemand anderen zu heiraten, setzt sein Kind außerdem der Gefahr von körperlichem oder sexuellem Missbrauch durch den neuen Ehepartner aus. Ich höre immer

---

[2] Erschienen in der Serie *Schritt für Schritt-Bibelstudien* (erhältlich bei: Precept Ministries International e. V., Kostenzer Weg 10, D-94315 Straubing; www.induktives-Bibelstudium.com).

wieder herzzerreißende Geschichten von Kindern, die durch die Narben des Missbrauchs entstellt sind.

Wird dir langsam klar, welche Folgen Unzucht hat? Unzucht und Ehebruch zerstören jene Einheit zwischen den Ehepartnern, die für den Schutz und die Geborgenheit der Kinder unverzichtbar ist. Es ist mir nicht möglich, alle Fragen aufzuzählen, die meiner Mitarbeiterin Jan Silvious und mir während unseres Radioprogramms gestellt wurden, das fünf Jahre lang jeden Sonntag Abend ausgestrahlt wurde, oder auf die Briefe von Kindern einzugehen, die wegen der Sünde ihrer Eltern schreckliche Wunden davontragen mussten. Diese Kinder haben nie erhalten, was ihnen eigentlich zustand, weil die Eltern es versäumten, ihre Leidenschaft unter „Schloss und Riegel" zu verwahren!

Sechstens: *Ehebruch verletzt Gott.* Wenn wir versucht werden, mit jemand anderem ins Bett zu gehen, dann müssen wir uns vor Augen halten, dass Gott durch unser Fehlverhalten verletzt wird. In Hesekiel 6,9 spricht Gott folgendes Urteil über seine Ehefrau Israel, mit der er einen Bund geschlossen hatte:

> Dann werden eure Entkommenen unter den Nationen, wohin sie gefangen weggeführt wurden, sich an mich erinnern, der ich ihr hurerisches Herz zerbrochen habe, das von mir abgewichen ist, und ihre Augen, die ihren Götzen nachhurten. Und sie werden über sich selbst Ekel empfinden wegen der bösen Taten, die sie begangen haben nach allen ihren Greueln.

Eines ist sicher: der Unzüchtige oder Ehebrecher wird sich letztlich selbst verabscheuen. Und wenn er einst vor Gott steht und den Schmerz und die Trauer in Gottes Augen sieht, dann wird seine Reue keine Grenzen kennen. Leider wird es dann zu spät sein, denn „es ist den Menschen bestimmt, einmal zu sterben, danach aber das Gericht"[3].

---

[3] Hebräer 9,27.

Gott rief klagend über Israel aus: „Die ehebrecherische Frau nimmt statt ihres Mannes fremde Männer!“[4] Was meinte er damit?
In den folgenden Versen begegnen wir Gott als Israels Ehemann. Wir können aus seiner Kritik von Israels Verhalten und dessen Folgen sehr viel lernen, und ich hoffe, dass wir uns durch diese Worte warnen lassen und sie in uns eine heilige Furcht bewirken. Unterstreiche beim Lesen die Wörter *du* und *dein*.

HESEKIEL 16,15-17.20-21.25-26.28-30

15 Aber du vertrautest auf deine Schönheit, und du hurtest auf deinen Ruf hin und gossest deine Hurereien aus über jeden, der vorbeikam: Ihm wurde sie ‹zuteil›.
16 Und du nahmst von deinen Kleidern und machtest dir bunte Höhen, und du hurtest auf ihnen, ‹Dinge, die› nie vorgekommen sind und was nie ‹wieder› geschehen wird.
17 Und du nahmst deine prächtigen Geschmeide von meinem Gold und von meinem Silber, das ich dir gegeben hatte, und machtest dir Abbilder von Männern und hurtest mit ihnen.
20 Und du nahmst deine Söhne und deine Töchter, die du mir geboren, und opfertest sie ihnen zum Fraß. War es zu wenig mit deiner Hurerei,
21 dass du meine Söhne schlachtetest und sie hingabst, indem du sie für sie durch ‹das Feuer› gehen ließest?

[4] Hesekiel 16,32.

25 an jeder Straßenecke bautest du dein Hochlager. Und du machtest deine Schönheit zu einem Greuel und spreiztest deine Beine für jeden, der vorbeikam, und machtest deine Hurerei groß.
26 Du hurtest mit den Söhnen Ägyptens, deinen Nachbarn, mit dem großen Fleisch; und du machtest deine Hurerei groß, um mich zu reizen.
28 Und du hurtest mit den Söhnen Assurs, weil du ‹noch› nicht satt warst; und du hurtest mit ihnen und wurdest auch nicht satt.
29 Und du vermehrtest deine Hurerei zum Händlerland Chaldäa hin; aber selbst davon wurdest du nicht satt.
30 Wie fieberheiß ist dein Herz, spricht der Herr, HERR, wenn du dies alles tust - das Tun eines selbstherrlichen Hurenweibes -,

Was erfahren wir in diesen Versen über Gottes „Ehefrau" Israel? Was hat sie getan? Schreibe die Antwort auf diese Frage in den folgenden Zwischenraum.

All ihre Unzucht konnte Israels Verlangen letztlich nicht befriedigen, und dir wird es nicht anders ergehen, wenn du deinen fleischlichen Begierden nachgibst. Die momentane Lust wird in dir ein nagendes Gefühl der Unzufriedenheit und in Gottes Herz tiefe Trauer hinterlassen, weil du jemand anderen mehr geliebt hast als ihn.

Darüber hinaus *gibt Ehebruch den Feinden Gottes einen Anlass, seinen Namen zu lästern*, wie wir in Davids Fall gesehen haben. Das ist die siebente Folge von Ehebruch.
Seine Feinde können dann behaupten: *Ha, Gott! Ich habe mit der Braut deines Sohnes geschlafen!*
Ist dir klar, dass wir jedesmal wenn wir als Christen sündigen, dem Feind einen Sieg verschaffen? Unsere Sünde erweckt in den Augen der Welt den Eindruck, dass „es mit Gott ohnehin nichts auf sich hat". Wahrscheinlich hast auch du schon die Bemerkung gehört: „Christen unterscheiden sich nicht von anderen Menschen, sie haben nur mehr Vorschriften! Was bringt das schon, wenn man ein Christ ist?"
Gottes Ziel ist, die Welt zu sich zurückzubringen. Unsere Lebensführung sollte die Welt ihrer Sünden überführen, aber das ist nur dann möglich, wenn wir uns an Gottes Richtlinien halten. Leider ist oft das Gegenteil der Fall: unser falsches Verhalten gibt den Menschen eine Ausrede für ihre eigenen Sünden.
Die Lästerungen sind überall zu hören: im Fernsehen, im Radio, in *Talkshows*, in Situationskomödien, Cartoons und Filmen, in Artikeln und auf Plakaten. Es ist höchste Zeit, dass wir endlich anders leben als die Welt und ihr zeigen, was es heißt, nicht von der „Lust der Augen" beherrscht zu werden. Wir können unsere Augen von dem, was wir sehen, jederzeit abwenden. Damit schalten wir die Versuchung aus und sind nicht mehr in der Gefahr, von der verbotenen Frucht sexueller Sünden zu essen und dadurch unser Leben und das Leben anderer zu zerstören.
Es *ist* möglich, trotz unseres sexuellen Verlangens ein reines Leben zu führen! Es ist eine Frage unserer Entscheidung, die wir jeden Augenblick, bei jeder Gelegenheit neu treffen müssen – eine Entscheidung, die uns davor bewahren kann, das zu verlieren, was uns eigentlich zusteht. Wie hätte Davids Leben verlaufen können, hätte er nicht seiner Augenlust und seiner fleischlichen Begierde nachgegeben und Ehebruch begangen?
Dieser Punkt und die Tatsache, dass Ehebruch unseren himmlischen Bräutigam, der uns als reine Jungfrau in Empfang nehmen will, verletzt, war für mich der Anlass, mein vor langer Zeit abgelegtes Versprechen zu erneuern, unter allen Umständen rein zu bleiben. Ich will auf keinen Fall Gott das Herz bre-

chen und seinen Feinden die Gelegenheit geben, den Bräutigam und seine Braut zu verspotten. Wenn es nach mir geht, dann wird diese Braut bei seiner Wiederkunft in ein reines, weißes Gewand gekleidet sein!

Aus diesem Grund freue ich mich, dass du dieses Buch liest, um zu entdecken, was Gott uns alles „noch hinzufügen" möchte.

Ist es nicht auch dein Wunsch, nichts von dem zu verlieren, was Gott dir geben möchte? Die Voraussetzung dafür ist, ihm zu gehorchen und ihn mehr zu lieben als alles andere, einschließlich dir selbst.

Denke an deine Zukunft...

> Schwer gesündigt hat Jerusalem.
> Darum ist sie zum Gespött geworden; alle ihre Verehrer verachten sie, weil sie ihre Blöße gesehen haben.
> Sie selbst aber seufzt und wendet sich ab.
> Ihre Unreinheit ‹klebt› an ihrem Saum; ihr Ende hat sie nicht bedacht.
> So ist sie entsetzlich heruntergekommen, ohne dass einer sie tröstet.
> Sieh an, HERR, mein Elend, denn der Feind tut sich groß!
> (Klagelieder 1,8-9)

7

Die Bedeutung von gerechtem Zorn

Wie können wir uns erlauben, das Verhalten anderer zu verurteilen?

Dorie Van Stone[1] und ich unternahmen einen langen Spaziergang in der Nähe des Geländes von *Precept Ministries International* in Chattanooga, Tennessee, wo wir beide wohnen. Ich fand auf einem leerstehenden Grundstück einen beschädigten Ball und kickte ihn vor mir her, den Hügel hinauf, über die Straße, immer darauf bedacht, ihn nicht in Hauseinfahrten oder Kanalöffnungen zu verlieren. Wir wanderten kreuz und quer die Straßen entlang, während ich mit dem Ball spielte.

Dorie gehört zu meinen besten Freunden. Ihr Vater hatte sie verlassen, ihre Mutter vernachlässigte sie, und so kam sie zuerst in ein Waisenhaus und später zu Pflegefamilien, wo sie körperlich und sexuell misshandelt wurde, sowohl vor als auch nach ihrer Bekehrung. Das Schöne an ihrer Geschichte ist, dass sie ihr Vertrauen auf Gott setzte und ihm erlaubte, sie durch sein Wort zu heilen. Heute hilft Dorie zehntausenden Menschen in Amerika und ande-

---

[1] Dorie Van Stone ist gemeinsam mit Dr. Erwin Lutzer die Autorin der Bücher *Dorie: The Girl Nobody Loved*, und *No Place to Cry*, beide erschienen bei: Moody Press, Chicago. Dorie gehört zum Mitarbeiterkreis von *Precept Ministries International*.

ren Ländern, indem sie von ihrem Leben erzählt und denen, die Ähnliches durchmachen wie sie, Trost und Hoffnung gibt.

Dorie schrieb einige Bücher über ihre Erfahrungen. In ihrem ersten Buch *Dorie: The Girl Nobody Loved* berichtete sie über ihre Kindheit, ohne jedoch den sexuellen Missbrauch zu erwähnen. Wie hunderttausende andere befürchtete auch Dorie, dass ihr niemand glauben würde und sie nur noch mehr Ablehnung erfahren würde. Ich werde den Tag und das Restaurant, in dem wir saßen, nie vergessen, als Dorie mir die ganze Wahrheit über ihr Leben erzählte. Sie schrieb seither in ihrem Buch *No Place to Cry* über diese Dinge, aber abgesehen von ihrem Ehemann war ich eine der ersten beiden Personen, die davon erfuhren. Ehrlich gesagt war ich nicht überrascht. Ich hatte bereits vermutet, dass Dorie missbraucht worden war, wollte sie aber deswegen nie fragen.

Ich erinnere mich noch gut an die erste Frage, die sie mir stellte, nachdem sie mir von der sexuellen Erniedrigung erzählte: „Liebst du mich immer noch?" Mir war klar, dass sie nicht die Echtheit meiner Liebe anzweifelte, sondern ihren eigenen Wert in Frage stellte. Die Frage erschien mir sinnlos, denn Dories Geschichte gab meiner Liebe und dem Wunsch, sie zu beschützen, Auftrieb, doch viele Menschen, die sexuell missbraucht wurden, haben die gleiche Angst. Die Schande und die Wunden von sexuellem Missbrauch sind für Menschen, die das nicht erlebt haben, unverständlich.

Auf diesem Spaziergang durch unsere Nachbarschaft, während ich den Ball vor mir her kickte, sprachen wir darüber, was sie durchgemacht hatte, wie die Leute reagierten, wenn sie davon hörten und wie man den Opfern des Missbrauchs am besten helfen könnte. Ich hörte Dories Stimme, aber verlor sie plötzlich aus den Augen. Ich stoppte den Ball mit meinem Fuß und sah mich um. Sie stand hinter mir, hob beide Arme in einer für sie typischen dramatischen Geste und rief: „Sie müssen wissen, dass wir ihnen glauben! Das müssen sie unbedingt wissen!"

Diese Frau, die einige Jahre älter ist als ich, lief wie ein Kind auf mich zu, packte mich am Arm, blickte zu mir auf und sagte mit der für sie charakteristischen Leidenschaft: „Sie halten diese Dinge jahrelang geheim, weil sie befürchten, dass ihnen niemand ihre Geschichte über sexuellen Missbrauch abnimmt. Und sie denken, dass sie ihre Freunde verlieren würden, wenn die davon wüssten. Sie haben Angst davor, dass sie niemand mehr liebt und dass sie für schmutzig gehalten werden." Dorie gab mir einen sanften Stoß. „Und dass sie von anderen zu hören bekommen: ‚Geh' weg! Ich möchte nichts mehr mit dir zu tun haben.'"

Dorie stand auf ihren Zehenspitzen, ihre dunklen Augen blitzten, als sie mich anblickte: „Kay, erinnerst du dich noch, als ich dir das erste Mal davon erzählt habe?"

„Ja, Dorie. Und ich weiß noch genau, welche Frage du mir gestellt hast. Du hast gesagt: ‚Liebst du mich immer noch?'"

„Kay, Kay," weinte sie und hielt sich an meinem Arm fest, „diese Menschen müssen einfach wissen, dass wir sie nicht ablehnen."

Sie müssen wissen, dass wir sie nicht ablehnen!

Überlegen wir einmal, wie viele Schmerzen gelindert, Wunden geheilt, Leben wiederhergestellt und Schicksale gerettet werden könnten, wenn wir sozusagen einen Spaziergang mit Ehebrechern, Homosexuellen, Transvestiten, Alkoholikern, Drogenabhängigen, Prostituierten und Pädophilen unternähmen, uns ihre Geschichten anhörten, sie reden ließen und ihnen glaubten - und sie nicht deshalb ablehnten, weil sie...

diese Dinge praktizieren,

in ihrem Schmerz falsche Wege einschlugen,

perverse Vorstellungen von Sexualität entwickelten, da sie Sex nur in seiner entstellten Form kennenlernten,

infolge ihres pervertierten Denkens anderen das Gleiche antaten,

und all das, weil sie sich entweder nie an Gott wandten oder ihnen nicht bewusst war, dass er sie heilen und wiederherstellen konnte!

Wusstest du, dass durchschnittlich eines von drei Mädchen vor dem Erreichen des achtzehnten Lebensjahres sexuell missbraucht wird? Die statistischen Zahlen für Jungen sind unklar, da Männer kaum über diese Dinge reden wollen, aber es wird vermutet, dass sie wahrscheinlich ebenso hoch sind. Jene unter uns, die nie sexuell missbraucht wurden, haben keine Vorstellung von dem Schmerz, der Schande, dem Zorn und dem Gefühl, verraten worden und wertlos zu sein.

Was wird aus diesen Jungen und Mädchen werden? Viele von ihnen werden zu Ehebrechern werden. Andere werden gleichgeschlechtliche Beziehungen suchen oder zu Prostituierten werden, weil sie ohnehin schon missbraucht wurden und keinen Sinn darin sehen, rein zu bleiben. Einige werden auch selbst zu Kinderschändern werden.

Was könnte geschehen, wenn...

wir ihnen mit offenem Herzen zuhörten und versuchten, zu verstehen, wie sie in diese Situation geraten sind,

und ihnen dann *und nur dann* mitteilten, was Gott aus ihrem Leben machen könnte, weil er allmächtig ist?

Was könnte geschehen, wenn...

wir Gott sozusagen „an ihnen vorübergehen" lassen und ihnen zurufen: „Jahwe, Jahwe, Gott, barmherzig und gnädig, langsam zum Zorn und reich an Gnade und Treue, der Gnade bewahrt an Tausenden ‹von Generationen›, der Schuld, Vergehen und Sünde vergibt, aber keineswegs ungestraft lässt, ‹sondern› die Schuld der Väter heimsucht an den Kindern und Kindeskindern, an der dritten und vierten ‹Generation›" (2. Mose 34,6-7)

und ihnen *dann* sagen, dass dieser Gott sie reinigen und heilen, sie von ihrem schuldigen Gewissen befreien und den Kreislauf der Sünde durchbrechen kann?

Was könnte in diesem Fall alles geschehen?

Ich bin nicht naiv: mir ist klar, dass viele nicht glauben werden, sondern sich abwenden und weiter dem Weg folgen werden, der zum Verderben führt. Aber nicht alle! Einige werden zuhören und Gott eine Gelegenheit geben, sie mit seiner Liebe zu überschütten. Sie werden der Botschaft, die Gott durch uns verkündet, Gehör schenken und mit uns den schmalen Weg einschlagen, der zum ewigen Leben führt.

Wenn du wissen willst, was Gott über Sex sagt, musst du dich auch mit jenen Bibelstellen auseinandersetzen, die über Homosexualität und andere Formen der sexuellen Perversion sprechen. Ich möchte an diesem Punkt etwas klarstellen. Wenn du in eine dieser Sünden verwickelt bist, einschließlich Inzest oder sexueller Missbrauch von Kindern, dann ist es sehr wichtig, dass du erstens weißt, was Gott darüber sagt, und dass du zweitens verstehst, warum du diese Dinge praktizierst, und zwar nicht deshalb, weil du mit diesen Neigungen geboren worden bist, sondern weil du aufgrund von Unkenntnis der Wahrheit oder der Lügen anderer Menschen einen völlig verkehrten Zugang zur Sexualität hast.

Verstehst du, was ich damit sagen will? Bitte höre mir genau zu! Es geht mir nicht darum, dass du mit mir unbedingt übereinstimmst, aber höre mich wenigstens an. Sexuelle Abwegigkeit ist bewiesenermaßen kein angeborenes, sondern ein *erlerntes* Verhalten. Dein erster Kontakt mit Sex als Kind, Teenager oder Erwachsener hat entscheidende Auswirkungen auf dein sexuelles Verhalten.

Es ist mir leider nicht möglich, einen Spaziergang mit dir zu unternehmen und dir zuzuhören, obwohl ich das sehr gerne tun würde (du kannst mir übrigens gerne einen Brief schreiben, wenn du willst). Aber ich bitte dich, wenigstens auf Gott zu hören, ihm dein Ohr zu leihen und seinen Worten in deinem Herzen und Verstand Raum zu geben. Erlaube ihm, mit dir zu sprechen und sprich du auch mit ihm. Schenke ihm Glauben, ebenso wie du erwartest, dass man deinen Worten Glauben schenkt.

In diesem und den folgenden Kapiteln werden wir einige Dinge zur Sprache bringen, die du wissen musst, wenn du in Satans Falle geraten bist. Vergiss beim Lesen bitte nicht, dass es mir nicht darum geht, dich zu verurteilen. Wir alle werden letztlich von Gottes Wort beurteilt. Ich möchte dir nur zeigen, was Gott über bestimmte Verhaltensweisen sagt, in der Hoffnung, dass du die Wahrheit akzeptierst, denn dann wird Gott dich aus den Fesseln der Sünde befreien, nicht aufgrund deiner guten Werke, sondern nach seiner Barmherzigkeit durch die Waschung der Wiedergeburt und Erneuerung des Heiligen Geistes.[2]

---

[2] Titus 3,5.

Die Sünde Sodoms und Gomorras

Unser erstes Thema, die Homosexualität, ist in Amerika zu einer Streitfrage geworden.

Die erste Erwähnung von Männern, die ihren Sexualtrieb mit anderen Männern befriedigen wollten, finden wir in dem Bericht von der Zerstörung Sodoms und Gomorras. Diese beiden Städte wurden von den Archäologen bisher noch nicht entdeckt, aber wir wissen aus der Bibel, dass sie zur Zeit Abrahams existierten und zu den fünf Städten der „Ebene des Jordan" gehörten. Sie lagen vermutlich im Tal Siddim, unweit des Toten Meeres, dessen südliches Ende heute dieses Gebiet bedeckt.

Als Sodom und Gomorra zerstört wurden, war Abraham 99 Jahre alt. Seine Frau Sara war 89 und war ihr ganzes Leben lang kinderlos geblieben. 24 Jahre davor hatte Gott Abraham und Sara einen Nachkommen verheißen, aber sie warteten noch immer...

auf den verheißenen Sohn,

auf das Kind des Bundes,

auf das Kind, das zu einer großen und mächtigen Nation werden sollte;

auf jenes Kind, zu dessen Nachkommen eines Tages auch der Messias, der Erlöser der Menschheit, gehören sollte.

Als Abraham eines Tages in Hebron unter den Eichen von Mamre saß, näherten sich ihm drei unbekannte Männer. Aus der Schrift geht hervor, dass zwei dieser Männer Engel waren und es sich bei dem dritten um eine Theophanie handelte, eine Erscheinung des Messias vor dessen Menschwerdung. In der „Fülle der Zeit" sollte dieser Messias dann von einer Tochter Abrahams zur Welt gebracht werden, um für die gesamte Menschheit zu sterben. Die drei Männer brachten Abraham die seit langem erwartete Bestätigung dafür, dass Sara nach fast 25-jähriger Wartezeit jenen Sohn zur Welt bringen sollte, den Gott bei seinem Bundesschluss mit Abraham verheißen hatte.

Nach dieser Mitteilung erhoben sich die drei Männer und brachen in Richtung Sodom auf. Ihre Absicht war, die Stadt zu besuchen, um festzustellen, ob die Sünde ihrer Bewohner tatsächlich so groß war wie das Klagegeschrei darüber. Während sich die beiden Engel auf den Weg machten, blieb der Herr zurück, um Abraham von dem bevorstehenden Strafgericht in Kenntnis zu setzen. Abraham fragte den Herrn daraufhin, ob er wirklich die Stadt zerstören und dadurch Gerechte und Ungerechte gleichermaßen bestrafen wollte. In Abrahams Augen war dieses Strafgericht unfair. Er rang dem Herrn schließlich das Versprechen ab, die Stadt auch dann nicht zu zerstören, wenn sich nur zehn Gerechte darin befinden.

Was war die Sünde Sodoms, die zu dem Klagegeschrei geführt hatte? Einige Bibelausleger beantworten diese Frage anhand einer Aussage des Propheten Hesekiel:

> Siehe, das war die Schuld deiner Schwester Sodom: Hoffart, Fülle von Brot und sorglose Ruhe hatte sie mit ihren Töchtern, aber die Hand des Elenden und des Armen stärkte sie nicht; und sie wurden hochmütig und verübten Greuel vor meinem Angesicht. Und ich tat sie hinweg, sobald ich es sah.
> (Hesekiel 16,49-50)

Aus diesen Versen gewinnt man den Eindruck, Gott habe die Stadt nur deswegen zerstört, weil sie sich nicht um die Elenden und Armen gekümmert hat. Stimmt dieser Eindruck?

Hesekiel schrieb diese Worte lange nach dem Untergang Sodoms und Gomorras. Gottes Gericht hatte diese beiden Städte trotz Abrahams Fürbitte ereilt, weil sich nicht einmal zehn Gerechte darin befanden. In Hesekiels allegorischer Beschreibung der Sünden Israels und ihrer „Schwestern“ scheint Gott einen Vergleich zwischen diesen Sünden und den Sünden Sodoms zu ziehen. Wir erfahren also von Hesekiel nicht, um welche Sünden es sich im Einzelnen handelte. Dafür gibt uns 1. Mose 19 einen Eindruck von den Greueltaten, die in Sodom verübt wurden.

Lies 1. Mose 19,1-13 und unterstreiche mit zwei verschiedenen Farben jede Erwähnung der *Männer der Stadt Sodom* bzw. der *beiden Engel*, einschließlich der entsprechenden Fürwörter.

1. MOSE 19,1-13

1 Und die beiden Engel kamen am Abend nach Sodom, als Lot ‹gerade› im Tor von Sodom saß. Und als Lot sie sah, stand er auf, ‹ging› ihnen entgegen und verneigte sich mit dem Gesicht zur Erde;

2 und er sprach: Ach siehe, meine Herren! Kehrt doch ein in das Haus eures Knechtes, und übernachtet, und wascht eure Füße; morgen früh mögt ihr ‹dann› eures Weges ziehen! Aber sie sagten: Nein, sondern wir wollen auf dem Platz übernachten.

3 Als er jedoch sehr in sie drang, kehrten sie bei ihm ein und kamen in sein Haus. Und er machte ihnen ein Mahl, backte ungesäuertes Brot, und sie aßen.

4 Noch hatten sie sich nicht niedergelegt, da umringten die Männer der Stadt, die Männer von Sodom, das Haus, vom Knaben bis zum Greis, das ganze Volk von allen Enden ‹der Stadt›.

5 Und sie riefen nach Lot und sagten zu ihm: Wo sind die Männer, die diese Nacht zu dir gekommen sind? Führe sie zu uns heraus, dass wir sie erkennen!

6 Da trat Lot zu ihnen hinaus an den Eingang und schloss die Tür hinter sich zu;

7 und er sagte: Tut doch nichts Böses, meine Brüder!

8 Seht doch, ich habe zwei Töchter, die keinen Mann erkannt haben; die will ich zu euch herausbringen. Tut

ihnen, wie es gut ist in euren Augen! Nur diesen Männern tut nichts, da sie nun einmal unter den Schatten meines Daches gekommen sind!

9 Aber sie sagten: Zurück da! Und sie sagten: Da ist einer allein gekommen, sich als Fremder ‹hier› aufzuhalten, und will sich ‹schon› als Richter aufspielen! Nun, wir wollen dir Schlimmeres antun als jenen. Und sie drangen hart ein auf den Mann, auf Lot, und machten sich daran, die Tür aufzubrechen.

10 Da streckten die Männer ihre Hand aus und brachten Lot zu sich herein ins Haus; und die Tür verschlossen sie.

11 Die Männer aber, die am Eingang des Hauses waren, schlugen sie mit Blindheit, vom kleinsten bis zum größten, so dass sie sich vergeblich mühten, den Eingang zu finden.

12 Und die Männer sagten zu Lot: Hast du hier noch jemanden? Einen Schwiegersohn, und deine Söhne und deine Töchter oder einen, der sonst ‹noch› in der Stadt zu dir gehört? Führe ‹sie› hinaus aus diesem Ort!

13 Denn wir werden diesen Ort vernichten, weil das Geschrei über sie groß geworden ist vor dem HERRN; und der HERR hat uns gesandt, die Stadt zu vernichten.

Was erfahren wir aus dem Text über die *Männer von Sodom*? Schreibe die Antwort auf diese Frage in den folgenden Zwischenraum.

Was können wir anhand des Textes über die „Sünde Sodoms" sagen? Um welche Sünde handelte es sich? Ging es wirklich nur um Arroganz, den Stolz des Reichtums und darum, dass die Elenden und Armen ignoriert wurden, wie Hesekiel sagte? Schreibe die Antwort auf diese Fragen auf und begründe sie anhand von 1. Mose 19,1-13.

Erinnerst du dich noch an unser Studium von 3. Mose 18 und daran, dass du *Greuel* mit einem großen „**G**" markiert hast? Lies diese Verse noch einmal und markiere *Greuel* und *greulich* wieder mit einem großen „**G**".

3. Mose 18,22-30

22 Und bei einem Mann sollst du nicht liegen, wie man bei einer Frau liegt: ein Greuel ist es.

23 Und bei keinem Vieh sollst du liegen, so dass du dich an ihm unrein machst. Und eine Frau soll sich nicht vor ein Vieh hinstellen, damit es sie begattet: es ist eine schändliche Befleckung.

24 Macht euch nicht unrein durch all dieses! Denn durch all dieses haben die Nationen sich unrein ge-

macht, die ich vor euch vertreibe.
25 Und das Land wurde unrein gemacht, und ich suchte seine Schuld an ihm heim, und das Land spie seine Bewohner aus.
26 Ihr aber, ihr sollt meine Ordnungen und meine Rechtsbestimmungen halten, und ihr sollt nichts tun von all diesen Greueln, der Einheimische und der Fremde, der in eurer Mitte als Fremder wohnt -
27 denn all diese Greuel haben die Menschen des Landes getan, die vor euch ‹da› waren, und das Land ist unrein gemacht worden -,
28 damit das Land euch nicht ausspeit, wenn ihr es unrein macht, ebenso wie es die Nation ausgespieen hat, die vor euch ‹da› war:
29 denn jeder, der etwas von all diesen Greueln tut, - die Seelen, die es tun, sollen ausgerottet werden aus der Mitte ihres Volkes.
30 Und ihr sollt meine Vorschriften halten, damit ihr keine der greulichen Bräuche übt, die vor euch geübt worden sind. Ihr sollt euch nicht durch sie unrein machen. Ich bin der HERR, euer Gott.

Welche sexuellen Praktiken werden in diesen Versen als *Greuel* bezeichnet?

Wenn Gott in 3. Mose 18,29-30 von „allen diesen Greueln" spricht, meint er ganz offensichtlich auch die Sünden der Blutschande und des Ehebruchs, von denen am Anfang des 18. Kapitels die Rede ist, doch welche Parallelen bestehen zwischen der Aussage in Vers 22 und dem Vorfall, der in 1. Mose 19,1-11 beschrieben wird?

Welche Sünde meint Gott also mit der „Greueltat Sodoms", die zu ihrer Vernichtung geführt hat, wenn wir den Text „beim Wort nehmen"?

Im Judasbrief finden wir eine weitere interessante Aussage über die Vorfälle in Sodom. Wir werden einen Blick auf diesen Brief werfen, und wollen uns die Zeit nehmen, einige einleitende Worte darüber zu sagen. Judas schrieb diesen Brief, um seine Leser zu ermahnen, „für den ein für allemal den Heiligen überlieferten Glauben zu kämpfen" (Vers 3). Er warnte, dass sich „gewisse Menschen heimlich eingeschlichen haben, die" nicht nur „den alleinigen Gebieter und Herrn Jesus Christus verleugnen", sondern auch „die Gnade unseres Gottes in Ausschweifung (moralische Anarchie) verkehren" (Vers 4). Diese Menschen behaupteten, dass man trotz einer unmoralischen Lebensweise in den Himmel kommen konnte.

Judas machte seinen Lesern klar, dass Gott das, was er in der Vergangenheit hasste, auch heute noch hasst: seine Einstellung zur Sünde hat sich nicht geändert. Daraus folgt, dass Gott nach wie vor jede Missachtung seiner Gebote bestraft. In diesem kurzen Brief, der aus nur 25 Versen besteht, erwähnt Judas sieben Mal das Gericht Gottes. Er beschreibt, wie Gott jene Engel bestrafte, die ihren Bereich verließen und wie Sodom und Gomorra Unzucht trieben, indem sie „fremdem Fleisch hinterherliefen". Wir wollen diese Verse lesen:

Judas 6-7

> 6 und Engel, die ihren Herrschaftsbereich nicht bewahrt, sondern ihre eigene Behausung verlassen haben, hat er zum Gericht des großen Tages mit ewigen Fesseln unter Finsternis verwahrt,
>
> 7 wie ‹auch› Sodom und Gomorra und die umliegenden Städte, die in gleicher Weise wie sie Unzucht trieben und hinter fremdem Fleisch herliefen, als ein Beispiel vorliegen, indem sie die Strafe des ewigen Feuers erleiden.

Einige Bibelausleger glauben, dass es sich bei den Engeln, die „ihren Herrschaftsbereich verließen" und „hinter fremdem Fleisch herliefen", um die in 1. Mose 6 erwähnten „Söhne Gottes" handelte, die in den Tagen Noahs „zu den Töchtern der Menschen eingingen", d. h., mit ihnen sexuellen Kontakt hatten. Ob wir diese Auslegung akzeptieren oder nicht, eines ist sicher: zumindest die Bevölkerung von Sodom und Gomorra und der umliegenden Städte trieben Unzucht und liefen hinter „fremdem Fleisch" her.

Den Männern von Sodom war wahrscheinlich nicht bewusst, dass die beiden Besucher, die sie „erkennen" wollten (das Wort bedeutet in diesem Zusammenhang „mit jemandem Geschlechtsverkehr haben"), Engel waren; aus dem Bericht geht

jedoch eindeutig hervor, dass sie Männer als Sexualpartner bevorzugten. Das von Judas gebrauchte Wort *fremd* unterstreicht die Abwegigkeit von Homosexualität, und Judas spricht von der „Strafe des ewigen Feuers“ für jene, die diese Sünde praktizieren, ohne dafür Buße zu tun sowie für Ehebruch und andere Formen der Unzucht.
Das zweite Kapitel des 2. Petrusbriefes ist eine Parallelstelle zum Judasbrief; auch hier wird auf die Zerstörung Sodoms und Gomorras eingegangen. Du sollst auch über diese Stelle Bescheid wissen. Wir empfehlen dir, sie laut zu lesen und jede Erwähnung von *Sodom und Gomorra* einschließlich der Fürwörter zu unterstreichen.

2. Petrus 2,4-10

4 Denn wenn Gott Engel, die gesündigt hatten, nicht verschonte, sondern sie in finsteren Höhlen des Abgrundes gehalten und zur Aufbewahrung für das Gericht überliefert hat;
5 und ‹wenn› er die alte Welt nicht verschonte, sondern ‹nur› Noah, den Prediger der Gerechtigkeit, als achten ‹neben sieben anderen› bewahrte, als er die Flut über die Welt der Gottlosen brachte;
6 und ‹wenn› er die Städte Sodom und Gomorra einäscherte und zur Zerstörung verurteilte und denen ein Beispiel setzte, die künftig gottlos sein würden;
7 und ‹wenn› er den gerechten Lot rettete, der von dem ausschweifenden Wandel der Ruchlosen gequält wurde
8 - denn der unter ihnen wohnende Gerechte quälte durch das, was er sah und hörte, Tag für Tag ‹seine› gerechte Seele mit ‹ihren› gesetzlosen Werken -, ‹so wird deutlich›:

9 der Herr weiß die Gottseligen aus der Versuchung zu retten, die Ungerechten aber aufzubewahren für den Tag des Gerichts, wenn sie bestraft werden;
10 besonders aber die, die in befleckender Begierde dem Fleisch nachlaufen und Herrschaft verachten, Verwegene, Eigenmächtige; sie schrecken nicht davor zurück, Herrlichkeiten zu lästern.

Was erfahren wir in den Versen 1-8 über *Sodom und Gomorra*? Schreibe die Antwort auf diese Frage in den folgenden Zwischenraum.

Lies die Verse 9-10 noch einmal. Was erfahren wir über jene, die „dem Fleisch nachlaufen“?

Vielleicht ist dir das Wort *Herrschaft* in Vers 10 aufgefallen. Die „Herrschaft verachten“ bedeutet, dem Wort Gottes absichtlich zuwiderzuhandeln, die Wahrheit zu missachten und einer Lüge zu folgen, weil wir Gott nicht gehorchen wollen und uns einbilden, trotzdem ungeschoren davonzukommen...

Unzucht hat Folgen für die Ewigkeit

Wir wollen einen Blick auf einige Stellen im Neuen Testament werfen, die über die ewige Strafe für die Sünder sprechen. Wir haben uns mit diesem Thema zwar schon beschäftigt, sollen uns aber immer wieder vor Augen halten, was auf jene Menschen zukommt, die sich nie von ihrer Sünde abwenden und an Jesus Christus glauben. Markiere beim Lesen der folgenden Verse das Wort *Unzucht* sowie alle Begriffe, die eine *Form der Unzucht* darstellen, mit einem großen „**U**“.

1. Korinther 6,9-11

> 9 Oder wisst ihr nicht, dass Ungerechte das Reich Gottes nicht erben werden? Irrt euch nicht! Weder Unzüchtige noch Götzendiener, noch Ehebrecher, noch Lustknaben, noch Knabenschänder,
> 10 noch Diebe, noch Habsüchtige, noch Trunkenbolde, noch Lästerer, noch Räuber werden das Reich Gottes erben.
> 11 Und das sind manche von euch gewesen; aber ihr seid abgewaschen, aber ihr seid geheiligt, aber ihr seid gerechtfertigt worden durch den Namen des Herrn Jesus Christus und durch den Geist unseres Gottes.

Ich habe absichtlich auch den 11. Vers zitiert, um daran zu erinnern, dass es für jeden Sünder Hoffnung gibt. Deine Sünde *kann* vergeben werden. Du *kannst* dich ändern. Du *kannst* ein neuer Mensch werden und ganz neu beginnen, wenn du die Hilfe von Jahwe-Rapha, dem Herrn, unserem Arzt, in Anspruch nimmst.
Wenn wir jedoch nicht Buße tun, werden wir laut den Worten Jesu umkommen. Buße oder Umkehr (das griechische Wort

metanoia bedeutet eine „Sinnesänderung") ist eine Voraussetzung dafür, errettet zu werden. Umkehren heißt, unser Denken und unsere Überzeugungen mit dem Wort Gottes in Einklang zu bringen, vor allem was die Sünde, unser Bedürfnis nach Erlösung und die *Person* des Erlösers betrifft. Das Wort hat in der Bibel noch andere Bedeutungen, doch im Zusammenhang mit Errettung bedeutet es das, was ich gerade beschrieben habe. Markiere beim Lesen der folgenden Stellen jedes Wort, das eine *Form der Unzucht* beschreibt.

Epheser 5,5-6

> 5 Denn dies sollt ihr wissen und erkennen, dass kein Unzüchtiger oder Unreiner oder Habsüchtiger - er ist ein Götzendiener - ein Erbteil hat in dem Reich Christi und Gottes.
>
> 6 Niemand verführe euch mit leeren Worten! Denn dieser Dinge wegen kommt der Zorn Gottes über die Söhne des Ungehorsams.

Offenbarung 21,8

> 8 Aber den Feigen und Ungläubigen und mit Greueln Befleckten und Mördern und Unzüchtigen und Zauberern und Götzendienern und allen Lügnern ist ihr Teil in dem See, der mit Feuer und Schwefel brennt, das ist der zweite Tod.

Offenbarung 22,14-15

> 14 Glückselig, die ihre Kleider waschen, damit sie ein Anrecht am Baum des Lebens haben und durch die Tore in die Stadt hineingehen!
> 15 Draußen sind die Hunde und die Zauberer und die Unzüchtigen und die Mörder und die Götzendiener und jeder, der die Lüge liebt und tut.

Schreibe auf, was Gott in diesen Stellen über die *Unzucht* und ihre Folgen sagt.

Wir wissen jetzt, wie Gott über die Sünde denkt. Und wenn keine Umkehr stattfindet, keine Sinnesänderung, kein Einlenken, kein Bitten um Vergebung, und wenn wir Unzucht nicht als das bezeichnen, was sie in Gottes Augen ist, nämlich eine Greueltat, *dann schließen wir uns selbst aus dem Himmel aus*. Wir treffen dann aus freiem Willen die Entscheidung, uns von Gott abzuwenden und wählen damit die Hölle und schließlich den „Feuersee“, dessen „Wurm nicht sterben“ und dessen „Feuer nicht verlöschen“ wird.[3] Das bedeutet, dass wir dort für alle Ewigkeit existieren werden, nur weil wir Gott widersprochen haben, wenn er Sünde als Sünde bezeichnet, und weil wir seinen Sohn abgelehnt haben, der uns gerne von allen unseren Sünden gerettet hätte. Wer seine Sünde liebt, wird ihr bis in die Hölle folgen müssen.

Ich möchte an dieser Stelle einen wichtigen Punkt klarstellen: es geht um einen *Lebensstil* der Sünde. Es geht nicht um einzelne Versuchungen, Kämpfe oder Niederlagen, sondern um die absichtliche Entscheidung *für* die Sünde. Menschen, die sich für

---

[3] Jesaja 66,24.

einen Lebensstil der Sünde entscheiden, haben vor Gott keine Ausrede. Sie haben ihr Herz verhärtet und statt dem Leben den Tod gewählt, obwohl Gott ihnen in seiner Barmherzigkeit und Gnade gerne vergeben hätte.
Werfen wir einen Blick auf Römer 1,18-32. Die Stelle wird uns helfen, diese Dinge noch besser zu verstehen. Unterstreiche beim Lesen jede Erwähnung der *gottlosen und ungerechten Menschen*, die den Zorn Gottes erleben werden. Versuche, auch jedes einzelne Fürwort zu finden, das sich auf diese Menschen bezieht.

Römer 1,18-32

18 Denn es wird geoffenbart Gottes Zorn vom Himmel her über alle Gottlosigkeit und Ungerechtigkeit der Menschen, welche die Wahrheit durch Ungerechtigkeit niederhalten,
19 weil das von Gott Erkennbare unter ihnen offenbar ist, denn Gott hat es ihnen offenbart.
20 Denn sein unsichtbares ‹Wesen›, sowohl seine ewige Kraft als auch seine Göttlichkeit, wird seit Erschaffung der Welt in dem Gemachten wahrgenommen und geschaut, damit sie ohne Entschuldigung seien;
21 weil sie Gott kannten, ihn aber weder als Gott verherrlichten noch ihm Dank darbrachten, sondern in ihren Überlegungen in Torheit verfielen und ihr unverständiges Herz verfinstert wurde.
22 Indem sie sich für Weise ausgaben, sind sie zu Narren geworden
23 und haben die Herrlichkeit des unvergänglichen Gottes verwandelt in das Gleichnis eines Bildes vom

vergänglichen Menschen und von Vögeln und von vierfüßigen und kriechenden Tieren.
24 Darum hat Gott sie dahingegeben in den Begierden ihrer Herzen in ‹die› Unreinheit, ihre Leiber untereinander zu schänden,
25 sie, welche die Wahrheit Gottes in die Lüge verwandelt und dem Geschöpf Verehrung und Dienst dargebracht haben statt dem Schöpfer, der gepriesen ist in Ewigkeit. Amen.
26 Deswegen hat Gott sie dahingegeben in schändliche Leidenschaften. Denn ihre Frauen haben den natürlichen Verkehr in den unnatürlichen verwandelt,
27 und ebenso haben auch die Männer den natürlichen Verkehr mit der Frau verlassen, sind in ihrer Wollust zueinander entbrannt, indem sie Männer mit Männern Schande trieben, und empfingen den gebührenden Lohn ihrer Verirrung an sich selbst.
28 Und wie sie es nicht für gut fanden, Gott in der Erkenntnis festzuhalten, hat Gott sie dahingegeben in einen verworfenen Sinn, zu tun, was sich nicht ziemt:
29 erfüllt mit aller Ungerechtigkeit, Bosheit, Habsucht, Schlechtigkeit, voll von Neid, Mord, Streit, List, Tücke; Ohrenbläser,
30 Verleumder, Gotteshasser, Gewalttäter, Hochmütige, Prahler, Erfinder böser Dinge, den Eltern Ungehorsame,

31 Unverständige, Treulose, ohne natürliche Liebe, Unbarmherzige.
32 Obwohl sie Gottes Rechtsforderung erkennen, dass die, die so etwas tun, des Todes würdig sind, üben sie es nicht allein aus, sondern haben auch Wohlgefallen an denen, die es tun.

Beim Lesen ist dir wahrscheinlich der wiederholte Satz „Gott hat sie dahingegeben“ aufgefallen. Unterstreiche diese Worte oder markiere sie mit einem Wolkensymbol: 
Markiere mit einer anderen Farbe oder einem anderen Symbol, zum Beispiel einem Rechteck, das Wort *verwandeln*. Beachte, *was* von *wem* verwandelt wird und beantworte die folgende Frage: Was kam zuerst: hat Gott die Menschen zuerst „dahingegeben“, oder haben sie zuerst etwas „verwandelt“?

Schreibe auf der nächsten Seite auf, was du in diesen Versen über die Menschen erfährst. Ich möchte dir einige Fragen stellen, die dir helfen sollen, die Aussagen dieser Verse genau zu verstehen. Du bist nicht davon abhängig, dass jemand diese Stelle für dich auslegt. Gott hat klar und eindeutig gesprochen. Er meint, was er sagt, und er sagt, was er meint. Er verbirgt nichts vor uns.
Welche sexuellen Verhaltensweisen werden in dieser Stelle erwähnt? (Lies die Stelle ab Vers 24, um die Antwort auf diese Frage zu finden.)

Sind diese sexuellen Praktiken in Gottes Augen akzeptabel? Wird hier „Sex nach Gottes Design“ beschrieben? Woher wissen wir die Antwort auf diese Frage?

Ein Profil gottloser Menschen

Aus der Beschreibung jener Menschen, die mit Gottes Zorn rechnen müssen, geht hervor, dass sie sich weigerten, Gott „als Gott zu verherrlichen“ (Vers 21). Nehmen wir an, du müsstest jemandem erklären, was es heißt, Gott zu verherrlichen. Wie würdest du dabei vorgehen? Schreibe deine Antwort in den folgenden Zwischenraum. Du musst nicht ins Detail gehen.

Warum sind die Menschen laut Vers 20 „ohne Entschuldigung“?

Wer hat sich zuerst von dem anderen abgewandt – Gott oder die Menschen? Inwiefern?

Laut Römer 1 hat Gott jedes Mal, wenn der Mensch etwas „verwandelt“ hat, auf eine ganz bestimmte Art und Weise reagiert. Schreibe auf, was „verwandelt“ wurde und wie Gott reagiert hat:

SIE VERWANDELTEN...	GOTT HAT SIE DAHINGEGEBEN...

Wirf einen Blick auf Vers 32. Warum haben diese Menschen einen destruktiven Einfluss auf ihre Kultur und Gesellschaft?

Die Sünde bleibt nie allein. Sie sucht immer nach Gesellschaft. Die Tatsache, dass auch andere Menschen den unmissverständlichen Geboten Gottes absichtlich zuwiderhandeln, scheint solch ein Verhalten zu rechtfertigen. Männer und Frauen, die in ihrer Auflehnung gegen Gott ein ausschweifendes Leben führen, beschmutzen auf diese Weise die ganze Gesellschaft. Entweder sie missbrauchen andere, um ihre Begierden zu befriedigen oder sie verlocken sie, ihren abwegigen Lebensstil nachzuahmen, indem sie das, was Gott eindeutig verboten hat, als richtig und normal bezeichnen. Aus diesem Grund forderte Gott im Alten Testament die Todesstrafe für solche Menschen. Der Grund dafür war nicht etwa fehlende Liebe oder Fürsorge auf der Seite Gottes oder die Unwilligkeit, diese Menschen zu retten, sondern die Tatsache, dass diese Menschen *absichtlich* die Gebote Gottes übertraten und andere durch ihr Verhalten in Gefahr brachten. Gott forderte ihre Hinrichtung, um sein Volk vor den Auswirkungen der Sünde zu schützen.

Eine Zeit für Zorn

Ich wünschte, du könntest einen Spaziergang mit den gebrochenen Männern, Frauen und Jugendlichen unternehmen, die mir und meinen Mitarbeitern bei *Precept Ministries International* geschrieben haben. Ich wünschte, du könntest ihnen zuhören und ihre Lebensgeschichten kennenlernen, ohne sie von vornherein zu verurteilen.

Ich wünschte, du könntest Dorie Van Stone begleiten und miterleben, was geschieht, wenn sie in Gefängnissen, Kinderheimen, Universitäten, christlichen Schulen, Studentenheimen und Gemeinden hier in Amerika und in anderen Ländern spricht. Sie wird jedes Mal von Menschen umringt, denen die Tränen der Erleichterung übers Gesicht laufen, weil sie endlich jemandem begegnet sind, der sie versteht und ihnen glaubt. Dories Offenheit und Verwundbarkeit gibt diesen Menschen Trost und Hoffnung. Das Leben der Opfer von sexuellem Missbrauch ist gezeichnet von Unzucht, Selbstbefriedigung, Pornographie, Prostitution, Homosexualität, Pädophilie, Depressionen, Selbstmordversuchen, Schizophrenie, Alkoholismus, Drogen, Bitterkeit und Kindesmissbrauch – und all das, weil jemand sich einbildete, ungestraft die Gebote Gottes brechen zu können. Sexueller Missbrauch wird von der Gesellschaft in vieler Hinsicht geduldet oder sogar gefördert: es wird über die Tat hinweggesehen, der Täter wird beschützt, und manchmal drücken die Verantwortlichen einfach die Augen zu, weil sie sich nicht mit dem Problem auseinandersetzen wollen.

Was könnte alles geschehen, wenn wir bedenken, welche Schmerzen dadurch verursacht werden, dass wir unsere eigenen Herren sein wollen, anstatt den Willen Gottes zu tun?

Unsere Zeit scheint die dreieinhalb Jahrhunderte der Herrschaft der Richter in der Geschichte Israels widerzuspiegeln – eine Zeit der Apathie, des Abfalls und der Anarchie. Die fünf letzten Kapitel des Buches der Richter schildern das moralische Klima dieser Periode. Das 19. Kapitel beginnt mit dem Satz: „Einen König gab es damals nicht in Israel" und berichtet von einem Leviten und seiner Nebenfrau, die im Haus eines Benjaminiters übernachteten. Unterstreiche beim Lesen der folgenden Stelle jede Erwähnung der *Männer der Stadt*.

RICHTER 19,22-30

22 Als sie nun ihr Herz guter Dinge sein ließen, siehe, da umringten die Männer der Stadt, ruchlose Männer, das Haus, trommelten gegen die Tür und sagten zu dem alten Mann, dem Herrn des Hauses: Führe den Mann, der in dein Haus gekommen ist, heraus, wir wollen ihn erkennen!

23 Da ging der Mann, der Herr des Hauses, zu ihnen hinaus und sagte zu ihnen: Nicht doch, meine Brüder, tut doch nichts Übles! Nachdem dieser Mann in mein Haus gekommen ist, dürft ihr solch eine Schandtat nicht begehen!

24 Siehe, meine Tochter, die ‹noch› Jungfrau ‹ist› und seine Nebenfrau, sie will ich ‹euch› herausbringen. Ihnen tut Gewalt an und macht mit ihnen, was gut ist in euren Augen. Aber an diesem Mann dürft ihr so eine schwere Schandtat nicht begehen!

25 Aber die Männer wollten nicht auf ihn hören. Da ergriff der Mann seine Nebenfrau und führte sie zu ihnen hinaus auf die Straße. Und sie erkannten sie und trieben ihren Mutwillen mit ihr die ganze Nacht hindurch bis an den Morgen. Und sie ließen sie gehen, als die Morgenröte aufging.

26 Und die Frau kam beim Anbruch des Morgens und fiel nieder am Eingang des Hauses des Mannes, wo ihr Herr war, ‹und lag dort›, bis es hell wurde.

27 Und ihr Herr stand am Morgen auf, öffnete die Tür des Hauses und trat hinaus, um seines Weges zu gehen. Siehe, da lag die Frau, seine Nebenfrau, am Eingang des Hauses, ihre Hände auf der Schwelle.

28 Da sagte er zu ihr: Steh auf und las uns gehen! Aber niemand antwortete. Da nahm er sie auf den Esel, und

der Mann machte sich auf und zog an seinen Ort.

29 Und als er in sein Haus gekommen war, nahm er das Messer, ergriff seine Nebenfrau und zerlegte sie, Glied für Glied, in zwölf Stücke und schickte sie ins ganze Gebiet Israels.

30 Und es geschah, jeder, der es sah, sagte: ‹So etwas› wie das hier ist nicht geschehen, noch wurde es gesehen seit dem Tag, da die Söhne Israel aus dem Land Ägypten heraufgezogen sind, bis zu diesem Tag. Richtet euer Herz darauf, beratet und redet!

Wird hier nicht ein schreckliches Bild gezeichnet? Was ist eigentlich deine Reaktion auf diesen Bericht? Erweckt er in dir Ekel und Zorn? Wenn du das verneinst, dann frage ich dich: Warum eigentlich nicht? Was ist mit dir los? Du hättest eine ganze Reihe von Gründen, zornig zu sein!
Erstens: es ist unvorstellbar, dass in einem jüdischen Ort Homosexualität toleriert wurde. Schließlich gehörten diese Menschen zu Gottes auserwähltem Volk, und der Stamm Benjamin hatte sich in der Vergangenheit mehrfach ausgezeichnet. Gottes Gesetz forderte, dass Homosexualität mit dem Tod bestraft wird! Die entsprechenden Stellen in der Torah sind uns bereits bekannt. Hat Gott seine Meinung seither geändert? Ändert sich sein Gesetz so wie sich unsere Gesellschaft ändert? Ist das, was früher verboten war, jetzt auf einmal akzeptabel? Nein, natürlich nicht! Der Mann, der den Leviten und seine Nebenfrau bei sich aufnahm, warnte die Männer der Stadt davor, etwas „Übles“ und eine „Schandtat“ zu begehen.
Zweitens: wie kann jemand sein eigenes Kind solchen Männern ausliefern und ihnen den Vorschlag machen, die Jungfräulichkeit seiner Tochter zu rauben? Wie kann ein Vater erlauben, dass jemand aus perverser Lust seine Tochter schändet? Während ich diese Frage niederschreibe, schaudert es mich bei dem Gedanken, dass Väter in

diesem Land und in der ganzen Welt tagtäglich das Gleiche tun. Sie vergewaltigen ihre Töchter und setzen ihre Kinder manchmal sogar dem sexuellen Missbrauch durch ihre Freunde aus.
Auch Mütter tun das gelegentlich. Ich muss an eine Mutter denken, die nach dem Tod ihres Mannes den zwölfjährigen Sohn missbrauchte, um ihr sexuelles Verlangen zu stillen. Der Junge wurde zu einem erwachsenen Mann voller Hass gegenüber der Frau, die ihn geboren hatte. Ihre Verantwortung wäre gewesen, ihn zu beschützen und für ihn zu sorgen; doch statt dessen zerstörte sie sein ganzes Leben. Mir kommt eine andere Frau in den Sinn, die ebenfalls ihren Sohn missbrauchte und sogar nach seiner Eheschließung den sexuellen Kontakt mit ihm suchte. Pervers. Krank. Destruktiv. Ein Greuel in Gottes Augen...
Du sagst jetzt vielleicht: „Warum greift Gott in diesen Fällen nicht ein? Schließlich ist er allmächtig und allgegenwärtig, und nichts entgeht seiner Aufmerksamkeit!" Diese Frage kann ich ehrlich gesagt nicht beantworten, aber ich kann Gott trotzdem vertrauen, auch wenn ich nicht immer alles verstehe.
Was ich sicher weiß, ist, dass dieses Geheimnis eines Tages enthüllt werden wird; es wird, wie die Schrift sagt, „vollendet werden"[4]. Sein Zorn wird losbrechen; Gott wird Vergeltung üben.[5] Der Feuersee bedeutet eine ewige Strafe. Die Menschen werden nicht einfach aufhören zu existieren. Jeder einzelne von uns wird entweder im Feuersee oder auf der neuen Erde unter einem neuen Himmel weiterleben. Lies die letzten Kapitel der Offenbarung (Kapitel 19-21). Für jene, die zu ihm umkehren, wird Gott alle Dinge neu machen. Trauer, Schmerzen und Tod werden für immer aufhören, und Gott wird alle unsere Tränen abwischen. Wir werden dann in einer Welt leben, in der es keine Sünde gibt. Ich sehne mich nach jenem Tag, an dem wir nicht mehr „undeutlich"[6] sehen, sondern den Herrn „von Angesicht zu Angesicht"[7] erkennen werden.

---

[4] Offenbarung 10,7 ist in diesem Zusammenhang eine interessante Stelle!
[5] Hebräer 10,30.
[6] 1. Korinther 13,12.
[7] 1. Korinther 13,12.

Der dritte Grund, warum der Bericht aus dem Buch der Richter meinen Zorn erweckt, ist die Tatsache, dass dieser Levit auf Kosten einer Frau beschützt wurde. Eigentlich sollte es umgekehrt sein: der Mann sollte der Beschützer der Frau sein. Wie kann ein Vater seine jungfräuliche Tochter feilbieten? Wie konnte ausgerechnet ein Levit, der doch die Aufgabe hatte, dem Volk Israel die Wege Gottes beizubringen, seine Nebenfrau zu Männern hinausschicken, die eine solche Schandtat im Sinn hatten? Wie konnte er diesen Männern erlauben, mit ihr zu machen, was sie wollten? Wie konnte dieser „Ehemann" schlafen gehen und erst am nächsten Morgen nachsehen, wie es seiner Frau ging? Wie konnte er in dem Wissen, sie einer Gefahr ausgesetzt zu haben, um seine eigene Haut zu retten, überhaupt schlafen?

Wir könnten angesichts der Situation in Amerika heute dieselben Fragen stellen. Wie können Männer aus dieser Nation, deren Fundament das Wort Gottes und die Furcht des Herrn sind, zulassen, dass Frauen misshandelt, missbraucht, entehrt und auf dem Altar ungezügelter Lust geopfert werden?

Wo sind unsere Beschützer? Warum stehst du und andere nicht auf, um uns zu schützen, über uns zu wachen, für unser Wohlergehen zu sorgen und unser Ehre zu verteidigen? Wo sind jene, die den Mut haben, zu sagen: „Jetzt reicht es!"?

Der Levit erweckte die Aufmerksamkeit Israels, als er den Leichnam seiner Nebenfrau in zwölf Teile zerschnitt, die Teile an die zwölf Stämme Israels schickte und sie fragte, was sie angesichts dieser Schandtat tun würden. Muss es bei uns auch so weit kommen, dass Körperteile von Frauen und Kindern, die geschändet, missbraucht, ermordet oder abgetrieben wurden, versandt werden müssen, bevor die Frage gestellt wird, was eigentlich geschehen müsste?

Wie haben die Stämme Israels reagiert? Lesen wir weiter.

Richter 20,1-7

1 Und alle Söhne Israel zogen aus, und die Gemeinde - von Dan bis Beerscheba, dazu das Land Gilead - ver-

sammelte sich wie ein Mann vor dem HERRN nach Mizpa.

2 Und die Oberhäupter des ganzen Volkes traten zusammen, alle Stämme Israels, zur Versammlung des Volkes Gottes: 400000 Mann zu Fuß, die das Schwert zogen.

3 Und die Söhne Benjamin hörten, dass die Söhne Israel nach Mizpa hinaufgezogen waren. Und die Söhne Israel sagten: Redet ‹doch›! Wie ist diese Übeltat geschehen?

4 Da antwortete der levitische Mann, der Mann der ermordeten Frau und sagte: Ich war nach Gibea gekommen, das zu Benjamin gehört, ich und meine Nebenfrau, um ‹dort› zu übernachten.

5 Da erhoben sich die Bürger von Gibea gegen mich und umringten meinetwegen nachts das Haus. Mich gedachten sie umzubringen, und meiner Nebenfrau taten sie Gewalt an, so dass sie starb.

6 Da ergriff ich meine Nebenfrau, zerlegte sie in ‹Stücke› und schickte sie in das ganze Gebiet des Erbteils Israels; denn sie haben ein Verbrechen und eine Schandtat begangen in Israel.

7 Siehe, nun seid ihr alle zusammen, Söhne Israel: So bildet euch hier eine Meinung und ‹schafft› Rat!

Was geschah daraufhin? Laut Richter 20 und 21 weigerten sich die Benjaminiter, die Vergewaltiger und Mörder herauszugeben! Die Nation war gespalten; ein Bürgerkrieg brach aus und die Folge dieser Schandtat war, dass mehr als 65.000 Mann in den Auseinandersetzungen starben.

Und welche Ursache lag an der Wurzel dieser Entwicklungen? Die Menschen hörten nicht auf Gott, sondern taten, was *sie* für richtig hielten – genau wie heute.

Denken wir einen Augenblick über die schreckliche Tragik dieser Tatsache nach. Wenn wir nicht dem Wort Gottes gemäß leben, dann wird es in unserem Land und der Welt immer schlimmer zugehen. Wenn sich unser moralisches Verhalten nicht ändert, wird das Gericht Gottes auf Wegen, die wir uns jetzt überhaupt nicht vorstellen können, über uns hereinbrechen.

Dieses Gericht hat bereits begonnen. Erinnerst du dich an die Aussage in Römer 1,27? Paulus sprach davon, dass „Männer mit Männern Schande trieben, und den gebührenden Lohn ihrer Verirrung an sich selbst empfingen". Sexuelle Sünden haben Folgen für unseren Körper: Geschlechtskrankheiten und AIDS. Ich weiß, dass auch unschuldige Menschen AIDS bekommen können, aber wer waren die ersten Opfer von AIDS? Die Krankheit brach im Homosexuellenmilieu aus und breitete sich von dort auf die ganze Gesellschaft aus. Das Gericht hat bereits begonnen, doch es steht ein noch größeres Gericht bevor, wenn die Gesellschaft ihre sexuellen Wertvorstellungen nicht ändert.

Es stellt sich die Frage: Was wirst *du* angesichts dieser Dinge tun? Du bist gerade dabei, herauszufinden, was Gott über Sex sagt. Wie wirst du dein Wissen anwenden?

Du könntest damit beginnen, dieses Buch weiterzuempfehlen. Du könntest Gott fragen, ob du vielleicht gemeinsam mit einer Gruppe von Freunden dieses Buch anhand der Diskussionsfragen im Anhang studieren sollst. Ermutige deine Freunde dazu, selbständig zu entdecken, was Gott über Sex sagt und dann die Botschaft anderen weiterzugeben. Halte dir vor Augen, was als Folge davon geschehen könnte. Denke an die Menschenleben, die gerettet, geheilt und auf die richtige Bahn zurückgebracht werden könnten, wenn ein paar mutige Leute die Stimme Gottes laut werden lassen und dem Niedergang unserer Kultur durch Gebet und öffentlichen Einsatz entgegenwirken.

Wir sind mit unserem Studium zwar noch nicht fertig, doch ich möchte dich ermutigen, für Gott offen zu sein. Wenn du dich nicht in der Lage fühlst, ein gemeinsames Studium zu leiten, frage Gott, wer an deiner Stelle dafür in Frage käme und verpflichte dich dazu, dieser Person zu helfen.

Ich bitte dich um Himmels Willen: *tue etwas*. Wenn Gott die Städte Sodom und Gomorra um ihrer Bosheit willen gerichtet hat, dann wird er mit uns das gleiche tun, es sei denn, wir tun rechtzeitig Buße.

Vergiss nicht: bevor jemand seinen Sinn ändern kann, muss er mit der Wahrheit konfrontiert werden. Mache einen Spaziergang mit deinen Freunden und höre ihnen mit offenem Herzen zu. Vielleicht überraschen dich die Dinge, die du zu hören bekommst, aber sei bitte nicht schockiert. Glaube ihnen und hilf ihnen, die Wahrheit zu erkennen. Jesus sagte: „Ihr werdet die Wahrheit erkennen, und die Wahrheit wird euch frei machen“ (Johannes 8,32) – wirklich frei.

8

Die Wunden vernähen

Ist es für mich schon zu spät?

Was kannst du tun, wenn deine persönliche Erfahrung mit Sex nicht dem Design Gottes entsprochen hat, entweder weil du selbst falsch gehandelt hast oder weil dich jemand missbraucht hat? Ist es überhaupt möglich, wieder heil zu werden und zu einem normalen Leben zurückzufinden?

Ja, es ist möglich. Sexuelle Sünde bedeutet nicht, dass es mit unserem Leben aus und vorbei ist. In diesem Kapitel werden wir uns mit dem Weg zur Wiederherstellung auseinandersetzen.

Wenn du zu jenen weisen Menschen gehörst, die dem Design Gottes gefolgt sind, dann freue ich mich für dich. Du gehörst zu einer glücklichen Minderheit. Lies bitte dennoch dieses Kapitel, denn vielleicht möchte Gott dich verwenden, um anderen zu helfen, wieder auf den richtigen Weg zurückzufinden und ihre Vergangenheit zu überwinden.

Ich möchte dir einen Überblick über die Themen geben, die wir in diesem Kapitel behandeln werden – Themen, die in unmittelbarem Zusammenhang mit den Bereichen Heilung und Wiederherstellung stehen.

Wir werden zuerst besprechen, wie wir Vergebung von Gott empfangen können. Wenn du darüber Bescheid weißt, dann hast du die notwendige Voraussetzung für die weiteren Schritte. Danach werden wir uns mit der Frage auseinandersetzen, wie wir uns jenen Personen gegenüber verhalten sollen, die wir, wie Gott sagt, „betrogen“ haben oder die uns betrogen haben. Was kann man in so einem Fall tun? Und schließlich werden wir über die Notwendigkeit sprechen, jenen Menschen zu vergeben, die uns sexuell missbraucht haben. Das ist ein schwieriges Thema, aber wenn wir wieder heil werden und frei von Bitterkeit, Zorn, Enttäuschung und Niederlagen sein wollen, müssen wir verstehen, welch entscheidende Bedeutung der Vergebungsbereitschaft in Gottes Plan zur Wiederherstellung zukommt.

Alle diese Themen werden uns helfen, jenen Heilungsprozess besser zu verstehen, den nur Gott bewirken kann. Ich möchte das an einem Beispiel verdeutlichen.

Vor zwei Tagen erzählte mir mein Sohn Mark (er ist in leitender Funktion bei *Precept Ministries International* tätig), dass er gemeinsam mit Ryan, dem jüngeren seiner beiden Söhne, beim *Daytona 500*-Autorennen war. Der Besuch dieser Veranstaltung ist zu einer jährlichen Familientradition geworden, und dieses Jahr waren außerdem zwei von Ryans Freunden mit dabei. Mark beschrieb, was für eine tolle Zeit er und die drei Jungs erlebten und ich sagte ihm, dass mein Mann Jack und ich die ganze Zeit für ihre sichere Heimkehr gebetet hatten – und dafür, dass Mark sich auf der Hin- und Rückfahrt nicht so verhält, als wäre *er* ein Teilnehmer bei dem Autorennen –, und dann sagte Mark plötzlich: „Ich muss dir da noch etwas erzählen."

Als er weiterredete, musste ich zu mir selbst sagen: „Bleib ruhig, meine Seele!" Auf der Rückfahrt von Daytona waren die drei Freunde getrennt von Mark in einem Jeep unterwegs und einer von ihnen schlief am Steuer ein. Mark musste zusehen, wie der Wagen an ihm vorbeifuhr, in eine Leitschiene raste und sich überschlug. Der Jeep war ein Totalschaden. Ich war mir sicher, dass es Gott war, der uns gedrängt hatte, zu beten, denn niemand wurde verletzt außer Ryan, der am Rücksitz schlief. Er trug eine kleine Platzwunde über dem Auge davon und war blutverschmiert.

In der Notfallambulanz vernähte der behandelnde Arzt die Wunde so schnell es ging; Ryan wollte nämlich unbedingt noch an einem Bankett teilnehmen, wo er und die anderen Mitspieler des *McCallie School Football*-Teams ihre Auszeichnung bekommen sollten. Beim Verlassen des Spitals sagte die Kranken-

schwester: „Du solltest die Wundnähte von einem Facharzt für plastische Chirurgie überprüfen lassen, da sie so hastig gemacht wurden, und zwar bald! Warte nicht lange!"
Tatsächlich: als Mark mit Ryan zum Facharzt ging, bestätigte der, dass die Platzwunde nicht richtig behandelt worden war. Oberflächlich betrachtet sah alles gut aus, aber unter der Naht befand sich ein Hohlraum. Außerdem war die Wunde nicht gründlich gereinigt worden, und so kam es zu einer Infektion.
Ich hoffe, du verstehst, warum ich diese Geschichte erzähle. Wäre Ryan nicht zum Facharzt gegangen, um seine Wunde ordentlich versorgen zu lassen, dann wäre sie schlecht verheilt oder es hätte zu einer ernsten Infektion kommen können und er wäre den Rest seines Lebens mit einer großen Narbe auf der Stirn herumgelaufen. Dieses Ereignis verdeutlicht, was dann geschieht, wenn wir nicht den richtigen Arzt aufsuchen, um die Wunden sexueller Sünden behandeln zu lassen. Wenn unsere seelischen Wunden nicht gereinigt werden, kommt es ebenfalls zu einer Infektion, und es bleiben unauslöschliche Narben zurück.

Der heilende Balsam der Gnade

Einer der Namen Gottes im Alten Testament lautet *Jahwe Rapha*, der Herr unser Arzt. David erlebte, was es bedeutet, von Gott geheilt zu werden. Zwar musste er die Konsequenzen seiner Sünde mit Batseba ertragen, wie wir bereits gesehen haben, doch er wollte keine bleibenden Narben davontragen und wandte sich an Gott mit der Bitte um Heilung. David berichtet im 51. Psalm von dieser Erfahrung.
Beim Lesen dieses bewegenden Psalms fällt auf, dass in den einleitenden Versen der Hintergrund und Anlass dieser Worte Davids erwähnt werden. Außerdem beginnt der 51. Psalm überraschenderweise mit dem Hinweis: „dem Chorleiter". Dieser Psalm wurde also von den Leuten gesungen! In der Einleitung heißt es dann weiter: „Ein Psalm. Von David. Als der Prophet Nathan zu ihm kam, nachdem er zu Batseba eingegangen war."
Warum wurde ausgerechnet dieser Psalm – dieses persönliche

Zeugnis von Davids Umkehr – von den Leuten öffentlich gesungen? Die Antwort auf diese Frage ist einfach: Wenn wir einen Text mit einer Melodie verbinden und ihn immer wieder singen, prägt er sich unserem Gedächtnis ein und bleibt uns in Erinnerung.
Gott will, dass wir in der Lage sind, uns diesen Psalm immer dann, wenn uns die Gedanken an unsere vergangenen Sünden quälen, in Erinnerung zu rufen.
Die ursprüngliche Melodie dieses Psalms ist uns nicht bekannt, doch allein seine Worte können Heilung und Trost bringen. Das habe ich persönlich erfahren.
Wir wollen diesen Psalm Vers für Vers untersuchen. Ich schlage vor, dass du zunächst alle 21 Verse laut liest und dabei jede Erwähnung von Sünde, Schuld und Vergehen mit einem braunen Farbstift unterstreichst oder mit einem großen „**S**" markierst.

PSALM 51,1-21

1 Dem Chorleiter. Ein Psalm. Von David.

2 Als der Prophet Nathan zu ihm kam, nachdem er zu Batseba eingegangen war.

3 Sei mir gnädig, o Gott, nach deiner Gnade; tilge meine Vergehen nach der Größe deiner Barmherzigkeit!

4 Wasche mich völlig von meiner Schuld, und reinige mich von meiner Sünde!

5 Denn ich erkenne meine Vergehen, und meine Sünde ist stets vor mir.

6 Gegen dich, gegen dich allein habe ich gesündigt und getan, was böse ist in deinen Augen; damit du im Recht bist mit deinem Reden, rein erfunden in deinem Richten.

7 Siehe, in Schuld bin ich geboren, und in Sünde hat
mich meine Mutter empfangen.
8 Siehe, du hast Lust an der Wahrheit im Innern, und
im Verborgenen wirst du mir Weisheit kundtun.
9 Entsündige mich mit Ysop, und ich werde rein sein;
wasche mich, und ich werde weißer sein als Schnee.
10 Lass mich Fröhlichkeit und Freude hören, so werden
die Gebeine frohlocken, die du zerschlagen hast.
11 Verbirg dein Angesicht vor meinen Sünden, und til-
ge alle meine Schuld!
12 Erschaffe mir, Gott, ein reines Herz, und erneuere in
mir einen festen Geist!
13 Verwirf mich nicht von deinem Angesicht, und den
Geist deiner Heiligkeit nimm nicht von mir!
14 Lass mir wiederkehren die Freude deines Heils, und
stütze mich mit einem willigen Geist!
15 Lehren will ich die ‹von dir› Abgefallenen deine
Wege, dass die Sünder zu dir umkehren.
16 Errette mich von Blutschuld, Gott, du Gott meines
Heils, so wird meine Zunge deine Gerechtigkeit jubelnd
preisen.
17 Herr, tue meine Lippen auf, dass mein Mund dein
Lob verkünde.
18 Denn du hast keine Lust am Schlachtopfer, sonst gä-
be ich es; Brandopfer gefällt dir nicht.

> 19 Die Opfer Gottes sind ein zerbrochener Geist; ein zerbrochenes und zerschlagenes Herz
> wirst du, Gott, nicht verachten.
> 20 Tue Zion Gutes in deiner Gunst, baue die Mauern Jerusalems!
> 21 Dann wirst du Lust haben an rechten Opfern, Brandopfern und Ganzopfern;
> dann wird man Stiere darbringen auf deinem Altar.

Ich kenne das Ausmaß deiner Sünde nicht. Ich weiß nicht, in welchem Netz von Verfehlungen du dich bei den Versuchen, aus eigener Kraft den Klauen der Sünde zu entkommen, verfangen hast. Aber eines weiß ich sicher: unser Gott ist ein gnädiger Gott, und deswegen kannst auch du Vergebung erfahren, egal, was du getan hast. Wir wissen, dass David im Zuge seines Ehebruchs mit Batseba eine ganze Reihe von Sünden beging, und trotzdem hat er uns diesen Psalm hinterlassen, weil er den Charakter Gottes kannte.

Wir wollen diesen Psalm ganz langsam und Vers für Vers lesen, damit wir keine Einzelheiten übersehen. Beachte, mit welchen Worten David seiner Bitte um Wiederherstellung Ausdruck verleiht und wie er Gottes Vergebung sucht, um in seinem Leben einen Neubeginn erfahren zu können und nicht unter dem Schatten seiner Sünde existieren zu müssen.

David beginnt seine Suche mit *Gott* – er ruft sich und uns in Erinnerung, was er über Gott und dessen Gnade weiß.

> 3 Sei mir gnädig, o Gott, nach deiner Gnade; tilge meine Vergehen nach der Größe deiner Barmherzigkeit!

Gott kennen, wissen, wer er ist und mit seinen Eigenschaften vertraut sein – das ist das Fundament jener Erfahrung, die David in diesem Psalm beschreibt. Warum ist dieser Punkt so wichtig? Wenn du Gott nicht kennst und deine Beziehung zu ihm gestört ist, wird auch deine Beziehung zu anderen Menschen nie ungestört sein. Du darfst keine Zweifel daran hegen, dass eine ungetrübte Beziehung zwischen Gott und dir tatsächlich möglich ist, ganz egal, was in deiner Vergangenheit vorgefallen ist. Gerade damit tun wir uns oft schwer, weil wir eine menschliche Vorstellung von Gott haben, anstatt seine göttlichen Eigenschaften zu berücksichtigen.

David bat Gott um Vergebung...
auf der Grundlage der Gnade Gottes,
auf der Grundlage der Liebe Gottes und
auf der Grundlage von Gottes Barmherzigkeit.

Ich wünschte, wir alle hätten Zugang zu der bilderreichen hebräischen Sprache, in der dieser Psalm ursprünglich geschrieben wurde. Zum Beispiel bedeutet das hebräische Wort *racham*, das im 51. Psalm mit „Barmherzigkeit" übersetzt wurde, die Verbindung zwischen dem Mutterschoß und dem ungeborenen Kind. Das ist kein Zufall, denn die Bibel spricht davon, dass wir von neuem *geboren* werden müssen, um Gott kennenzulernen und seine Vergebung zu erfahren.

David wandte sich an Gott nicht aufgrund seiner Errungenschaften oder seiner Situation, sondern allein auf der Basis von Gottes Eigenschaften – seiner großen Liebe, Gnade und Barmherzigkeit.

Während ich diese Zeilen schreibe, kommt mir der Brief einer Frau in den Sinn, die mein Buch *Lord, I Need Grace To Make It*[1] las. Sie beschrieb, wie sie sich immer tiefer in ihre Sünde verstrickte, bis sie schließlich vor Gott in die Knie ging. Um ihre Privatsphäre zu schützen, werde ich einige Details ihrer Geschichte abändern.

Es begann mit einer vorehelichen Schwangerschaft, und als ihr Verlobter am Abend vor der Hochzeit die Verlobung auflöste, ging es bergab. Obwohl er der Vater des Kindes war, lehnte er es ab, für das Kind Verantwortung zu übernehmen und verweigerte jegliche finanzielle Unterstützung. Die Frau wurde von

---

[1] Herr, deine Gnade allein genügt.

der Sozialhilfe abhängig. Bitterkeit und Schmerz erfüllten sie. Ihre Situation verschlimmerte sich dadurch, dass sie einen anderen Mann kennenlernte und es zu einer weiteren Schwangerschaft kam. Danach lernte sie einen dritten Mann kennen, den sie schließlich heiratete. Er begann zu trinken und sie zu schlagen. Nach vier vergeblichen Versuchen schaffte sie es endlich, sich von ihm scheiden zu lassen.

Nach der Scheidung unternahm sie einen vergeblichen Selbstmordversuch. Als sie fünfundzwanzig war, heiratete sie ein zweites Mal, diesmal einen Bekannten aus ihrer Kindheit. Sie wusste, dass er ein Alkoholiker war, meinte aber, ihn dadurch ändern zu können, dass sie ihm alles gab, was er sich erträumte. Sie änderte ihre Haarfarbe, die Form ihrer Nase und ihrer Brüste, doch ihren Mann zu ändern erwies sich als unmöglich.

Danach schlitterte sie, ohne es zu wollen, in eine Affäre mit einem verheirateten Mann. Die Liebe, Zuneigung und Bewunderung, die sie sich von ihrem Ehepartner erhofft hatte, wurde ihr von dem Ehemann einer anderen Frau erwiesen. Sie brach die Affäre schließlich ab und bekannte ihrem Mann, was sie getan hatte. Er ließ sie einen hohen Preis für ihr falsches Verhalten zahlen, aber zumindest war die Sache ans Licht gekommen.

Einige Zeit später wurde ihr Sohn dabei erwischt, wie er in den Räumen der Gemeinde mit der Tochter seines Pastors schlafen wollte. Trotz dieser Begebenheit erlebte diese Frau Gnade, und zwar ausgerechnet von der Seite des Pastors, des Vaters jenes Mädchens, mit dem ihr Sohn erwischt worden war! Der Pastor war verständnisvoll, vergebungsbereit und bewies in dieser schlimmen Situation große Geduld. Ihr eigener Mann dagegen war wütend, und das Leben zu Hause wurde zur Hölle auf Erden. Ihr Sohn und ihr Mann stritten sich unentwegt wegen des Vorfalls, während sie in dem Leben des Pastors, der von der Sünde seiner eigenen Tochter verletzt worden war, ein Beispiel der Gnade Gottes sehen konnte.

Die Frau entschied sich, an einem Gründonnerstag in den Gottesdienst zu gehen und hörte aufmerksam zu, als der Pastor die Gnade Gottes und seine Vergebung für unsere Sünden auf der Basis des Kreuzestodes, Begräbnisses und der Auferstehung Jesu Christi verkündete. Sie schrieb:

> Als der Pastor das Evangelium verkündete, brach ich unter Tränen zusammen und weinte zwei Stunden lang vor dem Altar. Als ich schließlich nach Hause kam, war ich völlig erschöpft. Am gleichen Abend übergab ich mein Leben Jesus Christus, im Glauben daran, dass er durch seinen Tod am Kreuz für meine Schuld bezahlte und dass er mit meinem Leben tun wird, was getan werden muss.
> Gott wendete alle meine falschen Entscheidungen, Fehler und Irrwege zum Guten. Ich weiß nicht, was Gott noch alles mit mir vorhat, bin aber bereit, seinen Willen zu tun. Wenn ich verletzten Menschen zuhöre, kann ich sehr gut verstehen, warum sie sich in dieser Lage befinden. Sie haben eben nie von der Gnade und Liebe unseres himmlischen Vaters gehört. Ich staune, wenn ich daran denke, dass er mir alle meine Sünden vergeben konnte. Ich hielt diese Dinge jahrelang geheim, weil ich mich dafür schämte. Ich kenne Menschen, die nie mit mir reden oder mir Glauben schenken würden. Ich kann Paulus verstehen, wenn er sagt: „Durch die Gnade Gottes bin ich, was ich bin."

Gnade. Unverdiente, überströmende, überwältigende Gnade. Sie steht jedem zur Verfügung, der darum bittet, auch dir.

DIE REINIGUNG DER SEELE

David kannte die Gnade Gottes und bat um Reinigung, weil er wusste, dass Gott ihm diese Bitte ohne Einwände gewähren würde. Lesen wir weiter:

> 4 Wasche mich völlig von meiner Schuld, und reinige mich von meiner Sünde!

5 Denn ich erkenne meine Vergehen, und meine Sünde ist stets vor mir.
6 Gegen dich, gegen dich allein habe ich gesündigt und getan, was böse ist in deinen Augen; damit du im Recht bist mit deinem Reden, rein erfunden in deinem Richten.

Jede Sünde ist letztlich eine Sünde gegen Gott selbst. Der Pfeil der Sünde, der von der Hölle abgefeuert wird, trifft nicht nur die Menschen; er durchbohrt und verletzt nicht nur uns und die Opfer unseres Fehlverhaltens, sondern seine Flugbahn reicht von der Hölle über die Erde bis in den Himmel und er trifft wie die Sünde Nimrods[2] das Herz Gottes. Alle Sünden werden letztlich gegen Gott begangen und betrüben ihn mehr, als wir uns vorstellen können.
Es ist *sein* Gesetz, das wir übertreten, wenn wir sündigen – manchmal unwissentlich, manchmal auch absichtlich und bewusst. Zu welchen Mitteln Gott auch greifen mag, um unsere Sünden zu bestrafen, er ist auf jeden Fall im Recht. Seine Entscheidung ist unanfechtbar.
David war sich seiner Sünde bewusst. Er erkannte, dass er sich falsch verhalten hatte. Seine Sünde stand ihm stets vor Augen. Er versuchte nicht, sie zu verheimlichen oder nach Ausreden zu suchen, sondern gab Gott recht, als dieser seine Sünde verurteilte.
Und wie steht es mit dir? Bist du dir deiner Sünde bewusst? Ist dir klar, dass du eigentlich an Gott schuldig geworden bist und ihn betrübt hast? Du wirst erst dann eine Heilung und Wiederherstellung erfahren, wenn du wie David bekennst, dass du gegen Gott gesündigt hast und dass Gottes Urteil über deine Sünde gerecht ist. Versuche nicht, dein Verhalten zu rechtfertigen, sondern gehe vor ihm auf die Knie und bitte ihn um seine Barmherzigkeit und Vergebung.

---

[2] Nimrod wird im 1. Buch Mose als „gewaltiger Jäger vor dem Herrn" (wörtlich: „im Angesicht des Herrn", 1. Mose 10,9) vorgestellt. „Der Anfang seines Königreiches war Babel" (1. Mose 10,10), eine Stadt, die sich immer wieder gegen Gott auflehnte.

David wusste, gegen wen er letztlich gesündigt hattc. Er stand im Schmutz seiner Sünde vor Gott und bat um eine gründliche Waschung. Seine Sehnsucht war, wieder vollkommen rein zu werden.
Wenn das auch dein Wunsch ist und du zu dem Punkt gelangt bist, wo du deine Sünde bekannt hast, die Verantwortung für dein Fehlverhalten übernimmst und nicht versuchst, dich zu rechtfertigen, dann darfst du wissen, dass Gott dir ebenso vergeben wird wie er David vergeben hat.

> 7 Siehe, in Schuld bin ich geboren, und in Sünde hat mich meine Mutter empfangen.
>
> 8 Siehe, du hast Lust an der Wahrheit im Innern, und im Verborgenen wirst du mir Weisheit kundtun.

Du weißt, dass du ein Sünder bist. Wir wurden alle als Sünder geboren. „Wenn wir sagen, dass wir keine Sünde haben, betrügen wir uns selbst, und die Wahrheit ist nicht in uns... Wenn wir sagen, dass wir nicht gesündigt haben, machen wir ihn zum Lügner, und sein Wort ist nicht in uns" (1. Johannes 1,8.10). Wenn wir Gott in diesem Punkt recht geben, dann haben wir uns für die Wahrheit entschieden, und wenn wir der Wahrheit den Vorrang geben, werden wir jene Reinigung und Vergebung finden, die nur Gott geben kann, weil er der einzige ist, der keine Schuld hat.

> 9 Entsündige mich mit Ysop, und ich werde rein sein; wasche mich, und ich werde weißer sein als Schnee.

Gott sehnt sich danach, uns reinzuwaschen. Seine Zusage, dass die Sünde keine bleibenden Flecken auf unserem Gewand hinterlassen muss, bedeutet, dass unsere Heilung und Wiederherstellung möglich ist.
Ist dir aufgefallen, dass in dem Psalm nirgendwo die Rede davon ist, dass wir uns selbst vergeben müssen? Ich höre immer

wieder die folgenden Worte: „Bitte bete für mich. Ich habe Gott um Vergebung gebeten, aber ich kann mir selbst nicht vergeben.“ Sich selbst vergeben bringt keine Heilung. Vielleicht hast auch du gehört, dass wir uns selbst vergeben müssen, aber dieser Gedanke kommt nicht von Gott, sondern ist eine menschliche Idee, die keine Grundlage in der Bibel hat. Da jede Sünde letztlich gegen Gott gerichtet ist, kann auch die Vergebung nur von Gott selbst kommen. Bist du etwa größer als Gott, dass du dir erst selbst vergeben musst, obwohl der allmächtige Gott dir bereits vergeben hat? Diese Idee ist im Grunde anmaßend und zeigt einen Mangel an Glauben. Gott vergibt dir, lieber Leser, und wenn du das glaubst und akzeptierst, dann wird eine Welle der Reinigung über dich hinweggehen, in deren Folge du noch eine weitere Erfahrung machen wirst.
Beachte, was David als nächstes sagt:

> 10 Lass mich Fröhlichkeit und Freude hören, so werden die Gebeine frohlocken, die du zerschlagen hast.

Vergebung und Reinigung bringen Freude mit sich. Die schwere Last ist weg. Die Gebeine, die durch das gerechte Urteil Gottes zerschlagen worden waren, werden vor Freude springen.

> 11 Verbirg dein Angesicht vor meinen Sünden, und tilge alle meine Schuld!
> 12 Erschaffe mir, Gott, ein reines Herz, und erneuere in mir einen festen Geist!
> 13 Verwirf mich nicht von deinem Angesicht, und den Geist deiner Heiligkeit nimm nicht von mir!

Es gibt keine andere Möglichkeit, wieder rein zu werden, als deine Sünde zu bekennen und Gottes Vergebung in Anspruch zu nehmen. Wenn du das getan hast, wird Gott deine Sünden nie wieder zur Sprache bringen. Andere Menschen werden dich vielleicht an dein Versagen erinnern, dir Vorwürfe machen oder dich ablehnen, doch Gott wird das nicht tun. Der Allmächtige hat sich von deiner Schuld abgewandt. Er hat sie durch das Blut des Lammes getilgt und dich durch und durch gereinigt. Er wird dir nie den Zutritt zu seinem Thron verwehren. Sein Geist ist nicht mehr wegen deiner Sünde betrübt, sondern wird dir statt dessen die Kraft geben, Versuchungen zu widerstehen.

DIE RÜCKKEHR DER FREUDE

Anstelle der Hoffnungslosigkeit, die eine Folge der Sünde ist, wirst du eine Erneuerung und Wiederherstellung erfahren.

> 14 Lass mir wiederkehren die Freude deines Heils, und stütze mich mit einem willigen Geist!

Du wirst die gleiche Freude erleben, wie damals, als du das erste Mal Gottes Gnade in Anspruch genommen hast und errettet worden bist.

> 15 Lehren will ich die ‹von dir› Abgefallenen deine Wege, dass die Sünder zu dir umkehren.

Wenn du wiederhergestellt und durch Gottes Vergebung erneuert worden bist, kannst du anderen den Weg zu dieser Erfahrung weisen.

> 16 Errette mich von Blutschuld, Gott, du Gott meines Heils, so wird meine Zunge deine Gerechtigkeit jubelnd preisen.

David verursachte den Tod eines unschuldigen Menschen. Vielleicht kannst du dich mit seinem Schmerz identifizieren, weil du den Tod eines unschuldigen Babys verursacht hast, das abgetrieben wurde. David ließ Uria töten; du hast vielleicht ein Baby töten lassen. Abtreibung ist ein schweres Vergehen und bedeutet eine Blutschuld. Aber auch in diesem Fall kannst du Vergebung und Heilung erfahren.

Vielleicht sagst du an dieser Stelle: „Ja, aber meine Schuld ist zu schwer." Ich kann dich gut verstehen, aber bedenke bitte, dass Gott größer ist als deine Schuld. Lass dich nicht entmutigen, sondern halte dir vor Augen, dass Gott deine Sünden durch den Tod Jesu weggenommen hat. Allein der Umstand, dass du am Leben bist, zeigt, dass Gott noch lange nicht mit dir fertig ist. Er hat einen Plan für dein Leben, und du musst deinen Weg im Licht dieser Tatsachen fortsetzen.

Es stimmt zwar, dass du die Toten nicht wieder zum Leben erwecken kannst (das kann nur Gott, und der Tag, an dem er das tun wird, rückt immer näher), aber du musst trotzdem darauf vertrauen, dass er dir vergibt. Du darfst nicht den Fehler machen, deine Schuld noch dadurch zu vergrößern, dass du *nicht* auf ihn hörst, ihm *nicht* vertraust und ihm *nicht* gehorchst. Er erwartet von dir, dass du ihm Glauben schenkst. Nimm ihn beim Wort und setze deinen Weg in der Kraft und Freude seines Heils fort. Nimm die heilende Kraft seiner Gnade in Anspruch und weigere dich, unter den Qualen von Schuldgefühlen zu leben.

Dein Leben soll ein sichtbares Zeugnis der überwältigenden Gnade Gottes sein. Bete mit den Worten Davids:

> 17 Herr, tue meine Lippen auf, dass mein Mund dein Lob verkünde.
>
> 18 Denn du hast keine Lust am Schlachtopfer, sonst gäbe ich es; Brandopfer gefällt dir nicht.
>
> 19 Die Opfer Gottes sind ein zerbrochener Geist; ein zerbrochenes und zerschlagenes Herz wirst du, Gott, nicht verachten.

Genau das ist es, wonach Gott sich sehnt: ein Herz, das im Gleichklang mit dem seinen schlägt und wegen der gleichen Dinge zerbrochen ist, die auch das Herz Gottes brechen. Wenn Gott deine „Betrübnis nach seinem Sinn“ sieht, die laut 2. Korinther 7,9-10 zu einer echten Umkehr führt, dann weiß er, dass du auf dem richtigen Weg bist. Diese Betrübnis führt dazu, dass du verabscheust, was er verabscheut und dass du meidest, was er verboten hat. Aus diesem Grund wird er „ein zerbrochenes und zerschlagenes Herz nicht verachten“. Gott achtet jene Menschen, die ihn achten.

DIE OPFER UNSERER SCHULD

Die letzten beiden Verse dieses Psalms bringen einen wichtigen Punkt zur Sprache. Vielleicht fragst du dich, was diese Verse mit der Vergebung von Davids Schuld zu tun haben. Seine abschließenden Bitten haben damit zu tun, dass jede Sünde Folgen für die Umgebung hat. Sie ist nie isoliert, sondern hat Auswirkungen auf Familien, Gemeinden, Städte und Nationen. Aus diesem Grund betet David für das Wohlergehen Zions und den Schutz Jerusalems.

> 20 Tue Zion Gutes in deiner Gunst, baue die Mauern Jerusalems!
>
> 21 Dann wirst du Lust haben an rechten Opfern, Brandopfern und Ganzopfern; dann wird man Stiere darbringen auf deinem Altar.

So wie David für Jerusalem betete, sollst auch du für die Opfer deiner Sünden beten. Bete um Gottes Gunst und um die Wiederherstellung der Schutzmauern, die durch deine Schuld niedergerissen wurden.

Wie wir bereits gesagt haben, musst du zuerst mit Gott, dann aber auch mit den betroffenen Menschen ins Reine kommen. Wenn du Ehebruch begangen hast, musst du Gott zuerst um Vergebung bitten und dann um jene Weisheit, die du benötigst, um die Beziehung zu deinem Ehepartner wiederherzustellen.

Ehebruch ist ein schweres Vergehen und muss als solches behandelt werden.

Du hast Gottes Gebot übertreten.

Du hast einen Bund gebrochen.

Du hast deine Ehe aufs Spiel gesetzt; du hast dem Partner einen Anlass gegeben, sich von dir scheiden zu lassen, auch wenn das nicht die beste Lösung ist.

Du hast deinen Ehepartner dem Risiko von AIDS und Geschlechtskrankheiten ausgesetzt.

Du hast die Zukunft deiner Kinder aufs Spiel gesetzt.

Du hast als Vorbild versagt.

Du hast gegen deinen eigenen Körper gesündigt.

Du hast jemand anderen betrogen und ihn oder sie dem Gericht Gottes ausgesetzt.

Du hast gegen die Gemeinde, den Leib Christi, gesündigt.

Du hast gegen deine Umgebung gesündigt; das Land ist durch deine Schuld verunreinigt worden.

Ehebruch wurde im Alten Testament mit dem Tod bestraft. Ein oberflächliches „tut mir leid“ genügt nicht. Du musst dir das Ausmaß deiner Sünde vor Augen halten und dementsprechend handeln.

Was erwartet Gott also von dir? Nachdem du ihm deine Sünde bekannt und seine Vergebung in Anspruch genommen hast, musst du deinen Ehepartner um Vergebung bitten und bereit sein, die Konsequenzen zu tragen. In den Sprüchen lesen wir, dass Eifersucht den Zorn des Mannes weckt, und das gleiche gilt für die Frau. Gott versteht Eifersucht, denn einer seiner Namen im Alten Testament lautet *Qanna* – „eifersüchtig“. Wenn wir geistlichen Ehebruch betreiben, betrüben wir das Herz Gottes, weil wir jemand anderem den Platz geben, der nur ihm gebührt.

Lesen wir die folgenden Worte aus dem 6. Kapitel der Sprüche:

SPRÜCHE 6,32-35

> 32 Wer aber Ehebruch treibt mit der Frau ‹seines Nächsten›, ist ohne Verstand. Nur wer sich selber vernichten will, der mag das tun.
>
> 33 Plage und Schande ‹nur› findet er, und seine Schmach wird nicht mehr gelöscht.
>
> 34 Denn Eifersucht ‹weckt› die Zornglut des Mannes, kein Mitleid verspürt er am Tage der Rache.
>
> 35 Er nimmt keine Rücksicht auf irgendein Sühnegeld und willigt nicht ein, selbst wenn du die Bestechung häufst.

Behaupte ich also, dass du deine Sünde immer bekennen sollst? Ja – wenn es um das Schuldbekenntnis vor Gott geht, denn das ist in jedem Fall unbedingt notwendig. Ein Bekenntnis vor deinem Ehepartner ist jedoch nicht immer angebracht. Wenn es sich um eine einzelne, unüberlegte Übertretung handelt, von der wahrscheinlich auch niemand etwas erfahren wird, dann empfehle ich dir, deinen Ehepartner nicht mit diesem schrecklichen Wissen zu belasten. Es ist mir klar, dass in diesem Punkt nicht jeder meiner Meinung sein wird, aber ich beanspruche auch nicht, die Antworten auf alle Fragen zu wissen oder Gottes Wort in allen Einzelheiten zu verstehen.
Der Grund, warum ich davon abrate, jeden Ehebruch vor Menschen zu bekennen, ist der betroffene Partner. Laut dem Buch der Sprüche, Kapitel 6, führt Ehebruch zu Zorn und Eifersucht. Das Wissen um einen solchen Treubruch kann Wunden verursachen, die vielleicht nie mehr heilen werden, besonders wenn der Betroffene nachtragend ist, Gott nicht kennt, unsicher oder eifersüchtig ist. Ein Bekenntnis kann in diesem Fall die Sache

nur noch verschlimmern. Ich begegne immer wieder Menschen, die ihren Treubruch bekannt haben, um von ihrer Schuldenlast befreit zu werden, aber wir müssen auch an den betrogenen Ehepartner denken und daran, was geschehen kann, wenn seine Wunden nicht richtig behandelt werden.

Wenn du dich trotzdem entscheidest, deine Sünde vor Menschen zu bekennen, dann soll dein Bekenntnis ausdrücken, dass du dir der ganzen Tragweite deiner Schuld bewusst bist. Dein Herz soll zerbrochen und dein Geist zerschlagen sein, genauso wie es der 51. Psalm beschreibt. Bekenne deine Schuld, nenne sie beim Namen und gestehe, dass du eigentlich den Tod verdienst. Vermeide unnotwendige Details und versuche nicht, dich zu rechtfertigen oder anderen die Schuld in die Schuhe zu schieben, sondern übernimm die volle Verantwortung für dein Verhalten. Du sollst gottgewirkte Betrübnis und echte Reue zeigen und bereit sein, alles zu tun, was laut der Bibel getan werden kann, um die Beziehung zu dem betrogenen Partner zu heilen.

Du musst in jedem Fall damit rechnen, dass sich diese Beziehung ändert. Als der Prophet Hosea seine Frau, die zur Prostituierten geworden war, zu sich zurückholte, hatte er eine Zeit lang keinen körperlichen Kontakt mit ihr[3]. Er wählte andere Wege, um seine Liebe auszudrücken, damit das Verhältnis zwischen ihm und seiner Frau wieder heil werden konnte. Es ist notwendig, dass du dir über die zerstörerische Wirkung deines Treubruches im Klaren bist und auf deinen Partner Rücksicht nimmst. Der Wunsch nach körperlichem Kontakt und das Versprechen, von nun an dem Partner treu bleiben zu wollen, dürfen nicht überstürzt werden.

Doch was sollst du tun, wenn dein Partner die Versöhnung ablehnt? Du musst in jedem Fall dein Leben Gott ausliefern, ungeachtet dessen, ob dein Partner dir vergibt oder nicht. Wenn Gott dein Leben erfüllt, dann besteht auch die Hoffnung, dass deine Ehe eines Tages wiederhergestellt werden und auf einem stärkeren Fundament stehen wird als je zuvor.

Und wie verhältst du dich, wenn du mit jemandem geschlafen

---

[3] Hosea 3.

hast, ohne verheiratet zu sein? Auch in diesem Fall musst du bekennen, was du getan hast. Rede mit niemand anderem darüber, sondern gehe auf den betroffenen Menschen zu und nenne deine Sünde beim Namen. Versuche nicht, das Ausmaß deiner Schuld herunterzuspielen. Denke daran: „Wer seine Verbrechen zudeckt, wird keinen Erfolg haben; wer sie aber bekennt und lässt, wird Erbarmen finden“ (Sprüche 28,13) – Erbarmen von Gott und hoffentlich auch von dem Betroffenen, und darin liegt deine Chance.

Das Bekenntnis vor Gott, wie es im 51. Psalm beschrieben wird, kann dich darauf vorbereiten, mit der Reaktion der betroffenen Menschen und den Folgen deiner Sünde richtig umzugehen, egal wie sie ausfallen. Wenn du es jedoch unterlässt, Gottes Vergebung zu suchen[4], dann wird dir das Fundament fehlen, auf dem du andere Beziehungen aufbauen kannst. Vergiss nicht: „Gegen dich, gegen dich allein habe ich gesündigt...“

Wenn du ein Kind missbraucht oder jemanden vergewaltigt hast – wenn du also eine Gewalttat begangen oder jemanden genötigt hast – dann musst du die Strafe für dein Verhalten tragen. Du kannst nicht erwarten, ungeschoren davonzukommen und hast kein Recht auf Straffreiheit. Betrachte deine Strafe als eine von Gott gegebene Gelegenheit, zu dem Menschen zu werden, den Gott aus dir machen will. Gott vergibt zwar, doch wie wir bereits gesehen haben, werden dadurch die Folgen unserer Sünde nicht automatisch beseitigt.

WENN DU DAS OPFER BIST...

Wie verhältst du dich, wenn du das Opfer sexueller Sünden wie Missbrauch, Vergewaltigung oder Untreue geworden bist? Wenn nicht du, sondern dein Mann oder deine Frau die Ehe gebrochen hat?

Auch in diesem Fall musst du eine Entscheidung treffen.

Du kannst mit Bitterkeit, Zorn, Wut, Hass oder Rache reagieren, doch diese Reaktionen werden die Sünden, die dir angetan

---

[4] 1. Johannes 1,9.

wurden, nicht ungeschehen machen. Anstatt den Übertreter zu bestrafen, fügst du dir dadurch nur selbst Leid zu und wirst wiederum das Opfer der Schuld eines anderen.
Wenn du hingegen den Weg Gottes wählst, wirst du eine Heilung und Befreiung erfahren, wie du sie dir nicht hättest vorstellen können.
Wie andere Autoren, die über dieses Thema geschrieben haben, darunter Marie Chapian, Dan Allender und Dorie Van Stone, erhielt auch ich umwerfende Briefe von Lesern meines Buches *Lord, Heal My Hurts*[5], die Gottes Heilung erfuhren, als alle anderen Mittel versagten. Ich schreibe diese Heilungen nicht meinem Buch zu, sondern der Kraft des Wortes Gottes, die dann wirksam wird, wenn wir mit der Wahrheit konfrontiert werden und sie akzeptieren.
Eine Frau, die im Kindesalter von ihrem Vater missbraucht worden war, gab das folgende wunderbare Zeugnis von der Kraft des Wortes Gottes:

> Von dem Tag an, als ich das erste Mal an einem *Precept*-Bibelstudium teilnahm, begann der Heilige Geist mich von Dingen in meinem Leben zu überführen, die im Widerspruch zu seinem Willen standen. Einige davon waren Folgen meiner Unwissenheit, andere hatten damit zu tun, dass ich noch immer Unversöhnlichkeit, Hass, Zorn und Bitterkeit mit mir herumtrug.
> Ich wurde von meinem Vater als Kind sexuell missbraucht und nahm mir vor, ihm heimzuzahlen, was er mir angetan hatte. Ich machte ihm klar, dass ich ihn hasste und ihn weder respektierte noch als meinen Vater ehrte. Ich betrachtete es als mein Recht, freundlich und liebevoll behandelt zu werden und ließ keine Gelegenheit aus,

---

[5] Herr, heile meine Wunden (deutsche Übersetzung erhältlich bei: Precept Ministries International e. V., Kostenzer Weg 10, D-94315 Straubing; www.induktives-Bibelstudium.com).

mich dafür zu rächen, was mein Vater mir angetan hatte. Dann wurde mir klar, dass ich eigentlich keine Rechte hatte, außer das Recht, Gott zu dienen, und das ist ein Vorrecht.

Ich erkannte, dass meine Schuld nur dann vergeben werden kann, wenn ich bereit bin, anderen zu vergeben[6]. Ich lernte, dass ich berufen bin, andere so zu lieben, wie Gott mich liebt: bedingungslos und selbstlos. Diese Liebe ist eine Willensentscheidung. Ich entschied mich, liebevoll zu sein, ohne dafür eine Gegenleistung zu erwarten. Rache ist nie „süß". Wir bilden uns manchmal ein, dass Rache uns Genugtuung gibt, aber das gilt bestenfalls nur für kurze Zeit.

Ich bat meinen Vater um Vergebung für meine verkehrte Einstellung und mein falsches Verhalten und begann, ihm Respekt entgegenzubringen und ihm das Evangelium zu verkündigen, weil ich nicht wollte, dass er die Ewigkeit in der Hölle verbringt. Eines Tages telefonierten wir, und Gott offenbarte mir, was in diesem Augenblick im Herzen meines Vaters vorging. Ich sprach ihn darauf an und teilte ihm Dinge mit, die ich nur deswegen wissen konnte, weil Gott sie mir zeigte. Mein eigenes Herz wurde mit einem Mitleid und einer Liebe überwältigt, wie nur Gott sie geben kann.

Bis heute habe ich die Reaktion meines Vaters nicht vergessen: „B_____, ich weiß, dass es Gott gibt, weil ausgerechnet du mir vergeben hast." Mein Vater schluchzte laut am Telefon, und ich merkte, wie die Wand, die sich zwischen uns aufgebaut hatte, zusammenbrach. Später teilte mir mein Vater mit, dass Gott mir alles gezeigt hatte, was zu diesem Zeitpunkt in seinem Inneren vorgegangen war.

---

[6] Matthäus 6,12-15; 18,21-35.

> Kay, wer kennt das Innerste unseres Herzens? Nur der einzige und wahre Gott weiß, was in uns vorgeht. Ich sprach von da an immer wieder mit meinem Vater am Telefon über Gott und erlebe, wie Gott ihn reinigt und an sich zieht. Vergangene Woche rief er mich an, um mir mitzuteilen, dass er schon drei Wochen lang keine Drogen genommen hatte. Mein Vater rauchte seit über zwanzig Jahren täglich Marihuana, aber jetzt gibt er Gott Lob und Ehre dafür, dass er von seiner Sucht frei ist. Er weiß, dass nur Gott ihn befreien konnte. Ich werde nicht aufhören, Gott dafür zu danken, was er getan hat und werde fest auf der Verheißung stehen, dass er mich und mein Haus erretten wird.

Ich bin überzeugt, dass das Wort Gottes eine echte und vollkommene Heilung bewirken kann. Eine meiner Lieblingsstellen ist Psalm 107,20: „Er sandte sein Wort und heilte sie, er rettete ‹sie› aus ihren Gruben." Die Sehnsucht meines Herzens wird in einem Wort des Propheten Jeremia ausgedrückt: „Heile mich, HERR, so werde ich geheilt! Rette mich, so werde ich gerettet!" (Jeremia 17,14).

In diesem Buch geht es zwar nicht um Heilung, aber ich muss einfach betonen, wie wichtig es ist, den Menschen, die uns sexuell missbraucht haben, Vergebung zu gewähren.

Ich kann mir gut vorstellen, dass du jetzt den Kopf schüttelst und sagst: „Dem, der mir das angetan hat, vergeben? Nie im Leben, auch nicht in tausend Jahren!" Ich verstehe deine Reaktion, weil ich vielen Menschen begegnet bin, die in der gleichen Situation waren, und ich weiß, was sie durchmachen. Mit Vergebung meine ich nicht, dass der Täter ungeschoren davonkommen und dem gerechten Gericht Gottes entgehen wird. Doch wenn du vergibst, so wie Gott dir durch Jesus Christus vergeben hat, dann befreist du dich von der Last einer Aufgabe, für die du nicht geeignet bist – die des Richters und Rächers.

Gott ist der Richter derer, die sich weigern, vor ihm das Knie zu beugen und ihn als Herrn anzuerkennen, und er wird seinen Teil tun. Du sagst, dass du deinen Peinigern tausend Jahre lang nicht vergeben kannst, doch laut Gottes Wort werden diese Menschen für alle Ewigkeit leiden. Ich empfehle dir, das Buch der Offenbarung zu lesen, wo das Zorngericht über jene beschrieben wird, die nicht umkehren und glauben wollen.

Wer Unzucht begeht und sich nie von seiner Sünde abwendet, wird in der Hölle landen. „Aber den Feigen und Ungläubigen und mit Greueln Befleckten und Mördern und Unzüchtigen und Zauberern und Götzendienern und allen Lügnern ist ihr Teil in dem See, der mit Feuer und Schwefel brennt, das ist der zweite Tod“ (Offenbarung 21,8). Diese Menschen werden ihrer Qual nie entrinnen, während du, wenn du Gottes Vergebung in Anspruch nimmst, nie sterben wirst. Gott wird alle deine Tränen abwischen, während jene für alle Ewigkeit klagen werden: „Warum nur? Warum habe ich ihm nicht geglaubt?“

Vergeben heißt das Recht aufgeben, den Täter zu bestrafen. Du machst dadurch jede Entschuldigung ungültig, die der Täter für seine Sünde vorbringen will. Wenn du ihn konfrontierst, dann nenne die Sünde, die er gegen dich begangen hat, beim Namen. Seine Tat muss als Sünde identifiziert werden. Sage ihm anschließend, dass du ihm vergibst, seine Sünde „wegschickst“[7] und sie Gott übergibst, weil jede Sünde letztlich gegen Gott gerichtet ist. Auf diese Weise konfrontierst du den Täter mit Gott. Du stehst jetzt nicht mehr im Weg, und der Täter ist in Gottes Hand!

Die Eckpfeiler unserer Errettung sind das Reich Gottes und die Vergebung der Sünden. Wenn wir nicht vergeben wollen, werden wir laut den Worten Jesu unseren Peinigern ausgeliefert werden[8]. Die Weigerung, zu vergeben und deinen Groll abzulegen, macht dich zu einem Gefangenen jener Person, die dich missbraucht hat.

Ich möchte an dieser Stelle eines klarstellen: Vergeben heißt nicht, so zu tun, als wärest du nie missbraucht worden. Deine Pflicht ist, dem Täter die *agape*-Liebe Gottes zu erweisen und sein Bestes im Sinn zu haben, also seine Errettung. Diese *agape*-Liebe bedeutet

---

[7] Das griechische Wort für *vergeben* im Neuen Testament bedeutet wörtlich „wegschicken“ (Anm. d. Übers.).

[8] Matthäus 18,23-35.

jedoch nicht, mit dem Täter Zeit verbringen oder ihm Zuneigung erweisen zu müssen. Gott hat die Welt so sehr geliebt, dass er seinen eingeborenen Sohn gab, aber das ist noch keine Garantie für eine Beziehung zwischen ihm und der Welt. Jesus liebte den reichen jungen Mann, aber er ließ ihn seine eigenen Wege gehen, weil ihm sein Besitz wichtiger war als das Reich Gottes.

Wenn die Person, die dich missbraucht hat oder dir untreu wurde, ihre Sünde nicht bekennen und dich nicht um Vergebung bitten will, dann gibt es keine Grundlage für eine Beziehung zwischen euch. Das geht aus der Schrift ganz klar hervor. Wer seine Sünde nicht bekennen will, kann auch keine Gemeinschaft mit Gott haben.

Der 1. Johannesbrief, Kapitel 1 nimmt zu diesem Thema Stellung. Wir wollen die Verse 4-10 lesen und das Wort *Sünde* mit einem großen „**S**" markieren sowie das Wort *Gemeinschaft* unterstreichen.

1. Johannes 1,4-10

> 4 Und dies schreiben wir, damit unsere Freude vollkommen sei.
>
> 5 Und dies ist die Botschaft, die wir von ihm gehört haben und euch verkündigen: dass Gott Licht ist und gar keine Finsternis in ihm ist.
>
> 6 Wenn wir sagen, dass wir Gemeinschaft mit ihm haben, und wandeln in der Finsternis, lügen wir und tun nicht die Wahrheit.
>
> 7 Wenn wir aber im Licht wandeln, wie er im Licht ist, haben wir Gemeinschaft miteinander, und das Blut Jesu, seines Sohnes, reinigt uns von jeder Sünde.
>
> 8 Wenn wir sagen, dass wir keine Sünde haben, betrügen wir uns selbst, und die Wahrheit ist nicht in uns.
>
> 9 Wenn wir unsere Sünden bekennen, ist er treu und ge-

recht, dass er uns die Sünden vergibt und uns reinigt von jeder Ungerechtigkeit.

10 Wenn wir sagen, dass wir nicht gesündigt haben, machen wir ihn zum Lügner, und sein Wort ist nicht in uns.

Geht aus dieser Stelle nicht eindeutig hervor, wie wichtig es ist, unsere Sünde zu bekennen? Wer seine Sünde verheimlicht, wird laut der Bibel „keinen Erfolg haben“[9]. Ohne Bekenntnis gibt es keine Heilung. Wir wissen inzwischen, dass außerehelicher Sex Sünde ist und in das Reich der Finsternis gehört. „Alles aber, was bloßgestellt wird, das wird durchs Licht offenbar, denn alles, was offenbar wird, ist Licht“ (Epheser 5,13-14).Es ist unerlässlich, dass sexuelle Sünden aufgedeckt, ans Licht gebracht und verurteilt werden.
Wenn das nicht geschieht, sondern Unzucht geduldet wird, dann besteht die Gefahr, dass die Täter ihre Sünden immer wieder begehen und andere zum Missbrauch ihrer Sexualität verführen.
Je mehr du dich mit dem Wort Gottes beschäftigst, desto besser wirst du diese Dinge und Gottes Willen für dein eigenes Leben verstehen.
Wenn du im sexuellen Bereich gesündigt hast und von Schuldgefühlen gequält wirst, nimm noch heute Gottes Vergebung in Anspruch. Ich verspreche dir, dass du diesen Tag nicht vergessen wirst! Vergib anschließend den Personen, die an dir schuldig geworden sind. Du wirst erleben, wie deine Wunden verheilen und keine Narben zurückbleiben werden. Du wirst einen Frieden und eine Freiheit erfahren, für die niemand bezahlen kann – außer dem Lamm Gottes, das die Sünden der Welt wegnimmt.

> Das Wort ist gewiss und aller Annahme wert, dass Christus Jesus in die Welt gekommen ist, Sünder zu erretten, von welchen ich der erste bin. (1. Timotheus 1,15)

---

[9] Sprüche 28,13.

9

In der Hitze des Augenblicks

Wie weit kann ich gehen?

„Oooh, Liebling... bitte verlange nicht, dass ich damit warte. Wenn du mich wirklich liebst, dann verlange bitte nicht, dass ich damit warte..."

„Wir lieben einander, daher dürfen wir doch... oder?"

„Was soll ich machen? Ich halte es einfach nicht mehr aus!"

„Wir können uns doch lieben, ohne aufs Ganze zu gehen, oder?"

Viele Männer und Frauen sehen sich Tag für Tag, Nacht für Nacht, Verabredung für Verabredung mit diesen und ähnlichen Fragen konfrontiert.

„Ich bin alleinstehend. Wie gehe ich mit meinem sexuellen Verlangen um?"

„Wir können jetzt noch nicht heiraten, aber wir lieben uns... und beim Sex geht's doch um Liebe, oder?"

„Wie weit kann ich gehen und trotzdem Jungfrau bleiben?"

„Ich habe die falsche Person geheiratet, aber jetzt habe ich jemand kennengelernt, zu dem ich mich echt hingezogen fühle. Wie können wir unsere Liebe zueinander ausdrücken, ohne Ehebruch zu begehen?"

„Ich fühle mich zu Frauen *und* zu Männern

> hingezogen... warum wollen die anderen nicht akzeptieren, dass ich bisexuell bin?"
>
> „Mir geht es nicht darum, unbedingt jemanden vom anderen Geschlecht kennenzulernen. Ich will eine Beziehung zu einer Person aufbauen."[1]

Wir haben in den vorhergehenden Kapiteln einige der Aussagen Gottes zum Thema unserer Sexualität kennengelernt und wissen im Großen und Ganzen, was er erlaubt, was er verbietet, was in seinen Augen ein Greuel ist und was er als Perversion bezeichnet. Wir haben über sein Strafgericht gesprochen und wissen, wie wir seine Vergebung erlangen können bzw. dass wir anderen vergeben müssen. Wir haben uns mit Gottes Design für Sex auseinandergesetzt und seine Anweisungen studiert.

Aber was bringt uns all dieses Wissen angesichts von Versuchungen? Wie reagieren wir auf das Verlangen, das uns lockt und in uns brennt? Was machen wir mit den Gedanken, die uns in den Sinn kommen, mit der inneren Stimme, die uns einreden will, dass wir dem Verlangen unseres Körpers unmöglich widerstehen können? Ist es wirklich möglich, Widerstand zu leisten, den Kampf gegen unsere Leidenschaft zu gewinnen und nicht dem natürlichen Verlangen nach Berührung, körperlichem Kontakt und sexueller Befriedigung nachzugeben?

HIN- UND HERGERISSEN

Niemand muss uns erklären, dass wir sinnliche Lebewesen sind. Wir wurden von Gott so erschaffen. Jeder Mann und jede Frau ist genetisch dazu vorprogrammiert, auf sexuelle Reize zu reagieren. Unsere Hormone sind fast ausnahmslos bereits dann in vollem Schwung, wenn wir für eine Eheschließung noch zu jung sind. Und da wir in einer sinnlichen, mit sexuellen Reizen überfluteten Welt leben, können wir doch gar nicht anders, als von den Dingen, die wir sehen und hören, hin- und hergerissen

---

[1] John Leland, „Bisexuality Emerges as a New Sexual Identity" (Bisexualität als neue sexuelle Ausdrucksform), *Newsweek*, 17. Juli 1995, S. 48.

zu werden, oder? Wie könnten wir den Düften, Bildern und Klängen widerstehen – Klängen, die unsere Ohren füllen, Bilder, die unsere Augen reizen?
Das Verlangen ist immer vorhanden, ob wir alleinstehend oder verheiratet sind, ob wir jung sind oder es gerne wären.
Wie reagieren wir richtig? Was erwartet Gott von uns? Wie gehen wir mit unserem Verlangen um?
Auch Amnon sah sich mit diesem Problem konfrontiert. Wir wollen seine Geschichte aus dem 1. Buch Samuel 13 kennenlernen.

> 1 Und es geschah danach: Absalom, der Sohn Davids, hatte eine schöne Schwester, ihr Name war Tamar. Und Amnon, der Sohn Davids, liebte sie.

Wir wollen das Wort *danach* mit einem Uhrensymbol  markieren, da es sich um eine Zeitangabe handelt: wir erfahren hier, *wann* dieses Ereignis stattgefunden hat. Wenn Gott uns in seinem Wort solche Zeitangaben gibt, sollten wir sie beachten. Gott verschwendet keine Worte; jedes Detail im Text hat eine Bedeutung.
Wann fand dieses Ereignis also statt? Die Geschichte Amnons, Absaloms und Tamars folgt auf den Bericht von Davids Ehebruch mit Batseba. Unmittelbar vor den Ereignissen, mit denen wir uns in diesem Kapitel beschäftigen werden, konfrontierte der Prophet Nathan David und kündigte Konsequenzen für Davids Sünde an.
Es scheint, dass David bereits mit sechs Frauen verheiratet war, als er Batseba zu sich nahm. Seine Frauen hatten ihm zu diesem Zeitpunkt sieben Kinder geboren. Batseba brachte später vier Kinder zur Welt, bei weiteren neun Kindern Davids wissen wir nicht, wer die Mütter waren. Bei solchen Familienverhältnissen können alle möglichen Komplikationen auftreten, vor allem wenn die Kinder älter sind.
Absalom und Tamar wurden von Maacha, Davids vierter Frau, zur Welt gebracht. Amnon war der Sohn Ahinoams, Davids zweiter Frau. Der Text teilt uns mit, dass Amnon seine Halb-

schwester Tamar *liebte*. Markiere dieses Wort in Vers 1 mit einem Herz.

> 2 Und es war dem Amnon wehe um seiner Schwester Tamar willen, bis dass er sich krank fühlte. Denn sie war eine Jungfrau, und es war in den Augen Amnons unmöglich, ihr irgend etwas anzutun.

Amnon brannte offenbar vor Verlangen. Er kann sich Tamar einfach nicht aus dem Sinn schlagen. Der Gedanke an sie bringt ihn fast zur Verzweiflung. Er weiß genau, dass er ihr nichts antun kann, weil sie eine Jungfrau ist. Entweder hat ihn sein eigenes Gewissen daran gehindert oder sein Verlangen wurde in Schach gehalten, weil Jungfrauen von den heiratsfähigen jungen Männern getrennt lebten und er nicht an sie herankam. Was auch immer der Grund war, seine Gedanken brachten ihn fast um. Sein Verstand wird von der Vorstellung verzehrt, mit Tamar zu schlafen.

> 3 Und Amnon hatte einen Freund, sein Name war Jonadab, der Sohn des Schimea, des Bruders Davids. Jonadab aber war ein sehr kluger Mann.
>
> 4 Der sagte zu ihm: Warum bist du Morgen für Morgen so elend, Königssohn? Willst du es mir nicht mitteilen? Amnon sagte zu ihm: Ich liebe Tamar, die Schwester meines Bruders Absalom.

Amnons Verlangen und innere Qual waren so groß, dass er seine Not nicht verbergen konnte! Kannst du dich damit identifizieren? Warst du jemals an dem Punkt, wo du dein Verlangen einfach nicht loswerden konntest und ihn oder sie nicht aus dem Sinn bekamst? Du konntest an niemand anderen mehr denken;

und jede Vorstellung kreiste darum, wie es wohl sein wird, wenn ihr zusammenkommt.
Als Frau denkst du dabei nicht unbedingt an den unmittelbaren Akt des Geschlechtsverkehrs, sondern an eine romantische Beziehung – verliebt sein, geliebt zu werden, Zeit miteinander verbringen, Zärtlichkeiten und Küsse austauschen. Deine Träume werden von den gefühlsbetonten Szenen aus Filmen und Liebesromanen inspiriert, an die du dich erinnerst.
Als Mann werden deine Gedanken jedoch meist nicht an diesem Punkt stehenbleiben. Vielleicht hast du vor, mit der Erfüllung deiner Sehnsüchte bis zur Eheschließung zu warten, aber du träumst dennoch davon, wie es sein wird. Vielleicht entkleidest du die Frau deiner Träume in deiner Phantasie und malst dir den Augenblick aus, wenn sie sich dir hingibt und du von ihr Besitz ergreifst.
Du verstehst also wahrscheinlich, wie es Amnon mit Tamar ergangen ist. Bevor wir uns mit Jonadabs Lösung für Amnons Problem beschäftigen, lies bitte die Verse 3 und 4 und markiere das Wort *lieben*.

> 5 Da sagte Jonadab zu ihm: Leg dich auf dein Lager und stell dich krank! Und kommt dein Vater, um nach dir zu sehen, dann sag zu ihm: Es soll doch meine Schwester Tamar kommen und mir Krankenkost bringen! Sie sollte vor meinen Augen die Krankenkost zubereiten, damit ich es sehen kann. Dann würde ich aus ihrer Hand essen.

Jonadab, der schlaue Cousin und Freund Amnons, scheint begriffen zu haben, was mit Amnon los war und schmiedet einen bösen Plan. Wir erfahren sonst nichts über Jonadab, außer dass er seinem Cousin einen tödlichen Rat gab, was Rückschlüsse auf seine Moral – oder das Fehlen derselben - zulässt.

Salomo warnte später im 1. Kapitel der Sprüche seinen Sohn vor Männern wie Amnon: „Mein Sohn, wenn Sünder dich locken, so folge ‹ihnen› nicht!“ (Sprüche 1,10). Der Apostel Paulus schrieb den Korinthern, dass schlechte Gemeinschaft gute Sitten verdirbt. Pass auf, wessen Rat du befolgst, denn am Ende kannst du die Schuld nicht abschieben! Jeder von uns muss für sein eigenes Verhalten Rechenschaft geben. Bei Gott ist es nicht möglich, mit dem Finger auf andere zu zeigen und zu sagen: „Er hat gesagt, dass das in Ordnung ist... sie hat es ermöglicht... sie hat das vorgeschlagen... er hat mich dazu aufgefordert.“ Solche Entschuldigungen gelten im himmlischen Gerichtssaal nicht!

> 6 Und Amnon legte sich hin und stellte sich krank. Und als der König kam, um nach ihm zu sehen, sagte Amnon zum König: Es soll doch meine Schwester Tamar kommen und vor meinen Augen zwei Kuchen zubereiten, damit ich aus ihrer Hand Krankenkost esse!
> 7 Da sandte David zu Tamar ins Haus und ließ ‹ihr› sagen: Geh doch ins Haus deines Bruders Amnon und bereite ihm Krankenkost!

David war offenbar ahnungslos. Er hätte eigentlich argwöhnisch werden müssen! Nach dem Vorfall mit Batseba hätten gerade bei ihm die Alarmglocken schrillen müssen. Warum hat er Amnons Bitte, ausgerechnet Tamar zu schicken, so ohne weiteres gewährt?
Mütter und Väter, lasst euch von euren Kindern nicht hinters Licht führen! Ihr erinnert euch doch sicher an eure Zeit als Teenager und Studenten. Ihr seid noch lange nicht „über den Berg“, auch wenn eure Kinder das meinen. Fragt nach, warum sie euch um die Schlüssel bitten, warum sie wissen wollen, wann ihr nicht zu Hause seid, warum sie Gründe finden, von zu Hause wegzubleiben und warum sie euren Fragen über einen bestimm-

ten Freund oder eine Beziehung ausweichen. Fragt euch, was in den Köpfen eurer Kinder vorgeht!

Gebt euren Kindern keinen Anlass, in Sünde zu fallen. Ist euch bewusst, dass viele Teenager ihre Jungfräulichkeit innerhalb ihres eigenen Heimes, in ihren eigenen Schlafzimmern verlieren? Unser Zuhause sollte ein Zufluchtsort vor den Versuchungen der Welt sein, ein Ort, an dem Kinder aufwachsen und auf das Leben vorbereitet werden können. Der Zutritt zu Schlafzimmern sowie zu Wohnungen und Zimmern in Studentenheimen sollte für Mitglieder des anderen Geschlechts verboten sein. Es muss klare Regeln geben, und es sollte dem Kind nicht gestattet sein, mit jemandem vom anderen Geschlecht, der nicht zur Familie gehört, allein in der Wohnung zu sein. Auch bei Familienmitgliedern ist Vorsicht geboten, vor allem dann, wenn der Bruder oder die Schwester Freunde einlädt. Keine Partys ohne elterliche Aufsicht! Eltern sollten außerdem regelmäßig unerwartete Erkundungsmissionen durchführen!

Ich hörte von einer Mutter, die ihren sechzehnjährigen Neffen im Bett mit ihrer zehnjährigen Tochter überraschte, aber kein Wort sagte, sondern den Raum wieder verließ. Ein paar Tage später machte sie ihrer Tochter gegenüber eine vage Andeutung: „Du solltest im Bett lieber nichts tun." Wo bleibt hier die elterliche Verantwortung? Die beiden hätten sofort aus dem Bett geworfen werden sollen.

Daher: kein alleine-zuhause-Bleiben für zwei Kinder verschiedenen Geschlechts, denn dadurch wird allen möglichen Problemen Tür und Tor geöffnet. Glaube mir, ich weiß, wovon ich rede, auch wenn du mich vielleicht für verrückt hältst und meinst, meine Vorstellungen wären realitätsfremd. Das ist jedoch nicht der Fall. Ich sah unlängst eine Werbeeinschaltung im Fernsehen, in der ein gutaussehender junger Mann sich von einem hübschen Mädchen ein Päckchen Butter ausborgt, nur um mit ihr allein sein zu können. In einer anderen Werbung, in der es um eine Kaffeesorte ging, lehnt ein junger Mann an der Wohnungstür seiner Freundin und an seinen Augen ist die Frage abzulesen: „Wirst du mich dafür belohnen, dass ich dich gerade zum Abendessen eingeladen habe?" Sie zögert, macht einen Schritt in die Wohnung, und die Kamera fängt ihren verführerischen Blick und ihr sanftes verständnisvolles Lächeln ein. Dann dreht sie sich wieder zu ihrem Freund um, der enttäuscht die Schultern fallen lässt und sagt: „Möchtest du auf eine Tasse Kaffee kommen?“

Mehr muss gar nicht gesagt oder gezeigt werden. Wir wissen alle, wie es in so einem Fall weitergeht.

> 8 Und Tamar ging ins Haus ihres Bruders Amnon, während er ‹im Bett› lag, und sie nahm den Teig und knetete ihn und bereitete Kuchen vor seinen Augen zu und backte die Kuchen.

Und was hat Amnon einstweilen getan? Seine Blicke tasteten ihren Körper ab, während sie den Kuchen zubereitete, er träumte davon, sie zu sich ins Bett zu nehmen und stellte sich vor, wie sie aussehen würde, wenn...

> 9 Und sie nahm die Pfanne und schüttete ‹sie› vor ihm aus. Er aber weigerte sich zu essen. Und Amnon sagte: Lasst jedermann von mir hinausgehen! Und jedermann ging von ihm hinaus.

„Fliehe... jugendliche Lüste“, hatte Paulus seinen geistlichen Sohn Timotheus aufgefordert und er warnte die Thessalonicher vor dem Anschein des Bösen.[2]

Ein Mann, der zum Tode verurteilt worden war (auch Amnon war, ohne es zu wissen, ein Todeskandidat), beschrieb die Macht der Augenlust mit den folgenden Worten: „Pornographische Bilder wirkten auf mich wie eine Stange Dynamit; ich geriet in Erregung und musste mein Verlangen befriedigen, um nicht zu explodieren.“

---

[2] 2. Timotheus 2,22; 1. Thessalonicher 5,22.

> 10 Da sagte Amnon zu Tamar: Bring die Krankenkost in die innere Kammer, damit ich aus deiner Hand esse! Und Tamar nahm die Kuchen, die sie zubereitet hatte, und brachte sie ihrem Bruder Amnon in die innere Kammer.

Begriff Tamar nicht, was hier vorging? Verstand sie nicht, dass ein Mann allein durch den Anblick einer Frau und den Gedanken daran, mit ihr zu schlafen, von Lust überwältigt werden kann?

Aus dem Text scheint hervorzugehen, dass Tamar unschuldig war. Wie viele andere Frauen erkannte auch sie die Falle nicht, die ihr gestellt worden war.

Ihre Situation erinnert mich an einen Brief, den ich gestern erhielt. Da ich jede freie Minute für das Schreiben dieses Buches benötigte, las ich den Brief, als mein Mann Jack und ich uns auf dem Weg zu einer Mitarbeiterin befanden, die gerade operiert worden war. Die Frau, die den Brief schrieb, erzählte darin, dass ihre Ehe geschieden worden war, und das obwohl jemand in der Gemeinde die Heilung ihrer Beziehung prophezeit hatte. Doch sie hatte genug. In den dreizehn Jahren ihrer Ehe hatten die wiederholten Ehebrüche, Misshandlungen, und Grausamkeiten sowie die Drogen- und Alkoholabhängigkeit ihres Mannes sie immer wieder gezwungen, ihn für einige Monate zu verlassen und mit den Kindern in einem Heim zu wohnen, um dann wieder zu ihm zurückzukehren und den Kreislauf von vorne mitzumachen.

Eines Tages tauchte ein Mann in ihrer Gemeinde auf, der unlängst geschieden worden war und keine Familie hatte. Er war freundlich und liebevoll. Er half ihr und ihren Kindern, von dem Heim in ein Haus zu übersiedeln, unterstützte sie beim Kauf ihres ersten Autos und stellte sogar einen Geldbetrag für die Scheidung zur Verfügung. Zwar schleppte dieser Mann selbst eine Menge Gepäck mit sich herum, aber er war für diese Frau da.

Was sie nicht wusste, war, dass er sie die ganze Zeit in eine Falle lockte. Als er sich sicher genug fühlte, teilte er ihr mit, wie tief er von Frauen verletzt und enttäuscht worden war, und dass sein einziger Ausweg darin bestand, selbst zum Idealbild einer Frau zu werden. Er beschwor sie, ihn zu heiraten, andernfalls müsse er sich operieren lassen, um wie eine echte Frau auszusehen.

Wahrscheinlich siehst du bereits die Handschrift an der Wand: diese Frau heiratete einen Mann, der im Bett ihre Nachthemden trägt, und das ist noch nicht das Schlimmste. Sie fand heraus, dass er sich seit seinem fünften Lebensjahr mit Pornographie beschäftigt hatte und seither in einer Scheinwelt lebte, einer Welt, die sie verabscheute. Sie blieb ihm dennoch treu, denn „er droht, dass er die Gemeinde verlassen und verschwinden wird, wenn ich jemandem davon erzähle. Eigentlich brauche ich Seelsorge, aber ich habe Angst davor, dass die Gemeinde auf seiner Seite stehen würde, weil er seit sieben Jahren Gemeindemitglied ist, im Chor mitsingt und immer wieder die Anerkennung der Mitarbeiter sucht..."

> „Willst du meinen Salon sehen?", sagte die Spinne zu der Fliege. Sie schleppte sie die Wendeltreppe hinauf, in die dunklen Kammern ihres Häuschens – doch die Fliege kam nie mehr heraus!"[3]

Das Herz tut mir weh, wenn ich an diese Frau denke, die einem perversen, manipulierenden Mann in die Falle gegangen ist, der sich zwar als Christ bezeichnet, aber laut dem Wort Gottes keinen Anteil am Reich Gottes hat.[4] Ich weiß, meine Worte klingen hart und verurteilend, aber ich bestimme nicht die Regeln. Gott hat klare Grenzen gezogen, und diese Grenzen sind unver-

---

[3] „Will you walk into my parlour?", said the Spider to the Fly... He dragged her up his winding stair, into his dismal den, within his little parlour – but she ne'er came out again!" Mary Howitt (1799-1888), „The Spider and the Fly".

[4] 1. Korinther 6,9-10.

rückbar. Es liegt an uns, die richtige Seite zu wählen. Wenn wir uns auf Gottes Seite stellen, wird er uns die Kraft und Gnade geben, den Fesseln der Sünde zu entkommen. Gott legte auch fest, wie das geschehen soll, nämlich durch Jesus Christus und den Glauben an ihn.

In meinem Antwortschreiben sagte ich dieser armen Frau unter anderem, dass sie eine klare Linie ziehen muss. Wir dürfen nicht den Fehler machen, die Sünde zu tolerieren. Gott sagt: „Und habt nichts gemein mit den unfruchtbaren Werken der Finsternis, sondern stellt sie vielmehr bloß! Denn was heimlich von ihnen geschieht, ist selbst zu sagen schändlich. Alles aber, was bloßgestellt wird, das wird durchs Licht offenbar“ (Epheser 5,11-13).

SÜNDE KANN UNSER VERLANGEN NIE BEFRIEDIGEN

Kehren wir zu Tamars tragischer Geschichte zurück. Gott hielt dieses Ereignis offenbar für wichtig genug, um in seinem Wort davon zu berichten, damit wir eine Lehre daraus ziehen können.

> 11 Als sie ihm aber ‹etwas› zu essen hinreichte, packte er sie und sagte zu ihr: Komm, liege bei mir, meine Schwester!
>
> 12 Sie aber sagte zu ihm: Nicht doch, mein Bruder! Tu mir keine Gewalt an, denn so handelt man nicht in Israel! Tu ‹doch› diese Schandtat nicht!
>
> 13 Und ich, wohin sollte ich meine Schmach tragen? Du aber, du würdest sein wie einer der Schändlichen in Israel. Und nun rede doch zum König, denn er wird mich dir nicht vorenthalten!

Es fällt auf, dass Tamar ihren Bruder nicht abweist. Sie wollte nur vermeiden, dass er ihr und seinem eigenen Ruf Gewalt antat. Ein solches Verhalten galt als Schandtat. Tamar wusste, dass außerehelicher Sex in Gottes Augen unannehmbar ist. Schließlich hatte ihr eigener Vater dadurch, dass er seiner Begierde freien Lauf ließ, Schande über sich gebracht und den Feinden Gottes einen Anlass gegeben, den Namen des Herrn zu lästern.

Sie schlägt Amnon daher vor, zu warten. „Gehen wir zum König. Er wird uns verstehen. Er wird mich dir nicht vorenthalten. Ich werde dir gehören. Ich lehne dich nicht ab; ich bitte dich nur, zu warten, zu tun, was sich gehört, mich zu respektieren und mich nicht der Schande auszusetzen."

„Oooh, Liebling... bitte verlange nicht, dass ich damit warte. Wenn du mich wirklich liebst, dann verlange bitte nicht, dass ich damit warte..."

Im Jakobusbrief 1,14 lesen wir: „Ein jeder aber wird versucht, wenn er von seiner eigenen Begierde fortgezogen und gelockt wird."

> 14 Er aber wollte nicht auf ihre Stimme hören. Und er überwältigte sie und tat ihr Gewalt an und lag bei ihr.

Amnon hatte mit Tamar bereits in seiner Phantasie geschlafen, jetzt wollte er ihren Körper haben. Er war nicht gewillt, zu warten. Er musste sie sofort haben, hier und jetzt. Er wollte unbedingt *seine* Lust befriedigen, ungeachtet der Folgen für Tamar. Sie verlor ihre Jungfräulichkeit, ihren Ruf und ihr allgemeines Wohlbefinden.

Amnon *schändete* Tamar. Das hebräische Wort in diesem Vers lautet *anah* und bedeutet „herunterbringen, niederdrücken". Die *Revidierte Elberfelder Bibel* übersetzt es mit „jemandem Gewalt antun".

Amnon vergewaltigte Tamar. „Denn aus dem Herzen kommen hervor böse Gedanken: Mord, Ehebruch, Unzucht, Diebstahl, falsche Zeugnisse, Lästerungen; diese Dinge sind es, die den

Menschen verunreinigen“ (Matthäus 15,19-20).

> 15 ‹Dann› aber hasste Amnon sie mit sehr großem Hass. Ja, der Hass, mit dem er sie hasste, war größer als die Liebe, mit der er sie geliebt hatte. Und Amnon sagte zu ihr: Steh auf, geh weg!

Amnon liebte Tamar – zumindest bildete er sich das ein. Er hatte ja sogar seinem Cousin Jonadab mitgeteilt, dass er Tamar liebte. Was war auf einmal anders geworden?
In wenigen Minuten – oder vielleicht waren es nur Sekunden – verwandelte sich Amnons Liebe in Hass. Hast du das Wort *Liebe* in diesem Vers markiert? Markiere bitte auch das Wort *Hass*. Du könntest als Symbol ein Herz mit einem Schrägstrich verwenden:  .

Weshalb wurde Liebe plötzlich zu Hass? Ich glaube, Amnon wurde in diesem Augenblick mit seiner eigenen Begierde konfrontiert, und seine Lust verwandelte sich in Abscheu vor sich selbst. Statt für sein Verhalten Verantwortung zu übernehmen, um Vergebung zu bitten und um die Heilung des Mädchens, das er vergewaltigt hatte, bemüht zu sein, gab er Tamar die Schuld für seine Tat.
„Steh auf, geh weg!“
Tamar war gerade geschändet worden. Sie war vergewaltigt worden. Das Blut ihrer Jungfräulichkeit befand sich auf Amnons Bett. Und dann fordert *er* sie auf, sein Zimmer und das Haus zu verlassen!

> 16 Sie aber sagte zu ihm: Nicht doch, mein Bruder! Denn dieses Unrecht ist ‹noch› größer als das andere, das du mir angetan hast, wenn du mich ‹jetzt› wegjagst. Aber er wollte nicht auf sie hören.

17 Und er rief seinen Burschen, seinen Diener, und sagte: Jagt die da weg, fort von mir, nach draußen, und verriegele die Tür hinter ihr!

Amnon hatte sein verzehrendes körperliches Verlangen befriedigt und nun befiehlt er, Tamar, das Mädchen seiner Träume, wegzujagen! Wo bleiben die zärtliche Liebe, die Dankbarkeit, die Freude und die tiefe Befriedigung als Folge der körperlichen Begegnung zwischen Mann und Frau? Diese Dinge sind eben nur innerhalb der Ehe möglich. Ganz egal, wie stark das Verlangen auch sein mag - außerehelicher Sex lässt immer ein nagendes Schuldgefühl zurück, ein unerklärliches Gefühl der Enttäuschung und Leere.
Gott weiß, warum das so ist. Schließlich hat er die Sache erfunden und weiß, wie sie funktioniert. Er weiß, was zu einer tiefen Befriedigung führt – und dass der Missbrauch Bedauern und Abscheu zur Folge hat.

18 Sie trug aber einen bunten Leibrock. Denn mit solchen Gewändern kleideten sich die Töchter des Königs, die ‹noch› Jungfrauen ‹waren›. Und sein Diener brachte sie hinaus und verriegelte die Tür hinter ihr.

Amnon setzte das jungfräuliche Mädchen, das für den kranken Bruder ein Mahl bereiten wollte, einer unglaublichen Schande aus. Er war tatsächlich krank – krank vor Lust und krank vor allem deswegen, weil er sich von dieser Lust überwältigen ließ. Wer sein sexuelles Verlangen nicht kontrollieren kann, egal ob Mann oder Frau, leidet an einer Krankheit, die einen tödlichen Ausgang hat, es sei denn, dieser Mensch nimmt die Hilfe des Herrn in Anspruch.

19 Da nahm Tamar Asche, ‹streute sie› auf ihren Kopf und zerriss den bunten Leibrock, den sie anhatte, und

sie legte ihre Hand auf ihren Kopf und lief schreiend davon.

Asche auf dem Kopf war ein Zeichen der Trauer und des Verlustes. Tamars Jungfräulichkeit war geraubt worden und unwiederbringlich verlorengegangen.

20 Und ihr Bruder Absalom sagte zu ihr: War dein Bruder Amnon mit dir ‹zusammen›? Nun denn, meine Schwester, schweig still! Er ist dein Bruder. Nimm dir diese Sache nicht so zu Herzen! Da blieb Tamar, und zwar einsam, im Haus ihres Bruders Absalom.

Das hebräische Wort, das Gott in diesem Vers wählte, um Tamars Zustand als „einsam" zu beschreiben, lautet *shamem* und ist mit dem Zeitwort „zerstören" verwandt. Amnons unbeherrschte Leidenschaft hatte das Leben seiner Halbschwester zerstört.
Ich frage mich, wie viele sogenannte „Brüder" das Leben ihrer „Schwestern" im Herrn zerstörten, weil sie die Vertrautheit missbrauchten, die zwischen Menschen, die an Jesus Christus glauben, besteht.
Außerehelicher Sex ist purer Egoismus. Was wird Gott mit einem Menschen tun, der sich so verhält? Lässt er den Schuldigen ungeschoren davonkommen? Wird der Täter dem gerechten Gericht Gottes entgehen? Laut der Bibel wird er das nicht. Denke an die Worte im 4. Buch Mose 32,23: „Ihr sollt erkennen, dass eure Sünde euch finden wird."
Du meinst vielleicht, niemand wird von deiner Sünde erfahren, aber du vergisst, dass du dich in der Gegenwart der heiligen Dreieinigkeit befindest – des Vaters, der dich erschaffen hat, des Sohnes, der für dich gestorben ist, und des Heiligen Geistes, der in dir wohnen und dir die Kraft geben will, die Lust des Fleisches zu überwinden und jeder Versuchung zu widerstehen.

21 Als der König David alle diese Dinge hörte, wurde er sehr zornig.

Und das mit Recht! Aber was hat David angesichts „aller dieser Dinge“ getan? Die Schrift schweigt darüber, und dieses Schweigen ist vielsagend. David versagte offensichtlich in seiner Rolle als Vater. Er versäumte es, seine Kinder zu konfrontieren, sich der Sache anzunehmen, ein Urteil zu sprechen oder eine gerechte Lösung zu suchen. Hat er aus der Begegnung mit Nathan überhaupt nichts gelernt?

War Davids Versagen die Folge seines schuldigen Gewissens? Belastete ihn die Erinnerung an seine eigene Sünde? „Was soll ich schon sagen? Ich habe ja das Gleiche getan.“

Die Tatsache, dass wir gesündigt haben, bedeutet *nicht*, dass wir nie wieder unseren Mund aufmachen, die Sünde beim Namen nennen und auf falsches Verhalten entsprechend reagieren sollen. Die Sünde muss immer am Maßstab des Wortes Gottes gemessen werde, nie an unserer eigenen Gerechtigkeit oder Ungerechtigkeit. Wenn wir die Sünde unter den Teppich kehren, statt sie zu verurteilen, wird der Schaden am Ende nur noch größer sein.

Aus diesem Grund...

... muss jeder Kinderschänder seiner Tat überführt werden und die gerechten Konsequenzen für seine Sünde tragen. Wenn das nicht geschieht, wird seine Sünde weitere Kreise ziehen und noch mehr Menschen Schaden zufügen.

... muss jedes moralische Versagen in der Leiterschaft einer Gemeinde ans Licht kommen. Es darf nicht verheimlicht oder ignoriert werden, ansonsten kommt es nur zu einer Wiederholung der Tat.

... muss jede Vergewaltigung bestraft werden.

David hätte berücksichtigen sollen, was Gott im 5. Buch Mose 22 über die Konsequenzen für sexuelle Sünden gesagt hat. Am-

non wäre verpflichtet gewesen, seine Halbschwester zu heiraten. Vielleicht wäre durch das richtige Verhalten in dieser Situation seine Liebe zu Tamar wiederhergestellt worden.
Soweit wir wissen, gab es nie eine biblische Reaktion auf Amnons Tat.

> 22 Absalom aber redete mit Amnon weder Böses noch Gutes. Denn Absalom hasste Amnon deshalb, weil er seiner Schwester Tamar Gewalt angetan hatte.

Zwei Jahre später wurde Amnon von Tamars Bruder Absalom getötet. Der Tod in irgendeiner Form ist die unausweichliche Folge der Sünde. In diesem Fall kam es zum körperlichen Tod des Übertreters, doch der geistliche Tod als Konsequenz der Sünde ist ebenso unvermeidlich. Dieses Prinzip wird im 1. Kapitel des Jakobusbriefes erklärt. Lies die folgende Stelle und markiere die Wörter *versucht werden* und *gelockt*. Ich empfehle dir, diese Verse laut zu lesen. Dein Ziel sollte sein, dir diese Aussagen einzuprägen, damit sie dir zur Verfügung stehen, wenn du sie benötigst.

JAKOBUS 1,13-17

> 13 Niemand sage, wenn er versucht wird: Ich werde von Gott versucht. Denn Gott kann nicht versucht werden vom Bösen, er selbst aber versucht niemand.
> 14 Ein jeder aber wird versucht, wenn er von seiner eigenen Begierde fortgezogen und gelockt wird.
> 15 Danach, wenn die Begierde empfangen hat, bringt sie Sünde hervor; die Sünde aber, wenn sie vollendet ist, gebiert den Tod.

16 Irret euch nicht, meine geliebten Brüder!

17 Jede gute Gabe und jedes vollkommene Geschenk kommt von oben herab, von dem Vater der Lichter, bei dem keine Veränderung ist noch eines Wechsels Schatten.

Lies die Stelle noch einmal und markiere das Wort *Tod* mit einem Grabstein.

Unterstreiche die *Sünde* mit einem braunen oder schwarzen Farbstift oder markiere sie mit einem großen „**S**".

Wenn wir im sexuellen Bereich sündigen, suchen wir meist rasch nach einer Entschuldigung: „Ich konnte einfach nicht anders! Das Verlangen war zu stark. Gott hat sicher Verständnis dafür. Schließlich hat er mich so erschaffen!" Lässt Gott diese Entschuldigungen gelten?

Schreibe auf, was du über die Wörter *versucht werden* und *gelockt* erfahren hast.

Was wird uns in diesen Versen über die Sünde mitgeteilt?

Was erfahren wir über den Tod?

Ist es laut dieser Stelle eine Sünde, versucht zu werden?

Wann hat Amnon gesündigt? Beantworte diese Frage anhand der Stellen aus dem 2. Buch Samuel und dem Jakobusbrief, ohne dem Text deine eigene Meinung hinzuzufügen.
Wer bzw. was wurde als Folge von Amnons ungezügelter Lust und seinem Nachgeben in der Situation sexueller Versuchung vom Tod betroffen?

SATANS FALLE UND UNSER AUSWEG

Das griechische Verb, das in Jakobus 1,14 mit *gelockt* übersetzt wurde, ist ein malerisches Wort. Es beschreibt das Fallenstellen bei der Jagd oder den Köder, mit dem ein Fisch unter dem Felsen hervorgelockt wird.
Ich bin mit einem Fischer verheiratet und weiß aus den Fachzeitschriften, die ich manchmal für ihn besorge, dass Fische sich sehr gerne unter Felsen aufhalten.
Auch wir haben einen Felsen, unter dessen Schatten wir Zuflucht finden können. Einer der hebräischen Namen Gottes ist *Cur* – der Fels! Wir sollen in der Spalte dieses Felsens, in der Gegenwart Gottes, Schutz suchen. Bei ihm sind wir sicher und geborgen.
Vielleicht ist das der Grund, warum Satan sich aufs Fischen verlegt hat. Es ist ihm zwar klar, dass er uns nie mehr aus Gottes Hand reißen kann, aber er wird alles versuchen, um uns zur Sünde zu verleiten und uns dadurch in eine Position zu bringen, in der wir Gottes Züchtigung ausgesetzt sind.
Die Taktik Satans besteht darin, uns unter dem Felsen hervorzulocken, damit wir seinen Köder schlucken. Sex ist einer seiner wirksamsten und bewährtesten Köder. Satan versteht es, diesen Wurm so am Angelhaken aufzuspießen, dass er gerade noch genug zappelt, um unsere Aufmerksamkeit zu erwecken.

Die Familie Davids hat diesen Köder geschluckt!
David schlief mit Batseba,
Amnon mit Tamar
und Absalom mit den Nebenfrauen Davids, und das in aller Öffentlichkeit!

David... Amnon... Absalom...

Jeder der drei war für sein Verhalten voll verantwortlich. Wir können unsere Sünde nicht damit entschuldigen, dass wir versucht wurden. Sie ist eine Folge unserer eigenen Lust, die von jedem unbeherrschten Blick und jedem sinnlichen Gedanken genährt wird.

Vor fünf Tagen flog ich nach Cleveland im Bundesstaat Ohio, um bei einer Konferenz für Frauen zu sprechen, die vom *Moody Bible Institute and Radio* veranstaltet wurde. Am Flughafen sah ich bei einem Zeitschriftenstand nach, ob jemand einen neuen Artikel über Geschlechtskrankheiten oder AIDS veröffentlicht hatte, den ich für diese Buch verwenden konnte. Als ich an den „heißen" Zeitschriften vorbeiging, auf deren Titelseiten Frauen in allen möglichen sinnlichen Positionen ihre spärlich bekleideten Körper zur Schau stellten, fiel mir ein hochgewachsener junger Mann auf, der unmittelbar neben dem Regal stand und eine dieser Zeitschriften vorsichtig durchblätterte. Sein Blick blieb an einer bestimmten Seite hängen, und ich sah beim Vorbeigehen, was seine Aufmerksamkeit gefangengenommen hatte. Ich sah zwar nur das halbe Foto, aber es zeigte mehr als genug. Ich dachte: *Herr, das ist genau das, worüber ich schreibe.*

Ich ging auf ihn zu, legte ihm die Hand auf die Schulter, und als er aufblickte, sah ich ihm direkt in die Augen. „Mein Sohn", sagte ich, „du solltest dir solche Bilder nicht ansehen. Du wirst sonst immer mehr davon haben wollen. Diese Bilder machen süchtig."

Der arme Bursche sah mich völlig überrascht an und murmelte: „Ich weiß."

Ich nahm die Hand von seiner Schulter und als ich weiterging, fiel mir nichts anderes ein, als zu sagen: „Gott hat daran keinen Gefallen!"

Ich wünschte, ich hätte noch mehr gesagt. Ich war sanft und liebevoll, aber auch nervös, und es tut mir im Nachhinein leid, dass ich mich nicht länger mit ihm unterhielt. Ich konnte nur beten, dass Gott diese Begegnung im Leben des jungen Mannes zum Besten verwendet.

Wenn du mich irgendwann im Fernsehen mit einem blauen Auge siehst, dann weißt du: jemand nahm es mir übel, dass ich mit ihm über moralische Belange redete! Als ich den jungen Mann sah, dachte ich: *Herr, es muss einfach jemanden geben, der den Mund aufmacht! Hat deine Liebe nicht immer das Beste des anderen im Sinn?* Stell dir vor, was geschehen könnte, wenn dieser junge Mann tatsächlich auf mich hört. Auch wenn es kein unmittelbares Resultat gibt, wird er sich doch jedesmal, wenn er vor einem Zeitschriftenstand pornographische Fotos von Frauen anstarren will, an unsere Begegnung erinnern. Vielleicht wird der Geist Gottes ihn schließlich zermürben.
Die Bilder sehen *wollen* ist noch keine Sünde, sondern eine Versuchung. Die Sünde des jungen Mannes bestand darin, dass er dieser Versuchung nachgab und sich die Bilder tatsächlich *ansah.*
Ich empfehle dir, die folgende Bibelstelle als Vorbereitung auf den Kampf gegen Versuchung auswendig zu lernen. Auch ich habe das direkt nach meiner Bekehrung getan, und der Vers hat mir immer wieder sehr geholfen.

1. Korinther 10,13

> 13 Keine Versuchung hat euch ergriffen als nur eine menschliche; Gott aber ist treu, der nicht zulassen wird, dass ihr über euer Vermögen versucht werdet, sondern mit der Versuchung auch den Ausgang schaffen wird, so dass ihr sie ertragen könnt.

Wenn du vor einem Zeitschriftenstand stehst, kannst du diesen Vers laut zitieren. Das wird nicht nur dir etwas bringen, sondern auch denen, die vielleicht mithören! Lies diesen Vers noch einmal, und zwar laut. Unterstreiche die Wörter *versucht* und *Versuchung* und schreibe auf, was du über diese beiden Begriffe erfährst.

Ist das nicht eine wunderbare Verheißung? Gott hat zugesagt, dass uns keine Versuchung treffen wird, die wir nicht ertragen können. Es wird immer einen Ausweg geben.
Diese Verheißung wird sogar in der Geschichte über Amnon und Tamar illustriert. Tamar schlug ihrem Bruder vor, König David um ihre Hand zu bitten und versicherte ihm, dass David seine Bitte gewähren würde. Die Zusage der Erfüllung seines Wunsches war Amnons Ausweg. Hätte er nur diesen Ausweg gewählt!
Du sagst vielleicht: „Amnon hätte das nie geschafft. Er hätte nie warten können, und ich weiß genau, wie er sich gefühlt haben muss. Manchmal kommt es mir vor, dass ich explodieren werde, wenn ich es nicht hier und jetzt bekomme."
Es gibt jedoch in *jedem* Fall einen Ausweg. Rufe Gott um Hilfe, wenn es nicht anders geht, und sage ihm: *„Ich halte es nicht mehr aus! Was soll ich machen? Hilf mir!"*
Gott wird dir helfen. Er *muss* es tun, denn er hat seine Hilfe zugesagt, und er kann nicht lügen. Gott ist absolut verlässlich. Wir geraten nur dann in Schwierigkeiten, wenn wir uns nicht auf ihn verlassen, sondern unserer eigenen Lust den Vorrang geben.
Lesen wir, was Gott im 1. Johannesbrief 2,15-17 über Lust bzw. *Begierde* gesagt hat. Unterstreiche dieses Wort überall dort, wo es im Text vorkommt.

> 15 Liebt nicht die Welt noch was in der Welt ist! Wenn jemand die Welt liebt, ist die Liebe des Vaters nicht in ihm;
>
> 16 denn alles, was in der Welt ist, die Begierde des Fleisches und die Begierde der Augen und der Hochmut des Lebens, ist nicht vom Vater, sondern ist von der Welt.
>
> 17 Und die Welt vergeht und ihre Begierde; wer aber den Willen Gottes tut, bleibt in Ewigkeit.

Welche Arten von Lust werden in diesem Vers erwähnt?

Woher kommen diese Begierden?

Was wird mit diesen Begierden letztlich geschehen?

Lies die Stelle noch einmal laut und markiere das Zeitwort *lieben* mit einem Herz. Frage dich, was *du* liebst – und zwar *wirklich.*

Die Begierde des Fleisches übt einen starken Einfluss aus. Wenn wir unbedingt etwas haben, tun oder essen wollen, was uns nicht gehört, nicht zusteht oder nicht gut für uns ist, dann sagen wir oft: „Ich konnte einfach nicht anders. Ich musste das einfach haben."
Wirklich? Wir wollen sehen, was der Epheserbref darüber sagt. Unterstreiche die Wörter *Begierde* und *Wille des Fleisches* mit der gleichen Farbe wie in der vorhergehenden Stelle.

Epheser 2,1-6

1 Auch euch ‹hat er auferweckt›, die ihr tot wart in euren Vergehungen und Sünden,

2 in denen ihr einst wandeltet gemäß dem Zeitlauf dieser Welt, gemäß dem Fürsten der Macht der Luft, des Geistes, der jetzt in den Söhnen des Ungehorsams wirkt.

3 Unter diesen hatten auch wir einst alle unseren Verkehr in den Begierden unseres Fleisches, indem wir den Willen des Fleisches und der Gedanken taten und von Natur Kinder des Zorns waren wie auch die anderen.

4 Gott aber, der reich ist an Barmherzigkeit, hat um seiner vielen Liebe willen, womit er uns geliebt hat,

5 auch uns, die wir in den Vergehungen tot waren, mit dem Christus lebendig gemacht - durch Gnade seid ihr errettet!

6 Er hat uns mitauferweckt und mitsitzen lassen in der Himmelswelt in Christus Jesus.

Lies diese Stelle noch einmal laut. Markiere diesmal das Wort *einst* mit diesem Symbol: 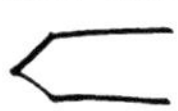 und unterstreiche jedes Vorkommen des Wortes *gemäß*.
Was erfährst du in dieser Stelle darüber, was „einst" war? Was waren diese Menschen „einst", bevor sie durch die unverdiente Gnade und Liebe Gottes errettet wurden? Schreibe die Antwort auf diese Frage auf. Du sollst sie deinem Gedächtnis einprägen.

Zwischen den ersten und den letzten drei Versen dieser Stelle besteht ein deutlicher Kontrast. In den Versen 1-3 werden die Kinder Satans bzw. die Kinder des Ungehorsams charakterisiert. In den Versen 4-6 findest du eine Beschreibung derer, die durch Gottes Liebe und Barmherzigkeit sowie den Tod und die Auferstehung Jesu Christi aus dem Machtbereich Satans gerettet wurden. Erstaunlich ist, dass Gott diese Dinge für uns getan hat, als wir noch „tot in unseren Sünden" waren und bewusst gegen sein Wort rebellierten.
Erstaunlich ist auch, dass Gott uns nicht in einem Zustand der Kraftlosigkeit beließ. Als er uns errettete, machte er uns eins mit seinem Sohn: Jesus wohnt in uns und wir in ihm. Wir wurden mit ihm in die Himmelswelt versetzt und haben Macht über die Sünde und den Satan, da uns durch unsere Einheit mit Christus laut Epheser 1,18-23 der Satan und alle seine Mächte unterworfen wurden. Wenn wir das einmal verstanden haben, werden wir allen Grund haben, „Halleluja" zu rufen!
Aufgrund dieser Kraft, dieser *dynamis*, die Gott uns zur Verfügung gestellt hat, sind wir in der Lage, den folgenden Anweisungen zu gehorchen:

EPHESER 5,3-12

3 Unzucht aber und alle Unreinheit oder Habsucht sollen nicht einmal unter euch genannt werden, wie es Heiligen geziemt;

4 auch Unanständigkeit und albernes Geschwätz und Witzelei, die sich nicht geziemen, statt dessen aber Danksagung.

5 Denn dies sollt ihr wissen und erkennen, dass kein Unzüchtiger oder Unreiner oder Habsüchtiger - er ist ein Götzendiener - ein Erbteil hat in dem Reich Christi und Gottes.

6 Niemand verführe euch mit leeren Worten! Denn dieser Dinge wegen kommt der Zorn Gottes über die Söhne des Ungehorsams.

7 Seid also nicht ihre Mitteilhaber!

8 Denn einst wart ihr Finsternis, jetzt aber ‹seid ihr› Licht im Herrn. Wandelt als Kinder des Lichts

9 - denn die Frucht des Lichts ‹besteht› in lauter Güte und Gerechtigkeit und Wahrheit -,

10 indem ihr prüft, was dem Herrn wohlgefällig ist.

11 Und habt nichts gemein mit den unfruchtbaren Werken der Finsternis, sondern stellt sie vielmehr bloß!

12 Denn was heimlich von ihnen geschieht, ist selbst zu sagen schändlich.

Wenn du diese Verse aufmerksam gelesen hast, wird dir aufgefallen sein, dass sie eine Reihe von Anweisungen enthalten. Das hat einen bestimmten Grund. Diese Worte richteten sich laut Epheser 2,1-6 an Menschen, die keine „Kinder des Zorns“ mehr waren. Sie lebten nicht mehr unter der Herrschaft Satans, des „Fürsten der Luft“, und waren nicht mehr dem Machtbereich dieser Welt unterstellt, die von Satan regiert wird.
Wir wollen uns noch genauer mit Epheser 5,3-12 auseinandersetzen, um uns die Tragweite dieser Aussagen bewusst zu machen. In diesen Versen werden zwei Gruppen von Menschen einander gegenübergestellt: die *Söhne des Ungehorsams* und die *Heiligen* bzw. die *Kinder des Lichts*. Markiere die erste Gruppe, die unter Satans Herrschaft steht, mit einem Dreizack , die zweite mit einem Sonnensymbol ☼. Vergiss nicht, auch die entsprechenden Fürwörter entweder mit einem Dreizack oder mit einem Sonnensymbol zu markieren. Markiere

auch wieder das Wort *einst.* Es ist ein Schlüsselwort im Epheserbrief.
Schreibe anschließend auf, was du über die beiden Gruppen erfährst.

DIE HEILIGEN (DIE KINDER DES LICHTS)

DIE SÖHNE DES UNGEHORSAMS

EIN PLAN FÜR DEN ERNSTFALL

Was kannst du angesichts von Versuchungen tun, wenn du im Licht und nicht in der Finsternis wandeln willst? Im 1. Thessalonicherbrief 4,4 lesen wir, dass wir unser „eigenes Gefäß in Heiligkeit und Ehrbarkeit besitzen" sollen. Was tun wir angesichts unserer inneren Kämpfe mit Lust und Begierde? Wir brauchen einen Plan für den Ernstfall.
Als erstes empfehle ich dir, jeden Morgen beim Aufstehen zu beten: „Vater, führe mich nicht in Versuchung, sondern erlöse mich von dem Bösen." Sage Gott, dass du der Sünde eine Absage erteilst und dich nicht auf den falschen Weg begeben, sondern vom Bösen befreit werden willst. Was bedeutet das jedoch konkret?
Denke daran, was wir bereits gesagt haben. Wir haben diese Frage eigentlich schon beantwortet. Du selbst weißt am besten, was deine Schwächen sind und was dich fasziniert. Diesen Dingen musst du unter allen Umständen aus dem Weg gehen. Folge

dem Rat in 2. Timotheus 2,22: „Fliehe jugendliche Lüste." Diese Lüste können uns übrigens auch dann Schwierigkeiten bereiten, wenn wir nicht mehr „jugendlich" sind, wie mir von reifen Männern und Frauen Gottes immer wieder bestätigt wird!

Wenn jemand eine besondere Anziehungskraft auf dich ausübt und du dadurch zur Sünde verleitet wirst, dann vermeide es, diesem Menschen zu begegnen. Wenn du an seinem Wohnort oder Arbeitsplatz vorbeifahren musst, suche keinen Blickkontakt. Wähle am besten einen anderen Weg. Wenn es sich um deinen Zahnarzt, Arzt, Rechtsanwalt, Pastor, Sekretär oder Steuerberater handelt, such dir einen anderen. Tue, was in deiner Macht steht, um jeden Kontakt zu vermeiden. Wenn notwendig, wechsle die Arbeitsstelle. Wenn du dich als verheiratete Frau zu einem Arbeitskollegen hingezogen fühlst, gibt Gott dir vielleicht dadurch zu verstehen, dass du dich um deine Familie kümmern und mit weniger Einkommen zufrieden sein solltest!

Wenn du der Versuchung entkommen *willst*, wird Gott für einen Ausweg sorgen. Da ich nicht an Gottes Stelle sitze, kann ich im Rahmen dieses Buches nicht für jede Situation einen konkreten Rat geben, aber eines weiß ich: Wenn du Gott um Hilfe bittest und bereit bist, seinen Willen zu tun, wird er dir den Weg zeigen, und dieser Weg wird immer mit seinem Wort übereinstimmen.

Der erste Schritt besteht also darin, den Angelhaken mit dem verlockenden Köder zu vermeiden!

Zweitens: Du weißt, dass außerehelicher Sex verboten ist. Vermeide es daher unter allen Umständen, ein Feuer zu entzünden, das nicht durch die eheliche Gemeinschaft gelöscht werden kann. Damit meine ich, dass du abgesehen von deinen Augen und Gedanken auch deine Hände kontrollieren musst.

Kannst du dir also leisten, jemanden zu streicheln, mit dem du nicht verheiratet bist? Wie weit kannst du beim „Knutschen" oder *Petting* gehen – oder was auch immer für ein Begriff in deinem Freundeskreis gerade „in" ist? Kannst du dir erlauben, deine Hände über den Körper einer anderen Person gleiten lassen, um dich oder sie zu erregen?

Wir finden eine Antwort auf diese Fragen im 1. Korintherbrief. Unterstreiche jede Erwähnung des *Leibes*, einschließlich aller Synonyme und Fürwörter – z. B. das Wort *Glieder*, das die Teile unseres Körpers beschreibt.

1. KORINTHER 6,13-20

13 Die Speisen ‹sind› für den Bauch und der Bauch für die Speisen; Gott aber wird sowohl diesen als auch jene zunichte machen. Der Leib aber ‹ist› nicht für die Hurerei, sondern für den Herrn und der Herr für den Leib.

14 Gott aber hat den Herrn auferweckt und wird auch uns auferwecken durch seine Macht.

15 Wisst ihr nicht, dass eure Leiber Glieder Christi sind? Soll ich denn die Glieder Christi nehmen und zu Gliedern einer Hure machen? Das sei ferne!

16 Oder wisst ihr nicht, dass, wer der Hure anhängt, ein Leib ‹mit ihr› ist? »Denn es werden«, heißt es, »die zwei ein Fleisch sein«.

17 Wer aber dem Herrn anhängt, ist ein Geist ‹mit ihm›.

18 Flieht die Unzucht! Jede Sünde, die ein Mensch begehen mag, ist außerhalb des Leibes; wer aber Unzucht treibt, sündigt gegen den eigenen Leib.

19 Oder wisst ihr nicht, dass euer Leib ein Tempel des Heiligen Geistes in euch ist, den ihr von Gott habt, und dass ihr nicht euch selbst gehört?

20 Denn ihr seid um einen Preis erkauft worden. Verherrlicht nun Gott mit eurem Leib!

Was erfährst du in dieser Stelle über den *Leib*? Schreibe die Antwort auf diese Frage auf.

Wir wollen über die Bedeutung dieser Worte nachdenken. Ist es laut dieser Stelle legitim, mit deinen Händen und anderen Teilen deines Körpers dich selbst und jemand anderen in Erregung zu versetzen, wenn ihr nicht verheiratet seit? Du siehst dich dann nämlich mit dem Problem konfrontiert, wie du das entstandene Feuer wieder löschen kannst, ohne mit dieser Person zu schlafen. Was hast du vor - deinen Körper so zu trainieren, dass er kurz vor dem sexuellen Höhepunkt „abschaltet"? Was werden die Folgen davon sein, wenn du später einmal heiratest? Wirst du dann auf die gleiche Art und Weise sexuelle Erregung erleben wollen, wie in der vorehelichen Beziehung? Was geschieht, wenn du nicht jene Person heiratest, die dich auf diese Art und Weise befriedigt hat? Wird dein angelerntes Verhalten einen negativen, destruktiven Einfluss auf die sexuelle Erfüllung haben, die Gott für dich und deinen Ehepartner vorgesehen hat?
Ist dir aufgefallen, was in Vers 18 steht? Ich empfehle dir, diesen Vers noch einmal laut zu lesen. Wer Unzucht treibt, sündigt gegen den *eigenen* Leib! Ich glaube nicht, dass hier *nur* auf die Folgen von Geschlechtskrankheiten Bezug genommen wird! Ich glaube, hier geht es auch um den Schaden, den wir anrichten, wenn wir unseren Körper auf die falsche Art und Weise für Sex programmieren.
Wenn es also nicht legitim ist, vor der Ehe den Körper eines anderen Menschen zu berühren, weil das im Grunde genommen Unzucht ist, dann stellt sich als nächstes die Frage nach der Selbstbefriedigung oder Masturbation. Über dieses Thema wird kaum geredet; es fällt schon schwer, das Wort in den Mund zu nehmen. Aber da es sich um ein weitverbreitetes Problem handelt, vor allem unter Männern, müssen wir darüber reden.
Ich glaube, die Frage lässt sich schnell beantworten (ob sich die Angewohnheit schnell überwinden lässt, steht allerdings auf

einem anderen Blatt), wenn wir das Motiv für Selbstbefriedigung verstehen. Es mag eine ganze Reihe von Auslösern für dieses Verhalten geben, aber das gewünschte Resultat ist immer das gleiche – sexuelle Befriedigung. Aus diesem Grund ist Selbstbefriedigung nicht legitim.

„Aber ich bin alleinstehend!“

„Aber meine Frau / mein Mann will nicht... kann nicht... ist nicht da!“

„Aber wenn ich es nicht tue, werde ich verrückt. Ich halte es nicht aus. Ich explodiere!“

Höre mir genau zu: Selbstbefriedigung versetzt deinen Körper in sexuelle Erregung. Je mehr du sie praktizierst, desto stärker wird dein Verlangen. Die Art und Weise, wie du masturbierst, beeinflusst deine sexuellen Erwartungen. Um dich selbst zu befriedigen, experimentierst du mit verschiedenen optischen und akustischen Reizen, mit Berührungen und Vorstellungen – und dann erwartest du genau das gleiche in der Ehe. Vielleicht ist dir der Pavlov'sche Versuch bekannt: Jedesmal, wenn eine Glocke geläutet wurde, bekam der Hund etwas zu fressen. Das Experiment wurde so oft wiederholt, dass schon der Klang der Glocke genügte, damit dem Hund das Wasser im Mund zusammenlief! Er brauchte erst gar kein Futter zu bekommen.

Psychologen, die keinen christlichen Hintergrund haben und sogar einige Seelsorger versichern uns, dass Masturbation nicht falsch, sondern eine natürliche Verhaltensweise ist. Die Bibel sagt angeblich nichts darüber; daher liegt die Entscheidung bei uns.

Doch Masturbation ist alles andere als natürlich. Sie ist ein künstliches Verhalten, eine absichtliche Reaktion auf sexuelle Reize. Die Bibel sagt sehr wohl etwas zu diesem Thema. Wir haben die Anweisungen aus dem 1. Korintherbrief 7,1 und 7,9 bereits gelesen. Die Botschaft ist unmissverständlich: Wenn du vor sexuellem Verlangen „brennst“, dann ist der einzige Ausweg die Eheschließung! Gott sagte nicht: „Wenn du dich nicht enthalten kannst und vor Verlangen brennst, dann masturbiere eben.“ Seine Antwort ist die Ehe. Das ist nicht meine Meinung oder die eines Psychologen, sondern sein Wort.

Wir müssen in diesem Zusammenhang noch einen weiteren Punkt

berücksichtigen. Wenn jemand masturbiert, dann sind sexuelle Phantasien mit im Spiel – etwas, das Jesus in Matthäus 5 eindeutig als Ehebruch bezeichnet hat. Was sollen wir in diesem Fall tun? „Haue deine Hand ab." Bedeutet das, dass wir buchstäblich unsere Hand vom Arm abtrennen sollen? Nein. Jesus verwendet eine absichtliche Übertreibung, um auszudrücken, dass wir alles in unserer Macht stehende tun sollen, um der Sünde den Boden zu entziehen, denn kein Ehebrecher wird einen Anteil am Himmelreich haben. Es ist besser, jetzt der Sünde Einhalt zu gebieten, als mit einem intakten Körper die Qualen der Hölle zu erdulden. Jesus verwendet dieses drastische Bild, um den Ernst der Sache zu unterstreichen. Hast du ihn verstanden? Wenn nicht, lies Matthäus 5,29-30, gehe vor Gott auf die Knie und bitte ihn, dass er dir hilft, diese Stelle mit deinem innersten Herzen zu begreifen.

Eine letzte Frage: Kannst du mit deinen Händen dich selbst oder jemand anderen außerhalb der ehelichen Beziehung in sexuelle Erregung versetzen und gleichzeitig behaupten, du hältst dich an die Anweisung in Kolosser 3,17: „Und alles, was ihr tut, im Wort oder im Werk, alles tut im Namen des Herrn Jesus, und sagt Gott, dem Vater, Dank durch ihn!"? Meinst du wirklich, ein solches Verhalten bringt dem Herrn Ehre?

„Aber", wendest du ein, „als Mann muss ich alle drei Tage mein körperliches Verlangen befriedigen." Gott wird jedoch keine Versuchung zulassen, der du nicht gewachsen bist. Er wird immer für einen Ausweg sorgen, auch für das durch die Produktion von Sperma bedingte körperliche Verlangen des Mannes. Dieser Ausweg ist der nächtliche Samenerguss, der im Schlaf stattfindet.

Müssen wir trotz unserer Kenntnis des Wortes Gottes wirklich noch über Oralverkehr sprechen oder darüber, ob es nun richtig oder falsch ist, ihn als Behelfsmittel zu verwenden, um bis zur Ehe Jungfrau bleiben zu können? Ich hoffe nicht. Es sollte dir mittlerweile klar sein, dass auch diese Praktik in Gottes Augen falsch ist. Noch vor fünfzig Jahren galten Sodomie und Oralverkehr vor dem amerikanischen Gesetz als straffälliges Verhalten, sowohl bei alleinstehenden Menschen als auch bei verheirateten. Ist es nicht augenscheinlich, dass Oralverkehr eine Abkehr von Gottes Design bedeutet und das körperliche Einswerden auf unnatürliche Art und Weise verzerrt und entstellt?

Lieber Leser, warte bis zur Ehe! Lebe so, wie es dem Willen des Herrn entspricht. Jage dem Frieden nach und der Heiligung, ohne die niemand den Herrn sehen wird.[5]

Und wenn du für den Rest deines Lebens unverheiratet bleiben solltest, entscheide dich, rein zu bleiben. Verkaufe nicht wegen deines sexuellen Verlangens dein Erstgeburtsrecht als Erbe Gottes und Miterbe Christi. Im Alten Testament verkaufte Esau sein Erstgeburtsrecht um ein Linsengericht, weil er meinte, sterben zu müssen, wenn er nicht sofort bekam, wonach sein Körper verlangte. Sein Appetit wurde befriedigt, doch er verlor in einem einzigen Augenblick alles, was ihm gehörte. Zwar bereute Esau später seine Entscheidung, aber sie konnte nicht mehr rückgängig gemacht werden,[6] und er endete als zorniger, verbitterter Mensch, der keine Erfüllung im Leben fand.

Außerehelicher Sex führt auch in deinem Leben zu nichts anderem als Bitterkeit und Bedauern. Wie schaffen wir es, in sexueller Reinheit zu leben? Im Galaterbrief 5,16 lesen wir, dass wir „die Begierde des Fleisches nicht erfüllen“ werden, wenn wir „im Geist wandeln“. Damit ist nicht gemeint, dass wir nie mit der Begierde des Fleisches kämpfen werden. Unser Fleisch hat eben bestimmte Begierden, doch diese können dadurch überwunden werden, dass wir jeden Augenblick und in jeder Versuchung die Entscheidung treffen, im Geist zu wandeln. Zu den neun Eigenschaften der Frucht des Geistes gehören Güte und Selbstbeherrschung. Wir wissen mittlerweile, was Gott als „gut“ bezeichnet und dass er uns die Kraft gibt, ein „gutes“ Leben zu führen. Er befähigt uns durch seinen Geist, jedes Verlangen unseres Fleisches zu kontrollieren. Die Entscheidung liegt bei uns.

Sexuelles Verlangen wird nur dann unüberwindlich, wenn wir es wecken, fördern und nähren. Doch auch das Gegenteil trifft zu: wenn wir uns Tag für Tag entscheiden, im Geist zu wandeln und dem Drang des Fleisches zu widerstehen, werden die Versuchungen immer schwächer werden. Wenn wir unseren Körper

---

[5] Hebräer 12,14.

[6] 1. Mose 25,27-34; Hebräer 12,16-17.

Gott als Werkzeug der Gerechtigkeit zur Verfügung stellen[7], werden unsere Augen, Gedanken und Hände immer mehr unter den Einfluss des Heiligen Geistes geraten.
Wenn du dich nicht an dem orientierst, was die Welt für gut und richtig hält, sondern an Gottes Richtlinien für ein geheiligtes Leben, dann wirst du erfahren, dass „die Gesinnung des Geistes Leben und Frieden“ bedeutet (Römer 8,6). Das Bewusstsein, den Willen Gottes zu tun, wird deinem Leben eine neue Qualität verleihen!

[7] Römer 6,12-13.

10

Sex beginnt im Kopf

Was mache ich, wenn meine Gedanken Richtung Sex wandern?

Die folgende Geschichte ist ein typisches Beispiel dafür, wie es Männern häufig ergeht:

> „Wir sprachen über ein Angebot und kamen mit den Dollarbeträgen nicht zurecht. Als ich versuchte, die Sache zu klären, erwischte ich mich dabei, wie meine Gedanken von meiner Aufgabe wegwanderten, gefangengenommen von einem wunderbaren weiblichen Parfum. Ich starrte eine Zeit lang auf die Zahlen, die angesichts des Parfums fehl am Platz schienen. Die Intensität des Parfums nahm zu und, um mich von meinen Träumereien loszureißen, blickte ich auf und sah vor mir die wohlgeformten Brüste meiner Mitarbeiterin, umgeben von ihrer spitzenbesetzten Bluse. Sie hatte sich über den Tisch gebeugt und die Intensität ihres Parfums überwältigte meine Sinne, als sie versuchte, mir den Fehler in meinen Berechnungen zu zeigen.
>
> Damit war es aus und vorbei. Von diesem Augenblick an konnte ich nur mehr daran denken, sobald wie möglich nach Hause zu gehen und

die Kinder so früh wie möglich zu Bett zu bringe, um mit meiner Frau schlafen zu können."

Er hat nichts als Sex im Sinn!
Das ist ein Satz, mit dem Frauen häufig ihre Männer beschreiben, und die machen dieser Beschreibung alle Ehre. Beim Mann liegt der Auslöser für Sex in seinen Gedanken. Es scheint, als würde ein heißer Draht von den Augen zum Gehirn und von dort zu den männlichen Geschlechtsorganen verlaufen. Die Augen sehen etwas, die Gedanken beschäftigen sich damit, und schon ist der Körper bereit. Als Mann wirst du sehr gut verstehen können, was ich hier zu beschreiben versuche, und du wirst wahrscheinlich insgeheim „Amen" dazu sagen. „Endlich eine Frau, die versteht, wie es uns geht!"
Glaube mir, auch Gott versteht dich. Er weiß, dass unser Denken das einflussreichste Geschlechtsorgan in unserem Körper ist, und dass die Augen als Katalysator dienen, um die Gedanken in Erregung zu versetzen. Das ist bei Männern ganz offensichtlich so und trifft auch für Frauen zu, wenn auch auf etwas andere Art und Weise und zu einem geringeren Grad. Egal, ob Mann oder Frau, wir müssen uns darüber klar werden, wie wir mit *Sex in den Gedanken* umgehen, bevor daraus *Sex im Bett* mit jemand anderem als unserem Ehepartner wird!

VOM FEIND GETÄUSCHT

Wir wollen kurz wiederholen, was wir bereits besprochen haben. Als die Sünde in die Welt kam, wurde das, was Gott als etwas Gutes erschaffen hatte, von Satan pervertiert. Sex wurde zu einer Hauptwaffe Satans, um uns zur Unzucht zu verleiten, was zu Satans großer Freude die Folge hatte, dass wir uns dem Strafgericht Gottes aussetzten.
Als Balak, der König der Moabiter, Israel verfluchen lassen wollte, um sie besiegen zu können, nahm er die Hilfe des berüchtigten Propheten Bileam in Anspruch. Wie im 4. Buch Mose 22-24 berichtet wird, wurde Bileam von einem sprechenden Esel zurechtgewiesen, folgte aber dennoch Balaks Einladung.

Obwohl er sehr gerne das Geld verdient hätte, das Balak ihm angeboten hatte, war er nicht in der Lage, das Volk Gottes zu verfluchen. Jedesmal wenn er den Mund öffnete, gab Gott ihm ein Segenswort für Israel, und er sprach einige der schönsten Weissagungen über Israel aus, die wir in der Bibel finden. Gott erlaubt eben nicht, dass sein geliebtes Volk verflucht wird.
Das ist jedoch nur der erste Teil dieser Geschichte. Bileam wollte sich nicht damit zufriedengeben, seinen Lohn zu verlieren. Da er es nicht schaffte, Israel zu verfluchen, überlegte er sich einen anderen Weg. Laut 4. Mose 31,16 und anderen Stellen gab er den Töchtern der Moabiter den Rat, die Söhne der Israeliten zu ihren Partys einzuladen, bei denen andere Götter angebetet wurden.[1] Und wie es bei weltlichen Partys vorkommt, gingen die Israeliten bald mit den Moabiterinnen ins Bett. Die Götter dieser Welt haben keine Moral! Auf Götzendienst folgt immer Unzucht.[2]
Im 4. Buch Mose 25 lesen wir, dass Gott mit seinem Volk zornig wurde, weil sie den Götzendienst und die Unzucht der heidnischen Nationen nachahmten. In seiner gerechten Empörung befahl Gott den Leitern seines Volkes, alle jene Männer, die sich dem Baal Peor angeschlossen hatten, zu töten.
Der Tropfen, der das Fass zum Überlaufen brachte, war die Tat eines Israeliten, der, nachdem dieser Befehl bereits ergangen war, vor den Augen Moses und des gesamten Volkes eine midianitische Frau in sein Zelt brachte. Im gleichen Augenblick brach eine Plage über das Volk herein, die 24000 Menschen das Leben kostete und nur dadurch gestoppt werden konnte, dass der Priester Pinhas, ein Sohn Eleasars und Enkel Aarons, in seiner Empörung über diese Sünde den Israeliten und die Midianiterin mit einem Speer durchbohrte. Gott kündigte daraufhin einen Bund mit Pinhas und dessen Nachkommen an, weil „er in meinem Eifer mitten unter ihnen geeifert hat. So habe ich die Söhne Israel in meinem Eifer nicht vernichtet“ (4.Mose 25,11).
Vielleicht bist auch du empört darüber, wie rasch sich die Israeliten damals zur Sünde verleiten ließen, aber wir erleben heute

---

[1] 4. Mose 25,1-3; Offenbarung 2,14.
[2] Siehe Römer 1.

das gleiche. Der Feind schwächt die Armee des Herrn durch sexuelle Sünden. Die statistischen Zahlen der Ehebrüche, Affären, Abtreibungen und Scheidungen innerhalb der Gemeinde bestätigen, dass viele Gemeindemitglieder keine Moral haben und die Christen genauso verdorben sind wie die Welt. Eigentlich sollte das Gegenteil der Fall sein!

Es stellt sich die Frage, warum das so ist. Warum haben wir dem Feind erlaubt, uns zu täuschen und uns zu sexuellen Sünden zu verleiten?

Meiner Meinung nach liegt der Grund dafür darin, dass wir unsere Augen vom Wort Gottes abgewandt und sie auf die Welt gerichtet haben. Wir lassen uns vom Parfum der Welt in Beschlag nehmen und von einer innigen Beziehung mit Jesus ablenken. Wir haben zu viel zu tun, um die Bibel zu lesen geschweige denn sie zu studieren, aber aus irgend einem Grund haben wir genug Zeit, um die Welt zu bewundern – im Fernsehen und Internet, in Filmen, Zeitschriften, Zeitungen und Romanen. In welcher Kleidung präsentiert sich die Welt, wenn sie an uns vorbeistolziert? In der Kleidung einer Prostituierten, getränkt mit dem Parfum von illegitimem Sex.

Jeden Sommer finden auf dem Gelände von *Precept Ministries International* in Chattanooga, Tennessee, zehntägige und fünftägige Freizeiten für Teenager und College-Studenten statt. Die Teilnehmer kommen aus den verschiedensten Teilen der Vereinigten Staaten, aus Kanada oder aus anderen Ländern und verbringen die Tage damit, sich intensiv mit dem Wort Gottes auseinanderzusetzen und zu lernen, wie man die Bibel induktiv studiert. Es ist ermutigend, intelligente junge Menschen zu beobachten, die ihr Christentum ernst nehmen. Ich erhielt einen Brief von einem Mädchen aus Arizona, das an einer dieser Freizeiten teilnahm. Ihre Geschichte verdeutlicht, was geschehen kann, wenn wir unsere Augen von der Welt abwenden und sie auf Gottes Wort richten.

> Gott hat mir viel darüber beigebracht, wie ich mich verhalten soll und mit wem ich meine Zeit verbringen soll. Ich wollte zunächst nicht einsehen, dass ich in Sünde lebte und kein gottge-

> fälliges Leben führte, aber als ich schließlich bereit war, meine Sünde zu bekennen und mit einer Seelsorgerin sprach, sagte sie mir, dass Gott mich nicht nur liebte, sondern auch das Vakuum in meinem Leben füllen wollte. Sie behauptete, dass eine innige Beziehung mit Jesus das Verlangen stillen konnte, immer von jungen Männern bewundert werden zu wollen.
> Das war ein starkes Wort. Aber es funktioniert! Wenn ich nahe bei Jesus bleibe, dann brauche ich das andere nicht mehr.
> Als ich nach Hause kam, wollte ich diese neugewonnene Erkenntnis unbedingt praktisch anwenden. Auf meinem Bücherregal fand ich den Kurs *Someday A Marriage Without Regrets*[3] und studierte dieses Buch für mich alleine. Manchmal verbrachte ich drei Stunden pro Tag damit und machte die Aufgaben, die für eine ganze Woche vorgesehen waren, an einem einzigen Abend. Ich habe unheimlich viel gelernt.

Diese junge Dame errichtete einen schützenden Zaun um ihr Denken, eine Barriere, die Eindringlinge daran hindern wird, sie zu berauben. Sie traf eine weise Entscheidung, denn unsere Gedanken beeinflussen uns. Aus diesem Grund fordert uns die Bibel auf, unser Herz „mehr als alles zu behüten, was man sonst bewahrt. Denn in ihm entspringt die Quelle des Lebens".[4]

UNSERE AUGEN UND GEDANKEN BEHÜTEN

Denken wir einmal nach. Was ist das Hauptproblem der Männer von heute, auch in der Gemeinde und sogar unter Pastoren? Pornographie – etwas, was für einen Mann Gottes überhaupt

---

[3] Eines Tages... eine Ehe, die nicht bereut werden muss (ein induktives Bibelstudium für Teenager).

[4] Sprüche 4,23.

kein Problem sein sollte! Warum behaupte ich das? Nun, das Wort Gottes spricht sehr klar über die Vorbeugung und Heilung dieses Problems. Wie wir im letzten Kapitel bereits gesehen haben, gibt uns der Heilige Geist die Kraft, Versuchungen zu widerstehen. Wenn das stimmt, dann frage ich mich, warum 40-60 Prozent jener Männer, die sich als Christen bezeichnen, mit Pornographie zu tun haben. Viele lernten pornographisches Material bereits in jungem Alter kennen und haben die Wurzel dieser Sünde nie ausgerissen.

Um zu verstehen, warum Pornographie zu so einem weitverbreiteten Problem mit vielseitigen Auswirkungen wurde, müssen wir uns damit auseinandersetzen, wie pornographische Darstellungen wirken.

Pornographie betrifft zwei dominante Organsysteme unseres Körpers, die wir normalerweise nicht als Geschlechtsorgane betrachten: die Augen und das Vorstellungsvermögen. Zu den Verhaltensweisen, die aus der Beschäftigung mit Pornographie resultieren, gehören Masturbation, Ehebruch, Unzucht, Inzest, Bestialität, Homosexualität, Lesbianismus, Gruppensex, Masochismus, Sadomasochismus und Pädophilie.

Bist du gedanklich oder körperlich in eine dieser Sünden involviert oder kennst jemanden, auf den das zutrifft? Gott liebt dich zwar auch in diesem Fall, aber du musst dir darüber klar werden, wie destruktiv diese Verhaltensweisen sind.

Gott ist der „Gott der Hoffnung", und daher gibt es auch für jene Menschen Hoffnung, die zu Gefangenen dieser Sünden geworden sind. Nach dieser Hoffnung wollen wir Ausschau halten, während wir uns bemühen, zu verstehen, aus welchen Gründen sich Menschen in diese Sünden verstricken und wie sie wieder frei werden können. Wir werden zunächst die Worte Jesu aus Matthäus 15,10-20 lesen. Markiere das Wort *verunreinigen* mit einem Pfeil ↓ sowie das Wort *Herz* mit diesem Symbol ♡.

Matthäus 15,10-20

10 Und er rief die Volksmenge herbei und sprach zu ihnen: Hört und versteht!

11 Nicht was in den Mund hineingeht, verunreinigt den Menschen, sondern was aus dem Mund herausgeht, das verunreinigt den Menschen.

12 Dann traten die Jünger hinzu und sprachen zu ihm: Weißt du, dass die Pharisäer sich ärgerten, als sie das Wort hörten?

13 Er aber antwortete und sprach: Jede Pflanze, die mein himmlischer Vater nicht gepflanzt hat, wird ausgerissen werden.

14 Lasst sie! Sie sind blinde Leiter der Blinden. Wenn aber ein Blinder einen Blinden leitet, so werden beide in eine Grube fallen.

15 Petrus aber antwortete und sprach zu ihm: Deute uns dieses Gleichnis!

16 Er aber sprach: Seid auch ihr noch unverständig?

17 Begreift ihr nicht, dass alles, was in den Mund hineingeht, in den Bauch geht und in den Abort ausgeworfen wird?

18 Was aber aus dem Mund herausgeht, kommt aus dem Herzen hervor, und das verunreinigt den Menschen.

19 Denn aus dem Herzen kommen hervor böse Gedan-

ken: Mord, Ehebruch, Unzucht, Diebstahl, falsche Zeugnisse, Lästerungen;

20 diese Dinge sind es, die den Menschen verunreinigen, aber mit ungewaschenen Händen zu essen, verunreinigt den Menschen nicht.

Im jüdischen Sprachgebrauch wurde der Begriff *Herz* auch für den Verstand und das Denken verwendet. Schreibe unter Berücksichtigung dieser Tatsache auf, was du in dieser Stelle über die Wörter *verunreinigen* und *Herz* erfährst.

Die religiösen Juden zur Zeit Jesu waren mehr auf ihre Speisegebote bedacht, als auf ihre Gedanken. Was sie aßen, ging jedoch durch den Körper hindurch, ohne ihren Charakter zu beeinflussen. Ihre Gedanken – das, was auf ihrem Herzen (in ihrem Sinn) war und aus ihrem Mund kam – hatten hingegen das Potential, sie zu verunreinigen. Sind dir die sexuellen Sünden aufgefallen, die in Vers 19 erwähnt werden – Ehebruch und Unzucht? *Unzucht* ist ein Sammelbegriff für jede sexuelle Aktivität, die von Gott verboten wurde und die wir bereits beim Namen nannten, als wir uns das erste Mal mit dieser Stelle beschäftigten. Fiel dir auf, dass diese Sünden nicht mit der Tat, sondern in den Gedanken beginnen? Sie werden als Gedanken „empfangen", bevor sie als Taten „geboren" werden.
Wie geraten diese Sünden in unser Gedankenleben? Erinnern wir uns an die biblischen Berichte über Eva, Achan und David. Ihr Verhalten begann mit einem Blick. Jeder der drei *sah*, *begehrte*, und *nahm*. In jedem der drei Fälle wurden weitere Menschen in die Sünde verwickelt. Adam folgte Eva; Achans Familie half ihm, die gestohlenen Dinge zu verstecken; Batseba schlief mit David. In jedem Fall folgte auf die Sünde der Tod.

Das, was wir sehen, produziert ein Verlangen in uns, und wenn wir dieses Verlangen nicht kontrollieren, werden wir ihm letztlich nachgeben.
Wir haben bereits davon gesprochen, dass unser Gehirn ein dominantes Geschlechtsorgan ist. Das trifft auch für Frauen zu. Wenn Frauen sinnliche Liebesromane lesen, wertlose Seifenopern ansehen oder mit ihren Blicken Männer verfolgen, geschieht das gleiche wie bei Männern. Ihre Gedanken verursachen ein Verlangen. Der einzige Unterschied ist, dass Männer etwas rascher reagieren und schneller erregt werden, weil sie anders gebaut sind.
Werbefotos für Unterwäsche anschauen, kaum bekleideten Personen beim Sonnenbaden zusehen oder pornographische Darstellungen betrachten - kann man das wirklich Sünde nennen? Schließlich geschieht dabei nichts; es kommt zu keinem körperlichen Kontakt, niemand wird „zu einem Fleisch".
Wenn das deine Frage ist, dann bist du nicht allein. Diese Frage wird sehr häufig gestellt. Können wir „schauen" und „denken", ohne dass unsere Gedanken auf der „Richterskala" sexueller Sünden ein Erdbeben auslösen und wir uns dem Gericht Gottes auszusetzen?
Werfen wir einen Blick auf Matthäus 5,27-30. Diese Verse stammen aus der beliebten und bekannten Bergpredigt. Lies den Text laut und markiere alle Wörter, die etwas mit *sehen* oder *Augen* zu tun haben. Du könntest das folgende Symbol verwenden: 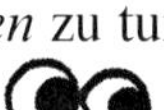.

> 27 Ihr habt gehört, dass gesagt ist: Du sollst nicht ehebrechen.
>
> 28 Ich aber sage euch, dass jeder, der eine Frau ansieht, sie zu begehren, schon Ehebruch mit ihr begangen hat in seinem Herzen.
>
> 29 Wenn aber dein rechtes Auge dir Anlass zur Sünde gibt, so reiß es aus und wirf es von dir! Denn es ist dir

besser, dass eins deiner Glieder umkommt und nicht dein ganzer Leib in die Hölle geworfen wird.
30 Und wenn deine rechte Hand dir Anlass zur Sünde gibt, so hau sie ab und wirf sie von dir! Denn es ist dir besser, dass eins deiner Glieder umkommt und nicht dein ganzer Leib in die Hölle geworfen wird.

Lies die Stelle noch einmal und unterstreiche die Wörter *Ehebruch* und *begehren* mit einer bestimmten Farbe. Anschließend schreibe auf der folgenden Seite auf, was du über die beiden Begriffe erfährst.

Ehebruch

Unsere Augen

Stellen wir uns noch einmal die Frage, ob unsere Blicke und Gedanken wirklich harmloser sind als körperlicher Kontakt. Ist es in Ordnung, pornographische Bilder zu betrachten oder sich vorzustellen, mit jemandem zu schlafen, solange es nicht zum tatsächlichen Geschlechtsverkehr kommt? Wie würdest du diese Frage beantworten?

Die Form des griechischen Zeitwortes, das in Vers 28 mit *ansehen* übersetzt wurde, deutet eine andauernde Handlung an: „ständig ansehen". Jesus meint hier also nicht einen vorübergehenden Gedanken, der uns in den Sinn kommt, oder einen unbedachten kurzen Blick in die falsche Richtung, sondern er beschreibt ein Verhalten, das zur Gewohnheit wurde. Er spricht von dem wiederholten Gedanken daran, mit jemand anderem ins Bett zu gehen, einem Gedanken, den wir mit offenen Armen aufnehmen und dem wir in uns Raum geben. Derartige Gedanken prägen sich unserem Sinn unauslöschlich ein.

Jesus stellt also eindeutig klar: der Blick in Verbindung mit dem Gedanken an außerehelichen Sex ist in Gottes Augen Ehebruch und daher ein Bruch seines Gesetzes. Es spielt keine Rolle, dass diese Sünde „nur“ in unseren Gedanken abläuft und nur *eine* Person an dieser Sünde beteiligt ist; Gott betrachtet und verurteilt dieses Verhalten als Ehebruch.

Was für Konsequenzen ergeben sich aus der Tatsache, dass unsere Gedanken einen so starken Einfluss ausüben? Jesus fordert, dass wir angesichts verführerischer Gedanken alles in unserer Macht stehende tun, um der Sünde Einhalt zu gebieten: „Reiß dein Auge aus, haue deine Hand ab.“ Wenn du dein Denken nicht kontrollierst, musst du mit der ewigen Verdammnis in der Hölle rechnen...

Aus Toleranz gegenüber der Sünde und wegen der Schwachheit unseres Fleisches neigen wir dazu, unser Verhalten leichtfertig zu entschuldigen: „Das ist schon o. k. Gott versteht das. Es geht uns schließlich allen so. Hat Jesus nicht gesagt: ‚Wer von euch ohne Sünde ist, werfe als erster einen Stein‘?[5]“.

Wir lassen uns vielleicht mit solchen Entschuldigungen abfinden, doch *Gott* sicher nicht! Er fordert uns in seinem Wort ausdrücklich auf, unsere Augen und Gedanken zu behüten. Sex beginnt in unserem Kopf. Wenn wir das nicht berücksichtigen, sondern den Augen und Gedanken freien Lauf lassen, werden letztlich auch konkrete Handlungen folgen. Zuerst sind wie im Fall von Selbstbefriedigung oder unsittlicher Berührung die Hände beteiligt und schließlich der ganze Körper.

Vielleicht ist das der Grund, warum Jesus zuerst die Augen – die Tore der Seele – erwähnt und erst an zweiter Stelle die Hände. Gedankliche Unzucht, die sich in unseren Augen und unserer Seele abspielt, widerstrebt Gott, und wenn wir ihr nicht Ein-

---

[5] Johannes 8,7.

halt gebieten, setzen wir uns wie im Fall von körperlicher Unzucht der Gefahr der ewigen Verdammnis aus. In beiden Fällen brechen wir Gottes unabänderliches Gesetz.
Das sind starke Worte. Fragst du dich manchmal, warum Gott so sehr darauf bedacht ist, dass unsere Gedanken frei von pornographischen Vorstellungen bleiben? Ein Grund dafür ist, dass sich Gedanken, die mit einem Bild verbunden sind, sehr leicht unserem Gehirn einprägen.

DER DESTRUKTIVE EINFLUSS VON PORNOGRAPHIE

Der Psychologe James L. McGaugh von der *University of California* in Irvine veröffentlichte Untersuchungen, laut denen Erinnerungen, die in Zeiten emotionaler Erregung (einschließlich sexueller Erregung) geformt wurden, durch die Wirkung von Epinephrin, einem Hormon der Nebenniere, „unauslöschlich im Gehirn eingeprägt werden". Sexuell stimulierende Erinnerungen aus der Vergangenheit können einem immer wieder zu Bewusstsein kommen und erotische Gefühle hervorrufen. Wenn der Betreffende angesichts dieser Erinnerungen masturbiert, wird die Verbindung zwischen sexueller Erregung und Orgasmus einerseits sowie der wiederholten Erinnerung an ein bestimmtes Ereignis andererseits verstärkt.[6] Dieses Prinzip erklärt, warum Pornographie süchtig machen kann und einen destruktiven Einfluss ausübt.
Dr. Victor B. Cline ist Psychotherapeut und Spezialist für die Bereiche Ehe- und Familienberatung sowie sexuelle Gebundenheit. Er schrieb eine Reihe wissenschaftlicher Artikel und Bücher, darunter *Where Do You Draw the Line? Explorations in Media Violence, Pornography, and Censorship*[7]. Im Zuge seiner Erfahrung als Therapeut und seiner Forschungstätigkeit identifizierte er ein Vier-Faktoren-Syndrom, das er bei allen sei-

---

[6] J. L. McGaugh, „Preserving the Presence of the Past", *American Psychologist*, Februar 1983, 161. Siehe www.enoughisenough.org.
[7] Wo sind die Grenzen? Gewalt und Pornographie in den Medien und die Rolle der Zensur.

nen Patienten feststellen konnte, besonders bei denen, die sich seit ihrer Jugend mit Pornographie beschäftigten. Der erste Faktor ist ein Suchteffekt, was im Zusammenhang mit Gottes Worten über unser Denken von besonderem Interesse ist. „Der Pornokonsument wird süchtig. Wer pornographisches Material verwendet, möchte immer mehr davon haben. Das Material verursacht offensichtlich eine starke Anregung des Geschlechtstriebes, auf die dann meist mit Masturbation reagiert wird. Pornographie bietet aufregende, eindrucksvolle Bilder, die sich der Konsument immer wieder in Erinnerung ruft, um sie in seinen Phantasien zu verwerten.“[8]

Erinnern wir uns an die Worte aus Matthäus 5, wonach jemand, der „eine Frau ansieht, sie zu begehren, schon Ehebruch mit ihr begangen hat in seinem Herzen“. Wird hier nicht genau das beschrieben, was Pornographie bewirkt?

Die Internetseite von *Playboy*, auf der gratis Werbefotos von „Playmates“ dargeboten werden, wird von durchschnittlich fünf Millionen Benützern pro Tag aufgesucht.[9] Mann kann sich vorstellen, welche Kämpfe in den Seelen der Verwundeten und Sterbenden auf dem Schlachtfeld der Pornographie stattfinden. Viele werden lebenslange Schäden davontragen und in der Ewigkeit die Strafe der ewigen Verdammnis in der Hölle und im Feuersee erleiden, es sei denn, sie bekehren sich zu Jesus Christus. Laut Dr. Cline lassen sich Sexsüchtige „durch nichts davon abhalten, ihren Trieb entweder durch Pornographie plus Masturbation, durch Sex mit einer Prostituierten, durch die Schändung von Kindern oder durch Vergewaltigung zu befriedigen“, wenn sie von der Welle der Lust erfasst werden. Der Auslöser für alle diese Verhaltensweisen sind optische Eindrücke!

Der zweite Faktor oder die zweite Phase ist eine Eskalation. Wie bei der Drogensucht werden immer stärkere Dosen benö-

---

[8] Dr. Victor B. Cline, *Pornography's Effects on Adults and Children* (New York: Morality in Media, 1996). Morality in Media kann unter der folgenden Adresse kontaktiert werden: 475 Riverside Drive, New York, NY 10115, U.S.A. Tel.: 001-212-870-3222.

[9] Eric Schlosser, „The Business of Pornography“, *U.S. News and World Report*, 10. Februar 1997.

tigt, um das Verlangen zu befriedigen. „Mit der Zeit wird immer mehr von dem Reizmittel gebraucht, um den gleichen Effekt wie ursprünglich zu erzielen... Diese Eskalation ist eine Folge der sexuellen Bilder, die durch die Beschäftigung mit Pornographie fest in der Vorstellungswelt des Süchtigen eingepflanzt wurden." Pornographie reduziert fast immer die Kapazität des Süchtigen, in der intimen Beziehung zum Ehepartner Liebe und Zuneigung auszudrücken. Eine Frau erzählte Dr. Cline unter Tränen, dass ihr Mann lieber vor pornographischen Bildern masturbierte, als mit ihr zu schlafen.

Die dritte Phase ist eine Desensibilisierung. „Die in pornographischen Medien dargestellten sexuellen Aktivitäten werden ungeachtet dessen, wie asozial oder abwegig sie auch sein mögen, legitimiert. Die Folge davon ist das Gefühl, dass das ‚ohnehin jeder macht', und der Süchtige gibt sich selbst die Erlaubnis, Verhaltensweisen zu praktizieren, die vielleicht sogar illegal sind und im Widerspruch zu seinen ursprünglichen moralischen Richtlinien und persönlichen Überzeugungen stehen."

Wenn du vor 1960 und der sexuellen Revolution geboren wurdest, hast du wahrscheinlich miterlebt, wie sich diese Phase auf die Moral unserer Gesellschaft auswirkte. Was früher verboten war und allenfalls im Geheimen geschah, wird jetzt ohne Furcht vor Strafe öffentlich praktiziert. Der Grund dafür ist ein Umdenken in die falsche Richtung. Die Opfer jener Kriege, die auf dem Schlachtfeld des menschlichen Denkens ausgetragen werden, geraten in eine Kriegsgefangenschaft der grausamsten Art.

Nach dem Suchteffekt, der Eskalation und der Desensibilisierung kommt die vierte Phase: „eine zunehmende Tendenz, jene sexuellen Verhaltensweisen in die Tat umzusetzen, mit denen der Konsument pornographischer Medien ständig konfrontiert wird, einschließlich zwanghafter Promiskuität, Exhibitionismus, Gruppensex, Voyeurismus, häufiges Aufsuchen von Massagesalons, Sex mit Minderjährigen, Vergewaltigung und Sadomasochismus. Diese Praktiken werden oft zu einer sexuellen Gebundenheit, aus der sich der Süchtige nicht mehr befreien kann, egal wie negativ die Auswirkungen auf sein Leben auch sein mögen."[10]

---

[10] Cline, *Pornography's Effects on Adults and Children.*

Das *National Victim Center*[11] schätzt, dass in den Vereinigten Staaten alle sechsundvierzig Sekunden eine Frau vergewaltigt wird.[12] Eine Studie erwachsener sexueller Straftäter ergab, dass 86 Prozent der Verurteilten sich regelmäßig mit Pornographie beschäftigten, wobei 57 Prozent zugaben, während der Vergewaltigung ihrer Opfer pornographische Darstellungen imitiert zu haben.[13]

Dr. Cline zieht den Schluss, „dass die meisten oder alle sexuellen Abweichungen erlernte Verhaltensweisen und das Resultat einer ungewollten Konditionierung sind. Es gibt bis heute keinen Beweis für eine genetische Übertragung von pathologischen sexuellen Verhaltensmustern wie Vergewaltigung, Inzest, Pädophilie (sexueller Missbrauch von Kindern), Exhibitionismus oder Promiskuität."[14]

„Erlernte Verhaltensweisen." Ist das nicht Grund genug, Gottes Wort und seine Verhaltensmaßstäbe ernstzunehmen und sich danach zu richten? Der Psalmist schrieb: „Aus deinen Vorschriften empfange ich Einsicht. Darum hasse ich jeden Lügenpfad!" (Psalm 119,104).

Der Schlüssel zum Sieg

Was muss uns bewusst sein, wenn wir uns mit der Rolle unseres Denkens im Zusammenhang mit der Sexualität beschäftigen? Wir müssen uns vor Augen halten, dass „dies Gottes Wille ist:

---

[11] Nationale Beratungsstelle für die Opfer sexueller Misshandlung (Anm. d. Übers.)

[12] Quellenangabe: http://www.family.org/pastor/resources/sos/a0006443.html, 30. November 2000.

[13] W. Marshall, „Use of Sexually Explicit Stimuli by Rapists, Child-Molesters and Non-Offenders" (Der Einfluss sexueller Reizmittel auf Vergewaltiger, Kinderschänder und Ersttäter), *Journal of Sex Research*, 25 (1988): 267. Quellenangabe: http://www.family.org/pastor/resources/sos/a0006443.html, 30. November 2000.

[14] Cline, *Pornography's Effects on Adults and Children.*

unsere Heiligung, dass wir uns von der Unzucht fernhalten“[15]. Aus diesem Grund müssen wir uns entscheiden, von allem wegzusehen, was dem Willen Gottes widerspricht. Wir dürfen unseren Gedanken nicht erlauben, sich mit diesen Dingen zu beschäftigen, so sehr unser Fleisch auch danach verlangt.

Was musst du daher tun? Was kannst du tun, um von den Fesseln sexueller Sünden befreit zu werden bzw. frei zu bleiben und ein siegreiches Christenleben zu führen? Wenn du der Sucht nach Pornographie verfallen bist, brauchst du mehr Hilfe, als dieses Buch bieten kann. Du brauchst jemanden, dem du Rechenschaft schuldest[16] und der dir hilft, deine Sucht zu überwinden, und du brauchst mehr Information zu diesem Thema[17], auch wenn ich davon überzeugt bin, dass die biblischen Prinzipien für den Sieg im Grunde die gleichen bleiben.

Zuerst muss dir klar sein, dass du den Kampf in deinen Gedanken nicht aus eigener Kraft gewinnen kannst. Wir wollen in diesem Zusammenhang Römer 13,12-14 lesen. Ich empfehle dir, die Verse laut zu lesen.

12 Die Nacht ist weit vorgerückt, und der Tag ist nahe.

Lasst uns nun die Werke der Finsternis ablegen und die

---

[15] Siehe 1. Thessalonicher 4,3.

[16] Es gibt die sogenannte *Covenant Eyes Internet Accountability Software*, ein Computerprogramm, welches das geheime Aufsuchen bestimmter Internetseiten unmöglich macht. Deine Partner, denen du Rechenschaft schuldest, erfahren durch diese Software, welche Internetseiten du aufsuchst. Es handelt sich dabei nicht um einen Filter, sondern um ein Programm, das eine unmittelbare Rechenschaftspflicht ermöglicht, nicht umgangen oder gelöscht werden kann sowie zuverlässig, benutzerfreundlich und preisgünstig ist. Du kannst dich per E-mail für dieses einzigartige Programm registrieren lassen und es herunterladen. Weitere Informationen sind unter www.covenanteyes.com erhältlich.

[17] Lies *The Silent War* (Der lautlose Krieg) von Henry J. Rogers (Green Forest, Arkansas: New Leaf Press, 2001) oder *Every Man's Battle* (Der Kampf jeden Mannes) von Stephen Arterburn und Fred Stoeker (Colorado Springs: WaterBrook, 2000).

Waffen des Lichts anziehen!

13 Lasst uns anständig wandeln wie am Tag; nicht in Schwelgereien und Trinkgelagen, nicht in Unzucht und Ausschweifungen, nicht in Streit und Eifersucht;

14 sondern zieht den Herrn Jesus Christus an, und treibt nicht Vorsorge für das Fleisch, dass Begierden wach werden!

Lies diese Verse noch einmal laut, unterstreiche das Fürwort *uns* und markiere jede Erwähnung von *Unzucht* mit einem großen „**U**".
Wenn du fertig bist, lies die Stelle ein drittes Mal laut und markiere das Wort *Lust* mit einem Kreis.
Was erfährst du über die Wörter, die du markiert hast? Welche Anweisungen werden uns hier gegeben? Schreibe sie auf. Sie sind deshalb wichtig, weil sie Gottes Gebote sind, deren Befolgung den Sieg ermöglicht.

Die einzige Garantie für den vollkommenen Sieg über unsere Augen und Gedanken besteht darin, dass wir Jesus Christus „anziehen"! Paulus schrieb diese Worte an die Christen in Rom, einer Stadt, in der jede sexuelle Perversion, die man sich nur vorstellen kann, beheimatet war. Jede Form der Sittenlosigkeit, einschließlich der Bestialität, wurde dort zum Teil sogar öffentlich praktiziert. Ich habe in einem früheren Kapitel bereits über den Zustand im ersten Jahrhundert gesprochen. Es war noch schlimmer als heute.
Paulus vergleicht unsere Errettung vor dem kulturellen Hintergrund seiner Zeit mit dem Ablegen eines alten Gewandes (unser Leben vor einer echten Beziehung zu Gott) und dem Anziehen

eines neuen Gewandes (unser Leben in Christus). Er verwendet denselben Vergleich in Römer 6 (wo er beschreibt, was bei unserer Errettung geschieht) sowie in Epheser 4 und Kolosser 3, wo wir aufgefordert werden, „was den früheren Lebenswandel angeht, den alten Menschen abzulegen, der sich durch die betrügerischen Begierden zugrunde richtet, und den neuen Menschen anzuziehen, der nach Gott geschaffen ist in wahrhaftiger Gerechtigkeit und Heiligkeit“ (siehe Epheser 4,22.24).

Wenn du dieses Konzept nicht verstehst, dann nimm dir einen Augenblick dafür Zeit, Gott um Weisheit zu bitten. Glaube mir, er wird deine Bitte sehr gerne erhören! Was ich dir in den nun folgenden Absätzen mitteilen werde, kommt direkt aus der Bibel, wenn ich auch nicht jedesmal die Stelle angebe. Ich werde die Aussagen aneinanderreihen wie die Perlen einer Kette, eine Perle der Wahrheit nach der anderen. Bitte Gott, dass er dir hilft, sein Wort zu hören und zu verstehen.

Als Jesus Mensch wurde, geschah das mit der Absicht, ihn am Kreuz zu opfern und für unsere Sünden sterben zu lassen. Jesus wurde uns gleich, um für jeden einzelnen Menschen den Tod zu erleiden. Er tat das, um die Strafe für unsere Sünden auf sich zu nehmen, so dass wir vom Zustand des geistlichen Todes zum Leben gelangen können und nicht den ewigen Qualen im Feuersee verfallen, den Gott ursprünglich für Satan und seine Engel vorgesehen hatte.

Jesus konnte nicht gleichzeitig als Sünder geboren werden und an unserer Stelle für unsere Sünden sterben. Wäre er so wie wir als Nachkomme Adams zur Welt gekommen, hätte er für seine eigenen Sünden sterben müssen. Doch Jesus wurde von der Jungfrau Maria geboren, in deren Körper Jesus aus göttlichem Samen gezeugt wurde. Obwohl Jesus voll und ganz Mensch war, unterschied er sich von allen anderen Menschen dadurch, dass er ohne Sünde geboren wurde.

Jesus tat während seines gesamten Lebens auf dieser Erde nur das, was seinem Vater gefiel. Obwohl er jeder möglichen Versuchung ausgesetzt war, blieb er standhaft. Da er nie sündigte, hätte er auch nie sterben müssen, doch er entschied sich, mit seinem Leben für unsere Sünden zu bezahlen.

Jesus wurde ans Kreuz genagelt und starb. Als er am Kreuz

hing, legte ihm Gott, der Vater, alle Sünden auf, die je begangen wurden. Jesus, der selbst keine Sünde begangen hatte, wurde für uns zur Sünde gemacht. Da der Lohn der Sünde der Tod ist[18], musste er sterben. Er erlitt an deiner Stelle die Todesstrafe, damit du freigesprochen werden kannst.

Da Jesus nie gesündigt hatte, wurde der Heiligkeit und Gerechtigkeit Gottes durch das Opfer Jesu ein für alle Mal Genüge getan. Aus diesem Grund weckte Gott seinen Sohn von den Toten zum ewigen Leben auf.

Jesus besiegte die Sünde und den Tod. Durch ihn bietet Gott jedem Menschen das Geschenk der Errettung an, das in der Vergebung der Sünden und der Verheißung des ewigen Lebens in der Gemeinschaft mit unserem Vater im Himmel besteht. Es gibt jedoch nur einen einzigen Weg zum ewigen Leben, und dieser Weg ist Jesus. Es gibt keine andere Möglichkeit, der Hölle und dem Feuersee zu entkommen, und wer das nicht akzeptiert, ist vom Satan, dem Vater der Lüge, hinters Licht geführt worden. Die Welt behauptet zwar, dass alle Religionen zu Gott führen, doch Jesus sagte: „Ich bin der Weg und die Wahrheit und das Leben. Niemand kommt zum Vater als nur durch mich" (Johannes 14,6).

Wer Buße tut, seine Einstellung zur Sünde ändert, sein Bedürfnis nach Erlösung einsieht und in seinem Herzen glaubt, dass Gott Jesus von den Toten auferweckt hat, wird errettet. Jesus nimmt im Herzen dieses Menschen Wohnung, und er wird „mit Christus bekleidet". Genau das ist es, wovon Paulus sprach, als er uns aufforderte, „Christus anzuziehen" bzw. eine neue Schöpfung in Christus zu werden. Christentum bedeutet nichts anderes als „Christus in euch, die Hoffnung der Herrlichkeit" (Kolosser 1,27).

Als Kinder Gottes sind uns daher nicht nur unsere Sünden vergeben, *sondern wir haben auch die Kraft, der Sünde und den falschen Gedanken und Wünschen zu widerstehen*. Die Macht der Sünde in unserem Leben ist gebrochen. Diese Tatsache gehört untrennbar zu unserer Errettung dazu und gilt für jeden Gläubigen. Sie wird jedoch erst dann zur Realität, wenn wir sie in Anspruch nehmen.

---

[18] Römer 6,23.

Wenn unser Fleisch nach den „guten alten Zeiten" verlangt und seine Begierden befriedigen will, musst du in dem Bewusstsein, den alten Menschen abgelegt und Christus angezogen zu haben, Widerstand leisten. Du darfst dem Fleisch keine Gelegenheiten bieten. Das würde dir hinterher nur leid tun. Vielmehr musst du dem Feind widerstehen und dir vor Augen halten, dass Jesus, der in dir wohnt, größer ist als der Feind, der diese Welt beherrscht. Du musst diesem Feind immer aus jener Position der Stärke entgegentreten, die du in Jesus innehast.
Ich möchte jedoch noch einmal betonen, dass du diesen Kampf nur dann gewinnen kannst, wenn du Jesus als deinen persönlichen Herrn und Retter akzeptiert hast.

Wer bittet, der empfängt

Der folgende Bericht stammt von einer Frau, die an unserer jährlich stattfindenden Frauenkonferenz teilnahm. Sie schreibt:

> Einen Tag nach meiner Heimkehr bekannte mein Ehemann, dass er sich mit Pornographie in Zeitschriften und im Internet beschäftigt hatte. Eigenartigerweise blieb ich ganz ruhig. Ich wusste, Gott hatte mich dadurch darauf vorbereitet, dass ich an der Konferenz teilnahm. Mein Mann sagte, dass er von seiner Stelle als Diakon zurücktreten wollte, und ich empfahl ihm, auch alle anderen leitenden Funktionen in der Gemeinde zurückzulegen.
> Am Tag darauf sprach Gott (nicht auf hörbare Weise) während meiner stillen Zeit zu mir und ermutigte mich, für die Errettung meines Mannes zu beten. Ich war zunächst überrascht, doch dann gingen mir die Augen auf. Ich nahm meine Notizen von der Konferenz zur Hand und studierte alle Bibelstellen über den Lebensstil gottloser Menschen sowie über die Frucht des Geistes. Gott zeigte mir klar und deutlich, dass

mein Mann in Sünde lebte und seine sogenannte Bekehrung nie zu einer echten Änderung geführt hatte. Er hatte zwar versucht, bestimmte Gewohnheiten abzulegen, aber es fehlten Hunger und Durst nach Gerechtigkeit, Selbstbeherrschung und vor allem Frieden.
Am folgenden Sonntag fragte mich mein Mann aus heiterem Himmel, ob ich es für möglich hielt, dass jemand errettet ist und trotzdem die gleichen Sünden wie vor seiner Bekehrung praktiziert. Als ich das verneinte, bekannte er mir, dass er seine eigene Errettung bezweifelte und seit seinem elften Lebensjahr mit der einen oder anderen Form von Pornographie zu tun hatte. Ich schlug ihm vor, er solle Gott bitten, ihm zu zeigen, wo er in seiner Beziehung zu Gott stand, und empfahl ihm, in der Bibel nach den Antworten auf seine Fragen zu suchen.
Kay, mein Mann ist jetzt ein völlig neuer Mensch! Es kommt mir so vor, als wäre ich selbst von neuem errettet worden, weil mir eine so schwere Last und Bürde abgenommen wurde. Im Gegensatz zu früher hat mein Mann einen richtigen Hunger nach dem Wort Gottes und steht jeden Morgen um 5 Uhr früh auf, um die Bibel zu studieren... Es ist ein großer Segen, zu beobachten, wie er Dinge im Wort Gottes entdeckt, die ihm vorher nie bewusst waren. Er bemerkte auch, dass wir eine Menge guter christlicher Bücher zu Hause haben. Er lernt, seine Gedanken zu kontrollieren. Gelegentlich kommen ihm zwar schlechte Gedanken, aber sie bleiben nicht hängen. Er redet ständig von dem Frieden, den er erfuhr, als er Jesus sein Leben übergab. Er plant, im Februar an der Männerkonferenz teilzunehmen und freut sich sehr darauf!

Dieser Mann hatte also auch nach seiner Bekehrung noch hie und da einen schlechten Gedanken, aber jetzt hat er durch seine innige Beziehung zum Herrn und durch das Wort Gottes die Kraft, diese Gedanken zu überwinden. Als er mit ganzem Herzen glaubte und Jesus in sein Leben aufnahm, gab ihm der Geist Gottes die Kraft, den Versuchungen zu widerstehen.

Die Frage ist: Hast auch *du* mit ganzem Herzen geglaubt und Jesus in dein Leben aufgenommen? Hat sich dein Leben seither verändert? Wenn du das verneinst, dann möchte ich dich als nächstes fragen: Bist du bereit, Jesus Christus, den einzigen Retter, den es gibt, als deinen Herrn und Gott zu akzeptieren?

Wenn ja, dann möchte ich dich ermutigen, ihm das an dieser Stelle laut zu sagen. Rufe den Namen des Herrn an, sage Jesus, dass du ihn als den Sohn Gottes, den menschgewordenen Gott, anerkennst und ein Leben führen möchtest, das ihm gefällt. Bitte Gott, dich zu erretten... und du *wirst* errettet werden.

Wenn du willst, kannst du dein Gebet in den folgenden Zwischenraum schreiben, sozusagen als schriftliche Aufzeichnung der Übergabe deines Lebens an Gott. Wenn du dein Gebet nicht aufschreiben willst, empfehle ich dir, zumindest das Datum deiner Entscheidung zu notieren.

Am __________ (Tag, Monat) im Jahr des Herrn __________ habe ich Buße getan und Jesus Christus als meinen Herrn, Gott und Retter aufgenommen.

Ich glaube in meinem Herzen, dass Jesus für meine Sünden starb und von den Toten auferweckt wurde. Ich danke dir, meinem Gott und Vater, dass du mich mit deinem Sohn, dem Herrn Jesus Christus, bekleidet und mir das ewige Leben geschenkt hast.

Wie herrlich wird es sein, die Ewigkeit in der Gemeinschaft mit dir zu verbringen!

Es kommt nicht auf die Wortwahl an. Dies ist nur ein einfaches Glaubensbekenntnis, das zur Erinnerung an deinen geistlichen Geburtstag und deine Entscheidung, Jesus dein Leben zu übergeben, dienen kann. Wirklich notwendig ist nur das Bekenntnis, dass Jesus Christus dein Herr ist. Es gibt kein Mantra, keine magische Formel für die Errettung. Wenn wir mit ganzem Herzen an Jesus Christus glauben und bekennen, dass wir ohne ihn verloren sind, werden wir von neuem geboren und beginnen ein aufregendes, lohnendes und wunderbares Leben.

Ich wünschte, ich könnte dir diese Dinge persönlich mitteilen und du könntest die Leidenschaft und Begeisterung in meiner Stimme hören. Dieses neue Leben besteht darin, dass wir mit Christus unzertrennlich verbunden sind: er wohnt in uns und wir in ihm. Unser Körper ist sein Tempel, sein Wohnort, und alles in diesem Tempel soll ihn verherrlichen, ihn widerspiegeln. Unsere Heiligung ist ein Prozess und wird dann geschehen, wenn wir dem Wort Gottes in uns Raum geben und von jedem Wort leben, das aus seinem Mund kommt. Gottes größter Wunsch ist, „eure Herzen zu stärken, damit ihr untadelig in Heiligkeit seid vor unserem Gott und Vater“ und „euch völlig zu heiligen, damit euer Geist und Seele und Leib untadelig bewahrt werden bei der Ankunft unseres Herrn Jesus Christus!“ (1. Thessalonicher 3,13; 5,23).

EIN BUND MIT DEINEN AUGEN

Du weißt jetzt, woher du die Kraft bekommst, deine Augen und Gedanken zu kontrollieren, aber was ist der nächste Schritt? Schließlich lebst du nach wie vor in einem Körper aus Fleisch und Blut, hast Augen, die sehen, und einen Verstand, der sich Dinge vorstellen kann. Wie verhältst du dich in einer Umwelt, die sich im Gegensatz zu dir nicht verändert hat?

Eine Antwort auf diese Frage bietet unter anderem das Beispiel eines Mannes namens Hiob. Lies die folgende Stelle laut und markiere jede Erwähnung der *Augen* mit dem gleichen Symbol wie zuvor das Wort *ansehen*.

Hiob 31,1-12

1 Einen Bund habe ich mit meinen Augen geschlossen. Wie hätte ich da auf eine Jungfrau ‹lüstern› blicken sollen?
2 Denn was wäre ‹dafür› die Zuteilung von Gott droben gewesen und das Erbteil vom Allmächtigen in den Höhen?
3 Ist nicht Verderben für den Übeltäter ‹bestimmt› und Missgeschick für die, die Unrecht tun?
4 Sieht er nicht meine Wege und zählt alle meine Schritte?
5 Wenn ich mit Gehaltlosem umgegangen bin und mein Fuß zum Betrug geeilt ist, -
6 er soll mich auf der Waage der Gerechtigkeit wiegen, so wird Gott meine Rechtschaffenheit erkennen!
7 Wenn mein Schritt vom Weg abgebogen und mein Herz meinen Augen gefolgt ist und an meinen Händen ein Makel klebt,
8 dann möge ich säen und ein anderer essen, und meine Sprösslinge mögen entwurzelt werden!
9 Wenn mein Herz sich wegen einer Frau hat betören lassen und ich an der Tür meines Nächsten gelauert habe,
10 ‹dann› soll meine Frau für einen anderen mahlen, und andere mögen über ihr niederknien!
11 Denn das wäre eine Schandtat und das eine Schuld, die vor die Richter gehört.

12 Ja, ein Feuer wäre es, das bis zum Untergang fräße
und meinen ganzen Ertrag entwurzeln würde.

Sind dir beim Markieren der *Augen* die Aussagen über das *Herz* und die *Lust* aufgefallen? Lies die Stelle noch einmal laut, markiere das *Herz* mit dem entsprechenden Symbol und unterstreiche alle Begriffe, die etwas mit der *Lust* zu tun haben, einschließlich der Synonyme *betören* und *lauern* (Vers 9).
Als Hiob diese Worte sprach, wurde er von Satan mit Gottes Erlaubnis geprüft und verteidigt gegenüber seinen drei skeptischen Freunden seine Unschuld. Schreibe auf, welche Argumente für seine Unschuld er in diesen Versen vorbringt:

Hiob erwähnt offensichtlich auch sein sexuelles Verhalten als Argument für seine Unschuld. Er besaß offenbar eine gesunde Gottesfurcht und wusste, dass Gott in seiner Heiligkeit die Sünde bestraft. Hiob hatte daher die Entscheidung getroffen, ein gerechtes Leben zu führen, nicht nur äußerlich, sondern auch in seinem Herzen. Hiob wusste um die Allwissenheit und Allgegenwart Gottes; er verstand, dass Gott ihn auf allen seinen Wegen beobachtete, seine Schritte zählte und auf seine Gedanken achtete. Gott wusste, was in Hiob vorging und ob er sich von dem Anblick, dem Parfum, den Worten einer Frau betören ließ. Hiob wusste, dass Gott seine Gedanken lesen konnte, wenn er seinen Nachbarn und dessen Frau besuchte, und dass sein Begehren nach einer anderen Frau der Aufmerksamkeit Gottes nicht entgangen wäre.
Was können wir aus Hiobs Worten lernen? Wer seinem Herzen und seinen Gedanken erlaubt, sich von einer Frau betören zu lassen, ohne mit ihr verheiratet zu sein, begeht eine Sünde. Wenn die Lust ihr hässliches Haupt erhebt, muss sie sofort geköpft werden. Sie verdient keine Barmherzigkeit. Lust ist Sün-

de, und Sünde verdient die sofortige Strafe. Gehe mit dir selbst ins Gericht, damit du nicht von Gott gerichtet wirst.[19]
Hiob betonte, dass er den Frauen anderer Männer nie auflauerte. Er wusste, dass dieses Verhalten in Gottes Augen ein Verbrechen darstellt und dementsprechend bestraft wird. Die Sünden des Herzens und der Gedanken können zu einem unkontrollierbaren Feuer werden, das alles vernichtet und uns auf dem Weg zu Abbadon, dem Ort des Verderbens, dicht auf den Fersen bleiben wird. Wenn du deine gedanklichen Sünden nicht unter Kontrolle bringst, wirst du einen hohen Preis dafür zahlen.
Und wo beginnen diese Sünden? Sie beginnen mit unseren Blicken! Aus diesem Grund schloss Hiob einen Bund mit seinen Augen. Er weigerte sich, „lüstern auf eine Jungfrau zu blicken", Frauen anzustarren und nach ihnen zu verlangen.
Jeder von uns sollte einen Bund mit seinen Augen schließen. Die Folgen wären ein reines Herz und eine ungetrübte Vision von Gott! Jesus sagte: „Glückselig, die reinen Herzens sind, denn sie werden Gott schauen" (Matthäus 5,8).
Ich möchte dich ermutigen, die nächsten Minuten mit Gott zu verbringen. Erlaube ihm, dein Herz zu reinigen. Übergib ihm alles, was dich beschäftigt. Schließlich kennt er dich durch und durch und weiß, was in dir vorgeht. Schließe dann wie Hiob einen Bund mit deinen Augen. Versprich Gott, dass du deine Augen von jeder sexuellen Versuchung, von jedem optischen Anreiz zur Lust abwenden wirst.
Ich muss dich jedoch darauf aufmerksam machen, dass eine solche Verpflichtung nicht leichtfertig eingegangen werden soll, denn bei jedem Bundesschluss ist Gott Zeuge und wird uns zur Verantwortung ziehen. Wir dürfen nicht vergessen, dass jeder Bund eine feierliche, unauflösliche Übereinkunft darstellt, bei der die Partner seinerzeit zwischen den Hälften eines getöteten Opfertieres hindurchgingen, um auszudrücken, wie ernst sie es meinten.[20] Im Hebräerbrief, Kapitel 10, Vers 19-22 lesen wir,

---

[19] Siehe 1. Korinther 11,31.
[20] Eine ausführliche Behandlung des Themas *Bund* bietet das induktive Bibelstudium *Unser Bund mit Gott*, von Kay Arthur (deutsche Ausgabe erschienen bei *Precept Ministries International e. V.*,

dass wir durch den zerrissenen Vorhang des Körpers Jesu hindurch zu Gott kamen. Wenn wir einen Bund mit unseren Augen schließen, dann tun wir das eigentlich auf der Grundlage des Blutes Jesu, mit dem er uns für Gott erkauft hat.
Vergiss nicht, dass dein Körper der Tempel des Heiligen Geistes ist und du ein heiliges Leben führen sollst. Alles in diesem Tempel soll rufen: „Heilig dem Herrn“;[21] und aus diesem Grund sollen deine Augen alles vermeiden, was Gott nicht gefällt und dich zur Lust verführt.
Wenn du bereit bist, diesen Bund zu schließen, empfehle ich dir, das in deinen eigenen Worten schriftlich zu tun und das Datum deiner Entscheidung zu notieren. Bewahre dieses Buch auf, damit du von Zeit zu Zeit wiederholen kannst, was du gelernt hast. Gottes Richtlinien für Sex sollen dir stets in Erinnerung bleiben.

DIE WAFFEN UNSERES KAMPFES

Wie verhältst du dich also, wenn du etwas siehst, was du nicht sehen solltest und wenn auf einmal dein Verlangen geweckt und deine Vorstellungskraft beflügelt werden? Ich möchte dir eine Strategie zeigen, mit deren Hilfe du den Bund mit deinen Augen einhalten kannst.
Der erste Schritt ist, *deine Augen sofort von jedem optischen Eindruck abzuwenden*, der dein Verlangen weckt. Schau nicht hin! Schließlich hast du mit deinen Augen einen Bund geschlossen!
Aber was machst du mit den lustvollen Vorstellungen, die durch optische oder akustische Eindrücke hervorgerufen wurden und dein Denken überfluten wollen? Sie treten manchmal ein, ohne anzuklopfen! Was kannst du in diesem Fall tun?
Diese Frage bringt uns zu dem zweiten Schritt: *Nimm jeden Gedanken unter den Gehorsam Christi gefangen*, wie der 2. Korin-

---

Kostenzer Weg 10, D-94315 Straubing; www.induktives-Bibelstudium.com) (Anm. d. Übers.).
[21] Vgl. 2. Mose 28,36.

therbrief 10,5 sagt. Wir wollen den Vers im Zusammenhang lesen:

2. Korinther 10,3-5

> 3 Denn obwohl wir im Fleisch wandeln, kämpfen wir nicht nach dem Fleisch;
>
> 4 denn die Waffen unseres Kampfes sind nicht fleischlich, sondern mächtig für Gott zur Zerstörung von Festungen; so zerstören wir Vernünfteleien
>
> 5 und jede Höhe, die sich gegen die Erkenntnis Gottes erhebt, und nehmen jeden Gedanken gefangen unter den Gehorsam Christi

Du befindest dich in einem Krieg. Das Schlachtfeld sind deine Gedanken. Angenommen, der Postbote bringt dir ein Paket mit Giftschlangen: Würdest du diese Sendung ohne weiteres annehmen? Nein, natürlich nicht. Würdest du vermuten, dass dieses Paket von einem Freund stammt? Nein, das wäre unsinnig. Kein echter Freund verschickt solche Pakete. Was würdest du also tun? Du würdest das Paket mit dem Vermerk „Zurück an den Absender" ablehnen.

Angenommen, der Postbote bittet dich flehentlich, das Paket wenigstens für eine Nacht bei dir zu behalten, damit er nicht extra zum Lager zurückfahren muss. Wärest du dazu bereit? Nein, es sei denn, du hast den Verstand verloren. Du würdest darauf bestehen, dass der Postbote das Paket sofort wieder mitnimmt.

Woher, glaubst du, kommen unmoralische Gedanken? Von einem Freund? Nein, sicher nicht. Verbiete diesen Gedanken, sich auch nur eine Minute lang bei dir aufzuhalten. Weise sie ab. Sie kommen aus der innersten Hölle, von dem Verderber, der „alten Schlange", von Satan.

Weigere dich, Gedanken zu hegen, die der Wahrheit und dem

Wesen Gottes widersprechen, ganz egal, wie schwierig deine Umstände auch sein mögen. Zerstöre diese Gedanken sofort. Sie sind wertlos. Unmoralische Gedanken sind ein wertloses Götzenbild, das im Widerspruch zu all dem steht, was wir über Gott, sein Wort, seinen Willen und seine Heiligkeit wissen. Verschließe den giftzahnbewehrten Mund solcher Gedanken und höre nicht auf sie. Übergib sie Jesus als Gefangene. Sage Gott, dass du ihnen keinen Raum geben willst, auch wenn sie dir in den Sinn gekommen sind. Weise ihnen die Tür und unterwirf sie der Herrschaft Gottes. Entscheide dich, heilig zu sein, so wie Gott heilig ist.

Nach meiner Bekehrung kämpfte ich eine Zeit lang ständig mit unmoralischen Gedanken und Träumen. Ich schrie zum Herrn, betete und las vor dem Einschlafen die Bibel, aber die Gedanken und Träume quälten mich nach wie vor und hinterließen in mir ein „unreines“ Gefühl. Ich wollte sie nicht, aber sie kamen trotzdem. Eines Tages wurde mir plötzlich klar, dass diese Gedanken nicht von mir kamen, sondern von Satan. Sie verstellten sich nur als meine eigenen Gedanken. Als mir das klar wurde, lernte ich sehr rasch, das Postpaket mit dem Vermerk „Zurück an den Absender“ abzustempeln. Die Kämpfe wurden immer seltener, obwohl sie manchmal ganz unerwartet auftraten.

Vor etlichen Jahren, am Anfang meiner Reisetätigkeit, befand ich mich im Flughafen und ging gerade die Treppe zu einem kleineren Flugzeug hinunter, als ein gutaussehender Mann an mir vorbeieilte – und in diesem Moment kreuzte ein schmutziger Gedanke meinen Verstand. Ich wusste, der Feind wollte mich davon überzeugen, dass ich mit solchen Gedanken erst gar nicht versuchen sollte, herumzureisen und das Wort Gottes zu verkündigen. Zu diesem Zeitpunkt hatte ich mich jedoch bereits mit geistlicher Kriegführung beschäftigt und war den Tricks und Methoden Satans nicht mehr ahnungslos ausgeliefert. Ich sagte leise: „Ich widerstehe dir im Namen Jesu Christi, und kraft des Blutes Jesu Christi“, und ging dann einfach weiter.

Wenn du ständig mit schlechten Gedanken kämpfst, empfehle ich dir, dich mit geistlicher Kriegführung auseinanderzuset-

zen.[22] Du kannst zuversichtlich sein, dass Gott „uns allezeit im Triumphzug umherführen wird in Christus".[23]
Aber auch wenn du die Gedanken gefangengenommen und sie Christus übergeben hast, ist der Kampf noch nicht gewonnen. Es genügt nicht, den Feind abzuweisen. Wir müssen ihm auch die Rückkehr verwehren. Unsere Gedanken werden sich auf jeden Fall mit irgend etwas beschäftigen. Das bringt uns zu dem dritten und letzten Schritt unserer Strategie: Beschäftige dich mit den Dingen Gottes. Sobald du die unreinen Gedanken Gott übergeben hast, musst du dich bewusst mit den Dingen beschäftigen, die in Philipper 4,8 beschrieben werden:

> Übrigens, Brüder, alles, was wahr,
> alles, was ehrbar,
> alles, was gerecht,
> alles, was rein,
> alles, was liebenswert,
> alles, was wohllautend ist,
> wenn es irgendeine Tugend und
> wenn es irgendein Lob ‹gibt›, das erwägt!

Du musst dich bewusst dazu entscheiden, so zu denken, wie es dem Willen Gottes entspricht. Du bist kein Sklave deiner Gedanken, sondern kannst sie kontrollieren – sie „gefangennehmen". Jeder Gedanke, der dem widerspricht, wer du in Christus bist und wer Christus in dir ist, muss hinausgeworfen werden.
Du sollst bewusst Gedanken hegen, die *wahr* und *ehrbar* sind. Unmoralisches Verlangen ist unwahr; es besteht aus Phantasien und Wünschen, zu deren Verwirklichung du kein Recht hast, weil sie alles andere als ehrbar sind. Ersetze sie mit Gedanken, die ehrbar und wertvoll sind, z. B. Gedanken an die Ehe, die von allen in Ehren gehalten werden soll.[24] Du sollst in deinem

---

[22] Mein Buch *Lord, Is It Warfare? Teach Me to Stand* (Colorado Springs: WaterBrook, 2000) ist ein Studium dieses Themas, das vielen Menschen geholfen hat.
[23] 2. Korinther 2,14.
[24] Hebräer 13,4.

Denken ein Mann bzw. eine Frau von Anstand und Würde sein. Wähle den höheren Weg, den Weg der Ehre.

Frage dich, was *gerecht* ist und entschließe dich, diesem Prinzip zu folgen. Es gab eine Zeit, in der Männer und Frauen sich geweigert hätten, Kompromisse zu schließen. Denke über solche Menschen nach. Beschäftige dich damit, was es heißt, ein Leben zu führen, das Gott gefällt.

Ersetze unreine Gedanken mit *reinen*. Als Kind Gottes sollst du die gleiche Einstellung haben wie Christus. Hätte er unreinen Gedanken Raum gegeben? Nein.

Denke über Dinge nach, die *liebenswert* sind. Das wird deinen gesamten Gemütszustand verändern. Richte deine Augen und deine Aufmerksamkeit auf das, was liebenswert ist statt auf das, was unlauter, schmutzig, verkehrt, pervers oder destruktiv ist.

Konzentriere dich auf Dinge, die *wohllautend* – wertvoll, gut und tugendhaft - sind. Frage dich, wie diese Eigenschaften in deinen Beziehungen verwirklicht werden können und wie du sie in die Praxis umsetzen kannst.

Setze dir ein hohes Ziel; denke an die verschiedenen *Tugenden* und daran, in allem dein Bestes zu geben und dich richtig zu verhalten.

Erwäge das, was *Lob* verdient – was wertvoll ist.

Wache über deine Gedanken. „Mehr als alles, was man ‹sonst› bewahrt, behüte dein Herz! Denn in ihm ‹entspringt› die Quelle des Lebens“ (Sprüche 4,23). Frage dich, wie Jesus handeln würde und denke daran, wie sehr er daran Gefallen hat, dass du seinem Beispiel folgst.

Ich möchte dich ermutigen, Zeit mit Gott zu verbringen und ihn um konkrete Bibelstellen zu bitten, mit denen du dich gedanklich beschäftigen kannst. Bereite dich auf die Auseinandersetzung vor. Im Fall eines Angriffs und wenn es die Gelegenheit erlaubt, sprich laut mit Gott.

David sprach davon, dass er mit sich selbst redete, und du kannst das auch tun. Gib dir selbst Befehle, wie ein General einem Unteroffizier.

Soweit unsere Strategie. Ziehe Jesus an und triff keine Vorkehrungen für das Fleisch und seine Begierden. Du wirst dankbar sein, wenn du die Folgen dieser Entscheidung siehst. Du wirst von Kraft zu Kraft und von Sieg zu Sieg schreiten – und wenn du hie und da ein Gefecht verlierst, dann steh einfach wieder auf, bekenne deine Schuld und setze deinen Weg fort.

> Denn dies ist die Liebe Gottes, dass wir seine Gebote halten, und seine Gebote sind nicht schwer. Denn alles, was aus Gott geboren ist, überwindet die Welt; und dies ist der Sieg, der die Welt überwunden hat: unser Glaube. Wer aber ist es, der die Welt überwindet, wenn nicht der, der glaubt, dass Jesus der Sohn Gottes ist? (1. Johannes 5,3-5)

11

Zurück zum Garten

Kann Sex wirklich etwas Schönes sein?

Ich sprach mit einer Freundin über dieses Buch, und sie sagte beim Weggehen: „Meine Kinder (sie sind zwischen zwanzig und dreißig Jahren alt) würden dieses Buch nie kaufen. Sie würden nur darüber lachen. Es beschreibt genau das Gegenteil davon, was sie glauben und wie sie leben."
„Ich weiß", antwortete ich, „und es bricht mir das Herz. Viele werden dieses Buch nicht akzeptieren. Aber ich musste es einfach schreiben, damit Jugendliche und Erwachsene zumindest nicht im Unklaren darüber sind, was Gott zu diesem Thema sagt und was er den Menschen schenken will, vorausgesetzt, sie vertrauen und gehorchen ihm."
Sie zögerte und fragte dann: „Meinst du wirklich, die Leute denken, dass Sex etwas Schönes sein kann? Die meisten haben keine Ahnung davon."
In ihren Worten war die Sehnsucht unzähliger Menschen zu hören, die sich zwar wünschten, Sex *wäre* etwas Schönes, es aber nicht mehr hören wollen, weil es nicht ihren eigenen Erfahrungen entspricht.
Nachdem ich gestern Abend das vorhergehende Kapitel fertiggestellt hatte, schalteten Jack und ich beim Abendessen das Fernsehgerät ein. Auf einem Kanal wurde eine zweistündige Sondersendung angekündigt, in der es darum ging, ob homosexuelle Paare das Recht haben sollten, Kinder zu adoptieren oder nicht. Die Sendung interessierte mich, aber da sie erst eine Stunde spä-

ter begann, suchte ich inzwischen etwas anderes und fand ein Programm über Marilyn Monroe in der Serie *Biography* auf dem Kanal *A&E*. Danach schaltete ich zu der Sondersendung um, in der Rosie O'Donnell öffentlich über ihre lesbische Beziehung sprach, und welche Folgen das für die Kinder hatte, die sie aufzog. Im Anschluss daran war auf dem gleichen Kanal ein halbstündiges Programm über die Römisch-katholische Kirche zu sehen, in dem es um die Millionenbeträge ging, welche die Kirche an Personen – meist an Männer – bezahlen musste, die von Priestern sexuell missbraucht worden waren.

Nach mehr als drei Stunden vor dem Fernsehgerät, in denen ich kaum etwas erledigen konnte, weil die Programme meine ganze Aufmerksamkeit in Anspruch nahmen, ging ich mit schwerem Herzen schlafen.

An einem einzigen Abend war ich Zeuge unzähliger Leiden geworden:

> Marilyn Monroe; die als Kind missbraucht worden war und zwei schlimme Fehlgeburten erlebte, die sie ihrem ehebrecherischen Lebensstil zuschrieb;
>
> > Rosie O'Donnell, die ebenfalls eine schwere Kindheit hinter sich hat;
> >
> > > Kinder, die geschlagen, misshandelt, abgelehnt, sexuell missbraucht, von einer Pflegefamilie zur nächsten weitergereicht und schließlich zur Adoption freigegeben wurden;
>
> der junge Priester, der nicht mehr an Gott glauben wollte, weil ein anderer Priester seine Autorität über ihn missbraucht hatte, als er ein Kind und später ein Student war.

Meine Reaktion war: „Vater, wie anders hätten die Dinge laufen können, hätten wir nur auf dich gehört, uns nach deinem Wort gerichtet und wären mit Sex dementsprechend umgegangen."

Ich dachte an all jene Menschen, die von Gottes Wegen keine Ahnung hatten, und mir wurde klar, wie wichtig die Botschaft dieses Buches ist, weil sie uns mit dem Wort Gottes konfrontiert und so unser Leben verändern kann.

Wir haben uns in diesem Buch vor allem damit auseinandergesetzt, wie Gottes Design durch die Sünde zerstört wurde, wie Sex zu etwas schmutzigem, perversem und destruktivem wurde. Vielleicht bezweifelst du, dass Sex überhaupt etwas Schönes an sich haben kann. Erinnere dich jedoch an das erste Kapitel, wo wir davon sprachen, dass Sex laut Gottes ursprünglichem Design als Abbild der göttlichen Liebe Christi zu seiner Braut dienen sollte. Wie wir gesehen haben, wurde dieses Abbild durch die Sünde der Menschen tragischerweise bis zur Unkenntlichkeit entstellt.

Auf diesen letzten Seiten wollen wir, unabhängig davon, ob du alleinstehend oder verheiratet, jung oder alt bist, die Schönheit von ehelichem Sex erforschen. Wir wollen uns mit den einzigartigen, wunderbaren Aspekten des Einswerdens der Ehepartner innerhalb jener Richtlinien, die Gott uns gegeben hat, beschäftigen, um wiederzuentdecken, was Gott für uns im Sinn hatte. Wir werden einen Blick auf das Hohelied Salomos werfen, in dem Gott uns zeigt, was er ursprünglich beabsichtigte, als er den Menschen als Mann und Frau erschuf und Eva zu Adam brachte, damit sie ein Fleisch werden und eine Familie gründen konnten.

Hier wird eine Liebe beschrieben, über die wir „jubeln und uns freuen" können![1] Die Frau (sie wird im Hohelied 6,13 „Sulamith" genannt) hat den gefunden, den ihre Seele liebt. Ihr Geliebter ist Salomo, der im ersten Vers als Autor dieses Liedes genannt wird. Die acht Kapitel bestehen im Wesentlichen aus einem Dialog von Braut und Bräutigam, sowie einigen Versen, in denen die „Töchter Jerusalems" zu Wort kommen.

In den ersten beiden Kapiteln des Hoheliedes beobachten wir Salomo und Sulamith während ihrer Verlobungszeit. In den Kapiteln 3,6 – 5,2 nehmen wir an der Hochzeitsfeier teil und erfahren von dem Vollzug ihrer Ehe.[2] Von Kapitel 5,2 bis zum Ende des Liedes geht es um jene Liebe, die „stark wie der Tod" ist.[3] Das Hohelied beschreibt Verlobung und Eheschließung,

---

[1] Hohelied 1,4.

[2] Irving Jensen, *Survey of the Old Testament* (Chicago: Moody Press, 1978), S. 314.

[3] Jensen, *Survey of the Old Testament*, S. 314.

wie sie sein sollten – ein Mann und eine Frau, die voneinander hingerissen sind und sich nicht schämen, das auszudrücken.
Markiere beim Lesen der einzelnen Verse jedes Vorkommen des Wortes *Liebe* (*lieben*) einschließlich der Synonyme und Fürwörter mit einem roten Farbstift oder mit einem Herz, damit du auf einen Blick sehen kannst, wo der Text davon spricht, und damit sich diese Worte deinem Herzen einprägen.
Beachte beim Studium dieser Liebesgeschichte, dass die körperliche Beziehung der beiden nach ihrer Eheschließung in eine neue Dimension eintritt. Wenn du alleinstehend bist, wirst du in den ersten vier Kapiteln wertvolle Einblicke für dein Leben finden.

Die zukünftige Braut und ihr Geliebter

In den einleitenden Versen wird das Verlangen Sulamiths nach ihrem Geliebten offenkundig.

HOHELIED 1,2

> 2 Er küsse mich mit Küssen seines Mundes, denn deine Liebe ist köstlicher als Wein.

Sie wollte geküsst werden! Wie gut ich mich an diese Sehnsucht erinnere. Als ich ein Teenager war, überlegte ich mir gut, wen ich küsste. Das hatte damals nichts damit zu tun, dass ich Gott kannte oder fürchtete. Ein Kuss war eben etwas besonderes! Ich hatte eine Menge Hochachtung vor der Ehe, wie sie mir von meinen Eltern vorgelebt wurde. Mein Vater hatte mir beigebracht, dass Männer mit schlimmen Mädchen zwar ausgehen, sie aber nicht heiraten – und ich wollte unbedingt heiraten!
Mein erster Mann, Tom, ein außergewöhnlicher Mann und Athlet, beschrieb, was er empfand, als ich ihm das erste Mal erlaubte, mich zu küssen. Er wäre am liebsten in das Studentenheim gelaufen, in dem er damals wohnte, um laut zu rufen: „Ratet mal, wen ich heute geküsst habe!“ Ich war auch mit einigen

seiner Mitstudenten ausgegangen, gab aber keinem von ihnen einen Kuss.
Doch als ich die wunderbare Erfahrung machte, mit meinen Lippen die Lippen von jemand ganz besonderem zu berühren, konnte ich kaum mehr an etwas anderes denken. Ich ließ diesen Augenblick immer wieder vor meinem geistigen Auge ablaufen.
Salomo und seine schöne Braut empfanden das gleiche füreinander. Sie war nicht nur rein geblieben, sondern hatte bis dahin wahrscheinlich noch nie einen Mann geküsst. Achte auf ihre nächsten Worte, mit denen sie ihre Sehnsucht und Wertschätzung füreinander ausdrücken.

> 9 »Einer Stute an den Prachtwagen des Pharao vergleiche ich dich, meine Freundin.
> 10 Anmutig sind deine Wangen zwischen den Schmuckkettchen, dein Hals mit der Muschelkette.
> 11 Goldene Schmuckkettchen wollen wir dir machen mit Perlen aus Silber.«

So wurde im Nahen Osten vor etwa dreitausend Jahren gesprochen. Damals waren Männer ebenso von ihren Pferden begeistert, wie heute von ihren Autos. Ihre Hengste waren mit allen möglichen glitzernden, klingenden Ornamenten verziert, etwa so wie die Autos in den Vereinigten Staaten der 50er Jahre: viel Chrom, bemalt mit Blitzstrahlen, und innen verschiedenste Anhänger, die vom Rückspiegel baumelten. Männer lieben es nach wie vor, ihre Autos mit den tollsten elektronischen Schnickschnacks auszurüsten...
Salomo hatte alles, was man sich damals vorstellen konnte: ein hervorragendes Pferd und eine außergewöhnliche Frau! Wie in den Werbeeinschaltungen für Autos übertraf seine Stute die Stuten Pharaos; seine Geliebte war die schönste aller Frauen.
Und was dachte sich das junge Mädchen, die bei dem Brunnen stand, wo er seine Herde tränkte? Was empfand sie für ihn? Lesen wir ihre Beschreibung des Mannes, der ihr Herz eroberte:

> 13 Ein Myrrhenbeutelchen ist mir mein Geliebter, das zwischen meinen Brüsten ruht.
> 14 Eine ‹Blüten›traube vom Hennastrauch ist mir mein Geliebter, aus den Weinbergen von En-Gedi.«

Salomo hat ihr das Leben versüßt. Seine Gegenwart bzw. der Gedanke daran brachte einen angenehmen Duft, wie von Myrrhe und Henna. Jeder von uns ist gerne in der Gegenwart von Menschen, die unser Selbstwertgefühl stärken. Mit solchen Menschen wollen wir immer wieder Zeit verbringen.
Beachte, wie Salomo auf ihre Worte antwortet.

> 15 »Siehe, du bist schön, meine Freundin, siehe, du bist schön, deine Augen sind Tauben.«

Ist dir aufgefallen, dass Salomo als erstes ihre Augen beschreibt, lange bevor er über ihren Körper spricht? Heutige Frauen werden oft ausschließlich als Sexobjekte betrachtet und nach der Größe ihrer Brüste oder der Form ihrer Hüften beurteilt.
In unserer sexbesessenen Gesellschaft ist eine ganze Reihe von Büchern erschienen, in denen erklärt wird, wie Frauen jene sexuelle Befriedigung erlangen können, die ihnen zusteht. Laut einem Artikel in der Zeitschrift *USA Today* „erwähnen gleich mehrere Autoren, dass Frauen der Generation X dramatische Probleme damit haben, ihren eigenen Körper zu akzeptieren." In dem Versuch, sexuell attraktiv zu sein, verwenden junge Frauen „nicht mehr das Korsett, sondern betreiben vermehrt Bauchmuskelübungen", sagt Sallie Foley, eine Sextherapeutin und Mitautorin des Buches *Sex Matters for Women*. „Frauen der Generation X haben sich der fixen Idee eines idealen Körpers verschrieben, doch dieses Ideal ist unmöglich zu erreichen. Sie bilden sich ein, ein perfekter Körper sei der Garant für besseren Sex, doch diese Meinung zeigt ein völliges Missverständnis

unserer Sexualität. Die Annahme, dass Frauen mit fotogenen Körpern besseren Sex erleben, stimmt einfach nicht."[4]
Das Hohelied Salomos ist deshalb ein Klassiker, weil es hier nicht um das Anstarren eines attraktiven Körpers geht, obwohl, wie wir sehen werden, dieser Mann und seine Frau die körperlichen Merkmale des anderen sehr wohl zu schätzen wussten. Hier geht es vielmehr um echte Liebe und jenes Vergnügen, das Gott ursprünglich im Sinn hatte. Diese Liebe ist nicht dazu da, auf der Straße oder in Umkleideräumen in den Schmutz getreten zu werden; ihre Reinheit und Heiligkeit sollen unangetastet bleiben. Nie werden in diesem Lied Vergleiche zu früheren Liebhabern oder der idealen Frau gezogen. Salomo schätzt Sulamith *als Person, so wie sie ist.* Das ist eine ganz wichtige Voraussetzung für eine gesunde sexuelle Beziehung.
Wenn du willst, dass die körperliche Beziehung zu deinem Mann bzw. deiner Frau neue Höhen erreicht, dann musst du ihn bzw. sie in höchsten Ehren halten. Liebe bringt Liebe hervor, und ein freundliches Wort bewirkt eine freundliche Antwort. Lesen wir Sulamiths Antwort:

> 16 »Siehe, ‹auch› du bist schön, mein Geliebter, und hold, und unser Lager ist frisches Grün.

Sehnen wir uns nicht alle danach, in den Augen unseres Geliebten etwas besonderes zu sein? 27 Mal nennt Sulamith Salomo ihren „Geliebten". Wieviele Menschen wünschen sich wohl, dieses Wort wenigstens ein einziges Mal zu hören? Frauen sagen mir immer wieder, wie viel es ihnen bedeutet, wenn sie so angesprochen werden. „Das hatte mir bis dahin noch niemand gesagt." Aber nicht nur Frauen, sondern auch Männer müssen wissen, dass jemand sie liebt und schätzt. Das Wort „Geliebte(r)" kommt auch in den neutestamentlichen Briefen vor, in denen Männer Gottes an das Volk Gottes geschrieben haben. Ich verwende das Wort oft und gerne, weil ich Menschen wirklich liebe. Ich musste mich beim Schreiben dieses Buches oft

---

[4] Karen S. Peterson, „Sex Books Sell Satisfaction", *USA Today*, 13. März 2002, 6D.

zurückhalten, um einige Leser nicht vor den Kopf zu stoßen, aber das Wort beschreibt sehr gut, was ich für jede Seele empfinde, die Gott erschaffen hat.

LEIDENSCHAFT MIT REINHEIT

Beachte die Zuversicht, mit denen die zukünftige Braut im zweiten Kapitel des Hoheliedes ihre Einzigartigkeit beschreibt. Beobachte, wie sie freudig davon spricht, dass sie für ihn und er für sie etwas Besonderes ist. Ein gesundes Selbstwertgefühl ist für die Ehe von größter Wichtigkeit! Markiere die Wörter *ich* und *mich*, wenn sie sich auf Sulamith beziehen, mit einer bestimmten Farbe oder mit diesem Symbol: ♀; die Wörter *er* und *sein* mit einer anderen Farbe oder diesem Symbol: ♂.

HOHELIED 2

> 1 »Ich bin eine Narzisse von Scharon, eine Lilie der Täler.«

Er stimmt ihr zu und antwortet:

> 2 »Wie eine Lilie unter Dornen so ist meine Freundin unter den Töchtern.«

Sie hat ihn erwählt – er hat den Preis gewonnen! Das Bewusstsein, ein Mädchen zu heiraten, das etwas ganz besonderes ist, bedeutet eine Stärkung seines männlichen Selbstbewusstseins, und ist auch für sie eine wunderbare Erfahrung. Jede Frau will auf diese Weise von einem Mann beschützt, umsorgt und geschätzt werden.

> 3 »Wie ein Apfelbaum unter den Bäumen des Waldes so ist mein Geliebter unter den Söhnen. In seinem

> Schatten zu sitzen, gelüstet's mich, und seine Frucht ist meinem Gaumen süß.«
>
> 4 »Er hat mich ins Weinhaus hineingeführt, und sein Zeichen über mir ist Liebe.
>
> 5 Stärkt mich mit Traubenkuchen, erquickt mich mit Äpfeln, denn ich bin krank vor Liebe!
>
> 6 Seine Linke ‹liegt› unter meinem Kopf, und seine Rechte umfasst mich.

Hörst du ihre Bewunderung, als sie sich mit Worten an ihn lehnt und ihrer Freude an seiner Zuneigung Ausdruck gibt? Doch trotz ihrer übergroßen Leidenschaft füreinander sind die beiden vorsichtig. Sulamith und ihr Verlobter wissen, welche Begierden in ihnen kämpfen. Die Liebe darf erst zum richtigen Zeitpunkt aufgeweckt werden. Lesen wir die folgende Mahnung:

> 7 Ich beschwöre euch, Töchter Jerusalems, bei den Gazellen oder bei den Hirschkühen des Feldes: Weckt nicht, stört nicht auf die Liebe, bevor es ihr ‹selber› gefällt!«

Varianten dieses Satzes finden wir auch in Kapitel 3,5 und 8,4. Salomo ermahnt die Töchter Jerusalems, rein zu bleiben. Er fordert sie – und uns – auf, sich vor jeglichen Kompromissen zu hüten, die ihre zukünftige Ehe belasten könnten. Es gibt nur einen Platz für den sexuellen Aspekt der Liebe, und das ist, wie wir inzwischen wissen, das Ehebett.
Eine ähnliche Warnung finden wir in dem nächsten Vers. Beachte, was die Füchse in einem Weinberg anrichten können.

15 Fangt uns die Füchse, die kleinen Füchse, die die Weinberge verderben! Denn unsere Weinberge stehen in Blüte.

Sei vor den Füchsen auf der Hut, welche die Früchte stehlen wollen! Ich wünschte, ich hätte diesen Ratschlag in meiner Jugend gehört und befolgt. Ich wünschte, jemand hätte mich vor den Einflüssen gewarnt, die unsere Unschuld stehlen wollen. Ich kann im Nachhinein kaum glauben, welch unmoralisches Leben ich vor meiner Bekehrung führte. Sinnlichkeit war zwar von Kindheit an ein Teil meines Wesens, doch ebenso das Verlangen, rein zu bleiben. Es wäre so wunderbar gewesen, mein ganzes Leben lang nur einen einzigen Mann zu kennen und in meiner Ehe das zu erleben, wonach ich mich immer gesehnt und worauf ich mich vorbereitet hatte. Da ich Perfektionist bin, muss ich meinen Kummer und mein Bedauern immer wieder dem Beispiel des Apostels Paulus unterordnen, der sagte: „Ich vergesse, was dahinten, strecke mich aber aus nach dem, was vorn ist, und jage auf das Ziel zu, hin zu dem Kampfpreis der Berufung Gottes nach oben in Christus Jesus" (Philipper 3,13-14).
Sulamith hat diesen Kummer nie erlebt, und mein Wunsch ist, dass er auch dir erspart bleibt. Wenn du die Schönheit und Reinheit des körperlichen Einswerdens mit deinem Mann oder deiner Frau erleben willst, musst du alles in deiner Macht stehende tun, um deine Augen und deinen Sinn zu behüten und dich von sexuellen Erfahrungen fernzuhalten, die dem Design Gottes widersprechen. Wenn du bis zur Ehe wartest, wenn du deine Gedanken überwachst, wenn du deinen Augen nicht erlaubst, andere bei ihrem unmoralischen Verhalten zu beobachten, dann wirst du den Vollzug deiner Ehe unbelastet und frei von falschen Erwartungen und Vorstellungen erleben. Da du nie mit jemand anderem sexuelle Erfahrungen machtest, kannst du diesen Bereich gemeinsam mit deinem Ehepartner erforschen und entdecken. Keine kleinen Füchse haben die Weinstöcke verdorben und jene Früchte gegessen, die du für den Menschen aufheben wolltest, der bis zum Lebensende dein einziger Lieb-

haber ist. Wenn du die Füchse fängst, bevor sie deine Unschuld zerstören, dann hast du das einzigartige Vorrecht, gemeinsam mit deinem Ehepartner das Wunder der sexuellen Liebe zu entdecken. Eure körperliche Beziehung wird etwas einzigartiges an sich haben, weil sie nicht von der Welt befleckt wurde.

SIEHE, DER BRÄUTIGAM KOMMT!

In Kapitel 3 wird die Hochzeit beschrieben. Salomo und seine Gefährten – sechzig tüchtige Männer – ziehen aus, um die Braut an ihrem Hochzeitstag heimzuholen.

HOHELIED 3

> 11 Kommt heraus und betrachtet doch, ihr Töchter Zions, den König Salomo in der Krone, mit der ihn seine Mutter gekrönt hat am Tag seiner Hochzeit und am Tag der Freude seines Herzens!

Keine Schande, keine Schuld, keine voreheliche Schwangerschaft, sondern ein weißes Gewand und - Reinheit. Der Tag für die „Freude seines Herzens" ist gekommen, denn die beiden werden einander an diesem Tag im wahrsten Sinn des Wortes kennenlernen.

Dieser Tag wird für immer ihrem Gedächtnis eingeprägt sein.

Es ist ein ganz besonderer Tag, ein Tag, auf den sie lange gewartet haben.

An diesem Tag wird sie ihrem Bräutigam jenes Geschenk geben, das sie nur einmal geben kann, und er wird wissen, dass er der erste ist und der letzte, der dieses Geschenk von ihr bekommt.

An diesem Tag werden die beiden buchstäblich zu einem Fleisch werden.

Nun schildert er seine Liebe zu ihr, er beschreibt seine Faszination mit Worten, die die Schönheit ihres Körpers ahnen lassen, auch wenn sie für unseren Verstand und unsere Zeit fremdartig klingen. Das sind keine schmutzigen, schmierigen Worte, kein *chat room*-Geschwätz mit jemanden, den du nie gesehen hast. Seine Worte drücken die Wertschätzung aus, die er für sie als Person empfindet. Sie wird sich an diese erotischen und doch reinen Worte ein Leben lang erinnern. Es sind Worte, mit denen die Liebe geweckt wird, denn nun ist Gottes Zeitpunkt dafür gekommen.

Das Hohelied Salomos. Eines der 66 Bücher der Bibel, einem einzigen Thema gewidmet: der Schönheit unverdorbener ehelicher Liebe. Geschrieben für unzählige Generationen, bewahrt durch die Jahrtausende hindurch, nie verändert, denn seine Aussagen sind zeitlos. Dieses Lied ist Gottes Lehrbuch für alle, die seine Richtlinien hören und befolgen und deswegen die Schönheit des körperlichen Einswerdens in der Ehe erfahren können.

Ist dir bewusst, dass dies die einzige Bibelstelle ist, in der Gott uns einen Einblick in das Brautgemach eines anderen Menschen gibt? Beachten wir, was Salomo zu seiner geliebten Braut sagt, als sie ihren Ehebund vollziehen. Markiere jede Erwähnung seiner *Frau*. In diesen Versen wird das Thema unseres Buches beschrieben: *Sex nach Gottes Design*!

HOHELIED 4

1 Siehe, schön bist du, meine Freundin. Siehe, du bist schön! Deine Augen ‹leuchten wie› Tauben hinter deinem Schleier hervor. Dein Haar ist wie eine Herde Ziegen, die vom Gebirge Gilead hüpfen.

2 Deine Zähne sind wie eine Herde frisch geschorener ‹Schafe›, die aus der Schwemme heraufkommen, jeder ‹Zahn› hat seinen Zwilling, keinem von ihnen fehlt er.

3 Wie eine karmesinrote Schnur sind deine Lippen, und

dein Mund ist lieblich. Wie eine Granatapfelscheibe ‹schimmert› deine Schläfe hinter deinem Schleier hervor.

4 Dein Hals ist wie der Turm Davids, der rund gebaut ist. Tausend Schilde hängen daran, alles Schilde von Helden.

5 Deine beiden Brüste sind wie zwei Kitze, Zwillinge der Gazelle, die in den Lilien weiden. -

6 Wenn der Tag verhaucht und die Schatten fliehen, will ich zum Myrrhenberg hingehen und zum Weihrauchhügel.

7 Alles an dir ist schön, meine Freundin, und kein Makel ist an dir.

8 Mit mir vom Libanon, ‹meine› Braut, mit mir vom Libanon sollst du kommen, sollst herabsteigen vom Gipfel des Amana, vom Gipfel des Senir und Hermon, weg von den Lagerstätten der Löwen, von den Bergen der Leoparden.

9 Du hast mir das Herz geraubt, meine Schwester, ‹meine› Braut. Du hast mir das Herz geraubt mit einem einzigen ‹Blick› aus deinen Augen, mit einer einzigen Kette von deinem Halsschmuck.

10 Wie schön ist deine Liebe, meine Schwester, ‹meine› Braut! Wieviel köstlicher ist deine Liebe als Wein und der Duft deiner Salben als alle Balsamöle!

11 Honigseim träufeln deine Lippen, ‹meine› Braut. Honig und Milch ist unter deiner Zunge, und der Duft deiner Gewänder gleicht dem Duft des Libanon.

12 »Ein verschlossener Garten ist meine Schwester, ‹meine› Braut, ein verschlossener Born, eine versiegelte Quelle.

13 Was dir entsprosst, ist ein Lustgarten von Granatapfelbäumen samt köstlichen Früchten, Hennasträuchern samt Narden,

14 Narde und Safran, Würzrohr und Zimt samt allerlei Weihrauchgewächsen, Myrrhe und Aloe samt allerbesten Balsamsträuchern.

15 Eine Gartenquelle ‹bist du›, ein Brunnen mit fließendem Wasser und ‹Wasser›, das vom Libanon strömt.«

Verstehst du, was Salomo ausdrücken will? Lies diese Verse noch einmal und markiere diesmal das Wort *Garten* mit einer bestimmten Farbe oder dem Symbol eines Apfels: . Markiere auch das Wort *mir* mit einer bestimmten Farbe.
Was ist dieser verschlossene Garten, in dem köstliche Früchte wachsen, diese versiegelte Quelle, aus der frisches Wasser hervorsprudelt? Es sind Bilder für die jungfräuliche Reinheit der Braut, für ihre heilige Unschuld, die von ihrem Bräutigam entdeckt und enthüllt werden dürfen.
Was ist die Antwort der Braut an ihren Geliebten? Höre mit offenem Herzen zu. Seine Worte der Zuneigung haben sie darauf vorbereitet, ihn zu empfangen, und sie lädt ihn ein:

16 »Wach auf, Nordwind, und komm, Südwind! Lass

duften meinen Garten, lass strömen seine Balsamöle!
Mein Geliebter komme in seinen Garten und esse seine köstlichen Früchte!«

Sie ist bereit. Er hat ihr genug Zeit gegeben und ist auf sie eingegangen. Nicht sein Verlangen, sondern *sie* steht im Mittelpunkt seiner Aufmerksamkeit, und jetzt verlangt sie nach ihm. „Mein Geliebter komme in *seinen* Garten." Sie gehört ihm und nur ihm, genau wie es Gottes Design entspricht.

Ist Sex etwas Schönes? Ja. Sex nach Gottes Design ist unbeschreiblich schön und ganz anders als die menschliche Version, die auf der Leinwand oder dem Bildschirm dargestellt wird und nichts anderes als rohe, tierische Leidenschaft ist. Im Hohelied Salomos begegnet uns eine heilige Liebe, die den Partner davon befreit, Leistungen erbringen zu müssen oder sich im Bett genauso verhalten zu müssen wie irgend jemand anderer. Sex ist nur für euch beide gedacht. Es ist der Ort, an dem ihr einander entdeckt und einander gefallen lernt – und wenn ihr einander nicht gefallen solltet, dann verpflichtet euch die gegenseitige Liebe dazu, einander zu helfen, geduldig und verständnisvoll zu sein. Diese Liebe garantiert, dass ihr euch in eurer Beziehung zueinander geborgen fühlt, ganz egal, was geschieht oder nicht geschieht, wenn ihr zusammenkommt.

Eine alleinstehende Bekannte erzählte mir von einer Frau, die es müde wurde, mit Sex bis zur Ehe zu warten. Da ihr niemand passender einen Heiratsantrag machte, nahm sie sich vor, anlässlich ihrer nächsten Geschäftsreise Sex auszuprobieren. Sie plante ihr Vorhaben bis ins Detail, suchte sich einen bestimmten Mann aus der Gruppe aus und schlief mit ihm. An diesem Abend schenkte sie ihre Jungfräulichkeit einem Mann, der ihr eigentlich nichts bedeutete und den sie kaum kannte, und das nur weil sie unbedingt wissen wollte, was es mit Sex auf sich hat.

Nach ihrer Heimkehr rief sie meine Bekannte an, um ihr von der Geschäftsreise zu erzählen. Ihre emotionellen Worte blieben meiner Bekannten bis heute in Erinnerung: „Das soll die Sache sein, über die Gedichte geschrieben, Lieder verfasst und Filme gedreht werden?" Ihre erste sexuelle Erfahrung führte zu großer Enttäuschung und einer gnadenlosen Ernüchterung. Weshalb wohl? Ich glaube, der Grund dafür ist, dass die Begegnung nicht innerhalb des von Gott geplanten Rahmens stattfand – in einer Ehe, deren Partner einander bis zum Tod treu sind.

Hätte sie gewartet, dann hätte auch sie Sex nach Gottes Design in seiner ganzen Schönheit erfahren, an der Seite ihres Ehemannes, der seine Liebe mit zärtlichen Worten und Berührungen ebenso ausgedrückt hätte, wie Salomo in den ersten Versen des 5. Kapitels.

HOHELIED 5

> 1 »Ich komme in meinen Garten, meine Schwester, ‹meine› Braut. Ich pflücke meine Myrrhe samt meinem Balsam, esse meine Wabe samt meinem Honig, trinke meinen Wein samt meiner Milch. Esst, Freunde, trinkt und berauscht euch an der Liebe!«

Und die zwei „werden zu einem Fleisch werden. Und sie waren beide nackt, der Mensch und seine Frau, und sie schämten sich nicht" (1. Mose 2,24-25).

LIEBE BEDEUTET OPFER

Wird Sex immer so atemberaubend sein, auch in späteren Jahren? Werden die beiden immer dieses Verlangen füreinander haben? Nein.

Sex ist zwar etwas schönes, aber das bedeutet nicht, dass wir immer Sex haben wollen. Beachte die folgenden Verse. Kaum ist die Hochzeit vorbei, macht die Braut einen dummen Fehler.

2 Ich schlief, aber mein Herz war wach. Horch, mein Geliebter klopft: »Öffne mir, meine Schwester, meine Freundin, meine Taube, meine Vollkommene! Denn mein Kopf ist voller Tau, meine Locken voll von Tropfen der Nacht.«
3 »Ich habe meinen Leibrock ‹schon› ausgezogen, wie sollte ich ihn ‹wieder› anziehen? Ich habe meine Füße gewaschen, wie sollte ich sie ‹wieder› beschmutzen?«
4 Mein Geliebter streckte seine Hand durch die Öffnung, da wurden meine Gefühle für ihn erregt.
5 Ich stand auf, um meinem Geliebten zu öffnen, da troffen meine Hände von Myrrhe und meine Finger von flüssiger Myrrhe, ‹als ich sie legte› an die Griffe des Riegels.
6 Ich öffnete meinem Geliebten, aber mein Geliebter hatte sich abgewandt, war weitergegangen. Ich war außer mir, dass er weg war. Ich suchte ihn, doch ich fand ihn nicht. Ich rief ihn, doch er antwortete mir nicht.

Manchmal ist Sex eine Plage: du bist zu müde dafür... zu beschäftigt... zu besorgt mit anderen Dingen. Aber auch in diesem Fall gilt das Gebot der Liebe. Liebe bedeutet unter anderem auch, Opfer zu bringen, den Bedürfnissen des Ehepartners auch dann zu begegnen, wenn du dich nicht danach fühlst, wenn es ungelegen kommt, unbequem ist oder nicht auf deinem Stundenplan steht, aber du tust es trotzdem, aus Liebe, nicht aus Leidenschaft.

„Aber mein Körper gehört *mir*“, protestierst du, „ich habe das Recht, *nein* zu sagen.“

Im 1. Korintherbrief gibt uns Gott eine Daumenregel dafür, wie oft Sex stattfinden soll. Markiere beim Lesen der folgenden Verse jede Erwähnung des *Mannes* und der *Frau* mit den gleichen Symbolen wie im Hohelied Salomos.

1. KORINTHER 7,2-5

> 2 Aber um der Unzucht willen habe jeder seine eigene Frau, und jede habe ihren eigenen Mann.
> 3 Der Mann leiste der Frau die ‹eheliche› Pflicht, ebenso aber auch die Frau dem Mann.
> 4 Die Frau verfügt nicht über ihren eigenen Leib, sondern der Mann; ebenso aber verfügt auch der Mann nicht über seinen eigenen Leib, sondern die Frau.
> 5 Entzieht euch einander nicht, es sei denn nach Übereinkunft eine Zeitlang, damit ihr euch dem Gebet widmet und dann wieder zusammen seid, damit der Satan euch nicht versuche, weil ihr euch nicht enthalten könnt.

Was erfahren wir in dieser Stelle über den *Mann* und die *Frau*?

Wie oft soll Sex laut diesen Worten stattfinden?

Der Zeitpunkt für Sex scheint immer dann gekommen zu sein, wenn Sex gewünscht wird. Männer brauchen Geschlechtsverkehr öfter als Frauen. Sex ist für sie eine Angelegenheit der Au-

gen, und in unserer Gesellschaft werden sie ständig mit optischen Eindrücken bombardiert, die sexuelles Verlangen auslösen. Für Frauen ist Sex eine Angelegenheit zärtlicher Berührung, aber auch anderer Faktoren.
In Vers 4 lernen wir, dass wir bei der Eheschließung dem Partner die Autorität über unseren Körper anvertrauen. Wir verzichten auf unser Recht, nein zu sagen. Das heißt natürlich nicht, dass es auf der Seite dessen, der sich Sex wünscht – und das wird in den meisten Fällen der Mann sein - keine Rücksichtnahme geben muss. Doch wenn wir berücksichtigen, dass die Liebe dem anderen dient und „alles erduldet“, werden wir uns davor hüten, uns dem Ehepartner zu entziehen.
Eine Mitarbeiterin erzählte mir, wie Gott ihr auf anschauliche – und schockierende – Weise klarmachte, wie wichtig es ist, die sexuellen Bedürfnisse ihres Mannes zu stillen. Ich gebe ihre Geschichte mit veränderten Namen wieder. Sie ist ein wunderbares Beispiel für das Wirken der Gnade und Kraft Gottes im Leben zweier Menschen.

> Ich ging ganz in meiner Rolle als Mutter auf. Gott hatte uns drei wunderbare Kinder geschenkt, die zum Mittelpunkt meiner Welt wurden. Die ersten Jahre waren sehr ermüdend. Als mein Mann Mike abends nach Hause kam, war ich völlig erschöpft. Er kam mir schweigsam und zurückgezogen vor, aber ich war einfach zu müde, um mir deswegen Sorgen zu machen. Ich ging gewöhnlich früh schlafen, und er blieb lange auf und arbeitete am Computer.
> Er wusste, dass ich müde war und wollte mich nicht dazu drängen, ihm mehr Aufmerksamkeit zu widmen. Mit der Zeit gewann er den Eindruck, ich hätte nichts mehr für ihn übrig. Er begann den Verlockungen der Pornographie zu erliegen, und ich versäumte es, seinen sexuellen Bedürfnissen zu begegnen. Obwohl er sich nach Sex sehnte, entschied er sich, keine Affäre zu beginnen, da er genau wusste, dass das falsch gewesen wäre.

Er begann sich für verschiedene Internetseiten zu interessieren. Eines Abends verschickte er eine Annonce für eine homosexuelle Beziehung, mit dem Ziel, auf seiner nächsten Geschäftsreise jemanden kennenzulernen. Er liebt mich nach wie vor, doch er sehnte sich nach Aufmerksamkeit und meinte, auf diese Weise würde er bekommen, was er wollte, ohne dass ich davon erfuhr. Satan hatte ihn einer Gehirnwäsche unterzogen, und er folgte einer eigenartigen Logik...
Als er die Annonce abschickte, kopierte er sie mit der „Strg-C"-Tastenkombination in die „Ablage" auf dem Computer. Am Tag darauf arbeitete ich auf dem Computer und drückte irrtümlich die Tastenkombination „Strg-V", wodurch der Inhalt der „Ablage" in meine Datei kopiert wurde (wahrscheinlich bekommst du beim Lesen bereits eine Gänsehaut). Auf einmal sehe ich in meiner Datei die Zeile „MWM, 5_11, suche homosexuellen Partner". Ich brauche eine Minute, um das zu verdauen. Zunächst glaube ich an einen Computervirus, aber dann wird mir klar, worum es hier geht. Ich war bis ins Innerste getroffen und konnte einfach nicht glauben, dass er so etwas tun würde. Ich rief ihn an und bat ihn, früher nach Hause zu kommen. Wir begannen zu reden.
So schrecklich diese Tage auch waren, es war uns beiden dennoch sofort bewusst, dass Gott in unserem Leben am Wirken war. Er hatte uns durch diesen ungewöhnlichen Vorfall wachgerüttelt. Er griff ein, bevor ein schrecklicher Fehler geschah und irreparabler Schaden angerichtet wurde. Wir hatten zwar immer noch große Probleme, aber es hätte noch schlimmer kommen können, wären andere Menschen in die Sache hineingezogen worden.

Die Geschichte endete mit einem großen Erfolg. Beide taten, was getan werden musste, um ihr Eheproblem zu überwinden. Meine Mitarbeiterin lernte, wie wichtig es ist, auf die sexuellen Bedürfnisse ihres Mannes einzugehen und ihn nach dem Herrn Jesus Christus zur wichtigsten Person ihres Lebens zu machen. Beide sind damit beschäftigt, von Jesus Zeugnis zu geben und Menschen die Bibel nahezubringen.
Wie geht es ihrer Ehe einige Jahre nach diesem Vorfall? Meine Mitarbeiterin schrieb:

> Unsere Ehe ist besser und stärker als je zuvor. Wir sind sehr glücklich. Mir ist jetzt klar, dass die „altmodischen" Vorstellungen von Ehe, die ich von meiner Mutter lernte, wirklich wichtig sind. Ich wünschte nur, sie hätte ihre Worte biblisch begründet. Wir müssen unsere Ehemänner lieben und ihnen die Gewissheit geben, dass sie einen besonderen Platz in unserem Herzen haben.
> Ehrlich gesagt haben wir auch Angst davor, wieder zu versagen. Wir haben Angst davor, was Gott das nächste Mal tun würde, um uns wachzurütteln (☺). Doch wir haben heute mehr als nur eine „gute" Ehe. Durch unsere Erfahrung und das induktive Studium der Bibel sind wir geistlich gewachsen. Wir haben uns verändert, Gott hat einen festen Platz in unserem Leben und wir dienen ihm.

Solche Erfolgsberichte sind ermutigend. Aber was kannst du tun, wenn dein Mann oder deine Frau nicht bereit oder nicht fähig ist, deine sexuellen Bedürfnisse zu erfüllen? Diese Situation kann äußerst schwierig und schmerzhaft sein und buchstäblich Qualen verursachen, vor allem wenn du einen starken Geschlechtstrieb hast. Wenn dein Partner dir Abend für Abend den Rücken kehrt, kommen dir alle möglichen Gedanken in den Sinn: Ablehnung, Unzulänglichkeit, Beschuldigung, Zweifel an der Sexualität des Partners, Zweifel an deiner eigenen Sexualität, und natürlich das Verlangen nach Befriedigung. Du kannst kaum einschlafen und kommst dir vor wie jemand, der amputiert wurde. Ein lebenswichtiger Teil von dir wurde abgeschnitten, und du leidest an den Phantomschmerzen. Ich bin immer wieder Menschen begegnet, die mir von solchen inneren Nöten berichtet haben. Sie tun mir leid.

Die Ehe ist ein Bund, ein feierliches bindendes Versprechen, und es gibt keine Regelung, die in diesem Fall eine Scheidung oder Trennung gestattet. Was kannst du also tun?

Finde zuerst heraus, warum dein Partner das Interesse an Sex verloren hat. Vielleicht ist der Grund einfach ein Mangel an Schlaf, wie in dem Brief, den wir gerade gelesen haben. Wenn die durchschnittliche Person mehrere Nächte hindurch weniger als sechs Stunden Schlaf bekommt, sinkt der Hormonspiegel. Auch andere körperliche Ursachen können die Wurzel des Problems sein, oder es gibt seelische Gründe, wie mangelndes Selbstwertgefühl. Obwohl es eine ganze Reihe von Sachverhalten gibt, die zu einem Abnehmen des sexuellen Verlangens führen können, musst du dich bemühen, der Sache auf den Grund zu gehen, denn Sex ist für jedes Ehepaar gut und wichtig, sowohl, was die Beziehung anlangt, als auch aus körperlichen Gründen.

Was aber machst du, wenn du die Wurzel des Problems zwar findest, dein Partner jedoch unwillig ist, eine Lösung anzustreben? Was kannst du tun, wenn dein Partner die eheliche Pflicht entweder nicht erfüllen kann oder nicht erfüllen will? In diesem Fall musst du lernen, ohne Sex auszukommen, so wie jemand, der nicht verheiratet ist. Gottes Gnade ist auch für diese Situation ausreichend, weil es keinen anderen legitimen Weg gibt, dein Verlangen zu stillen. Bitte ihn daher um Kraft in deiner Schwachheit und vermeide alles, was deine Begierde wecken könnte. Wache über dein Herz und stelle deine Gedanken unter die Herrschaft Gottes. Halte dir vor Augen, dass Sex zwar wichtig ist, aber nur einen Aspekt der ehelichen Beziehung darstellt.

Eine liebe Schwester in Christus gab mir vor einiger Zeit eine auf die Rückseite eines Werbeprospekts gekritzelte handschriftliche Notiz, die ich aufbewahre, weil sie mich wirklich berührte. Sie schrieb: „Ich weiß nicht, ob du dich an meinen Brief erinnerst, den ich dir vor etwa zwei Jahren geschrieben habe. Es ging um den Mangel an körperlicher Intimität in meiner Ehe. Im April werden es sechs Jahre, und das Problem ist noch immer nicht gelöst. Ich habe jedoch inzwischen Frieden über der Sache, weil ich merke, dass er mich ungeachtet unserer sexuellen Probleme wirklich liebt. Danke für die wunderbaren Studienhilfen! Sie haben mir sehr geholfen!"

Ich glaube, die letzten beiden Sätze erklären, wo sie die notwendige Stärke und Perspektive fand: im induktiven Studium des Wortes Gottes, im selbständigen Entdecken der Wahrheit, mit dem Resultat, dass diese Frau weiß, *warum* sie glaubt, *was* sie glaubt. Wenn du das gleiche tust, wirst du merken, dass dir das Wort Gottes durch jede Situation hindurchhelfen kann.

DAS FEUER NICHT AUSGEHEN LASSEN

Wie können wir die Schönheit von Sex bewahren? Dadurch, dass wir Sex für etwas Wertvolles halten und ihm die notwendige Zeit und Aufmerksamkeit schenken. Als Sulamith in Kapitel 5 versäumte, das Verlangen ihres Mannes zu stillen, geschah das offenbar deswegen, weil sie zu müde war, um aufzustehen, sich anzuziehen und die Tür zu öffnen. Sie hatte bereits ihre Füße gewaschen und wollte sie nicht wieder schmutzig machen. All das war ihr zu mühevoll. Auch als sie beobachtete, wie er die Tür von außen zu entriegeln versuchte, rührte sie sich nicht vom Fleck, bis es zu spät war.

Ich glaube, eines der größten Hindernisse für eine erfüllende sexuelle Beziehung ist die berufliche Tätigkeit der Frau außerhalb des Hauses, vor allem, wenn das Ehepaar Kinder hat. Unsere Stundenpläne sind so überfüllt, dass wir oft zu erschöpft für Sex sind. Guter Sex braucht Zeit, wenn er für beide Partner erfüllend sein soll.[5]

Sulamith erkennt sehr schnell ihren Fehler. Sie hat die gleiche

[5] Ein hilfreiches Buch über Sex, das wir allen verlobten und verheirateten Lesern empfehlen, ist das Buch *Hautnah*, von Ed Wheat (erschienen bei: Schulthe & Gerth, Asslar).

Sehnsucht für ihren Mann wie vor der Hochzeit: „... (ich) will ihn suchen, den meine Seele liebt. Ich suchte ihn“ (Hohelied 3,2). Diese Sehnsucht einer Frau nach ihrem Mann, sofern es eine gesunde Sehnsucht ist, und keine Herrschsucht, bindet den Mann an seine Familie und hält ihn davon ab, in der Nachbarschaft umherzustreunen.

Sulamith beginnt in der Erwartung seiner Rückkehr alle Merkmale zu beschreiben, die sie an ihm liebgewonnen hat – sein Haar, seine Augen, seine Wangen, seine Hände, usw.

Diese und andere Stellen im Hohelied drücken Sulamiths Bewunderung für ihren Mann und ihre Sehnsucht nach ihm aus. Auch diese Dinge motivieren den Mann, sich eng an seine Familie zu binden und machen Sex zu einer schönen Erfahrung. Ginge es nur darum, das Verlangen zu stillen, dann wäre Sex etwas Mechanisches und jeder Partner wäre gut genug dafür. Schließe die Augen, denke an jemand anderen und tu’s einfach! Doch Gott hatte viel mehr im Sinn, als er bestimmte, dass die Ehepartner zu einem Fleisch werden sollten. Sex soll ein Ausdruck der Dankbarkeit und Freude an der körperlichen, seelischen und geistigen Einheit der beiden Partner sein, in dem Bewusstsein: *Diese ist Gebein von meinem Gebein und Fleisch von meinem Fleisch.* Sex bedeutet, den Partner in deinem Herzen einen festen Platz zu geben, ihn als deinen Besitz in Empfang zu nehmen, ihn zu erfreuen, weil er auch dich erfreut, dich braucht und nach dir verlangt. Sex ist nicht nur ein Ausdruck der Liebe, sondern der Freundschaft auf höchster Ebene. Die Ehe ist eine exklusive Beziehung, denn nur in der Ehe schenken wir unser ganzes Leben unserem Partner.

Lesen wir, was Sulamith anderen über ihren Mann erzählt:

HOHELIED 5,16

> 16 Sein Gaumen ist Süßigkeit, und alles an ihm ist begehrenswert. Das ist mein Geliebter und das mein Freund, ihr Töchter Jerusalems!

„Sein Gaumen ist Süßigkeit." Wenn wir berücksichtigen, was Frauen wirklich wollen, dann hat diese Aussage wohl mehr mit seinen Worten zu tun, als mit seinen Küssen!

Der Mann ist berufen, seine Frau mit jener selbstlosen *agape*-Liebe zu lieben, die das Beste für den anderen will. Doch diese Liebe ist ein Gebot und soll ungeachtet der Gefühle, die wir gerade empfinden, praktiziert werden. Im Grunde sehnen wir uns alle nach jener Liebe, welche die Ehe erst zu einer wirklich schönen Erfahrung macht: das Händchenhalten, das Zwinkern, die Signale, die sagen: „Ich freue mich auf heute abend!", die Zeichen, die ausdrücken: „ Ich gehöre meinem Geliebten, und er gehört mir." Das ist die *phileo*-Liebe – eine freundschaftliche Liebe, die die Ehe bereichert. Sie bewundert, schätzt und freut sich über den Partner und das, was er (oder sie) dir bedeutet. Es sind die freundlichen Worte und Komplimente während des Tagesablaufes, die eine Frau ja sagen lassen und sie motivieren, sich in die Arme ihres Mannes fallen zu lassen, statt am äußersten Bettrand zu liegen, nur damit er ja nicht auf irgendwelche Gedanken kommt.

Der Wunsch, meinem Mann nahe zu sein, ist immer dann am größten, wenn er für mich betet, wenn ich höre, wie er Gott dafür dankt, was er in mir sieht, bewundert und schätzt. Und wenn ich Jack bewundere und sein Selbstwertgefühl stärke, dann ändert sich die gesamte Atmosphäre bei uns zu Hause. Es ist, als würde die Sonne hervorkommen und die dunklen Wolken durch meine liebevollen Worte weggeblasen werden.

Phileo ist jene Liebe, nach der wir uns alle sehnen. Sie ist jene Liebe und Freundschaft, die im Hohelied Salomos zum Ausdruck kommt: Sulamith nennt ihren Mann mehrfach „meinen Freund". Setze diese Liebe in die Praxis um, und du wirst überrascht sein, was sie bewirken und wie sie eurer Sexleben revolutionieren wird. Wenn du diese Form der Liebe vernachlässigt hast, dann musst du berücksichtigen, dass dein Partner wahrscheinlich einige Zeit brauchen wird, um festzustellen, ob du es tatsächlich ernst meinst. Doch wenn er oder sie dann schließlich überzeugt ist, wird sich eure Beziehung sowohl im Wohnzimmer als auch im Schlafzimmer verändern.

Darüber gäbe es noch einiges zu sagen. Beachte, wie Salomo seine Frau umwirbt. Markiere jede Erwähnung von *ihr*.

Hohelied 6,1-9

1 »Wohin ist dein Geliebter gegangen, du Schönste unter den Frauen? Wohin hat dein Geliebter sich gewandt, dass wir ihn mit dir suchen?«

2 »Mein Geliebter ist in seinen Garten hinabgegangen zu den Balsambeeten, um in den Gärten zu weiden und Lilien zu pflücken.

3 Ich gehöre meinem Geliebten, und mein Geliebter gehört mir, er, der in den Lilien weidet.«

4 Schön bist du, meine Freundin, wie Tirza, anmutig wie Jerusalem, furchterregend wie Kriegsscharen.

5 Wende deine Augen von mir ab, denn sie verwirren mich! Dein Haar ist wie eine Herde Ziegen, die von Gilead herunterhüpfen.

6 Deine Zähne sind wie eine Herde Mutterschafe, die aus der Schwemme heraufkommen, jeder ‹Zahn› hat seinen Zwilling, keinem von ihnen fehlt er.

7 Wie eine Granatapfelscheibe ‹schimmert› deine Schläfe hinter deinem Schleier hervor.

8 Sechzig Königinnen sind es und achtzig Nebenfrauen und Mädchen ohne Zahl.

9 Eine ‹nur› ist meine Taube, meine Vollkommene. Sie ist die einzige ihrer Mutter, sie ist die Auserkorene ihrer Gebärerin. Sähen sie die Töchter, sie priesen sie glücklich, die Königinnen und Nebenfrauen, sie rühmten sie:

In unserer Zeit, in der ein ständiger Konkurrenzkampf um die Aufmerksamkeit der Männer geführt und zu viel zur Schau gestellt wird, ist es für die Frau wichtig, auf ihr Äußeres zu achten und zu wissen, was ihrem Mann gefällt oder nicht gefällt. Wenn er nach Hause kommt, sollte er sich willkommen fühlen und sie für ihn attraktiv aussehen. Wahrscheinlich hat er im Zuge seiner beruflichen Tätigkeit immer wieder mit Frauen zu tun, die sich attraktiv kleiden, und Männer werden schließlich durch optische Eindrücke beeinflusst.

Der Mann wiederum sollte seiner Frau klarmachen, dass er kein Verlangen nach den Körpern anderer Frauen hat. Wenn er es sich zur Gewohnheit macht, seine Blicke von attraktiven Frauen abzuwenden, anstatt fasziniert alle ihre Bewegungen zu verfolgen und wenn er seine Frau ständig daran erinnert, wie einzigartig und schön sie in seinen Augen ist, dann wird das einen positiven Einfluss auf die Begegnung im Schlafzimmer haben, weil beide wissen, dass sie in den Augen des Partners einen besonderen Wert besitzen.

Wir können noch einiges aus diesem Text lernen und wollen daher weiterlesen.

Hohelied 7

> 1 Dreh dich um, dreh dich um, Sulamith! Dreh dich um, dreh dich um, dass wir dich anschauen! Was wollt ihr an Sulamith schauen beim Reigen von Mahanajim?
> 2 Wie schön sind deine Schritte in den Sandalen, du Tochter eines Edlen! Die Biegungen deiner Hüften sind wie Halsgeschmeide, ein Werk von Künstlerhand.
> 3 Dein Schoß ist eine runde Schale. Nie mangle es ihr an Mischwein! Dein Leib ist ein Weizenhaufen, umzäunt mit Lilien.

4 Deine beiden Brüste sind wie zwei Kitze, Zwillinge der Gazelle.

5 Dein Hals ist wie der Elfenbeinturm, deine Augen ‹wie› die Teiche in Heschbon am Tor der volkreichen ‹Stadt›, deine Nase wie der Libanon-Turm, der nach Damaskus hinschaut.

6 Dein Haupt auf dir ist wie der Karmel und dein gelöstes Haupthaar wie Purpur. Ein König ist gefesselt durch ‹deine› Locken!

7 Wie schön bist du, und wie lieblich bist du, o Liebe voller Wonnen!

8 Dies ist dein Wuchs: Er gleicht der Palme und deine Brüste den Trauben.

9 Ich sagte ‹mir›: »Ersteigen will ich die Palme, will nach ihren Rispen greifen. Deine Brüste sollen ‹mir› wie Trauben des Weinstocks sein und der Duft deines Atems wie Apfelduft

10 und dein Gaumen wie vom würzigen Wein, der einem Liebhaber ‹süß› eingeht, der die Lippen der Schlafenden erregt.«

Nicht nur die Hochzeitsnacht ist wunderbar! (Ist dir aufgefallen, dass Sulamith offenbar keine Flanellpyjamas trug?)
Was du gerade gelesen hast, beschreibt andere Apekte der Liebe: das gegenseitige Kennenlernen, die Wertschätzung des Partners und die Freude an der gemeinsamen Beziehung. In Vers 7 erfahren wir, dass sie nicht nur schön, sondern auch lieblich ist! Salomo liebte Sulamiths Persönlichkeit.

„Lieblich" zu sein – ein Mensch zu sein, mit dem andere gerne beisammen sind – das ist auch mein Ziel.

Froh, nicht verdrossen.

Positiv, nicht negativ.

Aufbauend, nicht zerstörerisch.

Ermutigend, nicht enttäuschend.

Und welcher Tatsache ist sich Sulamith sicher?

> 11 »Ich gehöre meinem Geliebten, und nach mir ist sein Verlangen.«

Dieser Tatsache will sich jede Frau sicher sein: „Nach *mir* ist sein Verlangen." Erinnerst du dich an die Worte Salomos in der Hochzeitsnacht? Er sagte zweimal: „Komm... mit mir!" Darin besteht die Schönheit von Sex nach Gottes Design. Sex bewirkt ein Einswerden, das weit über das Schlafzimmer hinausgeht, eine Freundschaft, nach der sich jeder sehnt, vor allem aber der Mann. Schließlich wurde die Frau deswegen erschaffen, weil es für den Mann nicht gut war, allein zu sein.
Und wie reagiert Salomos Frau auf seine leidenschaftliche Liebe. Sie plant ein Stelldichein für die beiden, eine Zeit, in der sie alleine sind, um ihre Liebe vollziehen zu können.

> 12 Komm, mein Geliebter, lass uns aufs Feld hinausgehen! Wir wollen unter Hennasträuchern die Nacht verbringen.
>
> 13 Wir wollen uns früh aufmachen zu den Weinbergen, wollen sehen, ob der Weinstock treibt, die Weinblüte aufgegangen ist, ob die Granatapfelbäume blühen. Dort will ich dir meine Liebe schenken. -
>
> 14 Die Liebesäpfel geben ‹ihren› Duft, und an unserer

Tür sind allerlei köstliche Früchte, frische und alte, die ich, mein Geliebter, dir aufbewahrt habe.

Liebesäpfel waren Früchte, die als Aphrodisiakum betrachtet wurden. Sulamith plante einige Überraschungen für ihren Mann. Welche, das spielt keine Rolle; die ehelichen Freuden, die sie vorbereitet hatte, waren nur für die beiden gedacht.

Welche Botschaft sendet Sulamith ihrem Mann dadurch, dass sie dieses Stelldichein plant? Sie bestätigt seine Männlichkeit; ihr Verhalten und ihre Worte ermutigen ihn und stärken seine Zuversicht. Wenn ein Mann sein Selbstvertrauen verliert, weil er im Beruf Schwierigkeiten hat oder gekündigt wird, dann braucht er dich ganz besonders an seiner Seite im Schlafzimmer. Er sehnt sich nach der Bestätigung dafür, dass du ihn brauchst, nach ihm verlangst, an ihn glaubst und er dir Freude macht. Das ist ein Aspekt der Aufforderung in Epheser 5,33, unsere Männer zu ehren.

Als der Mann einer Bekannten von mir seine Arbeitsstelle verlor und monatelang nach einer anderen suchen musste, achtete sie ganz besonders darauf, regelmäßig mit ihm zu schlafen. Auf diese Weise ließ sie ihn wissen, dass er in ihren Augen etwas besonderes war und dass sie ihn brauchte. Er kam gut durch diese Zeit durch. Später gestand er, dass ihr sexuelles Verlangen nach ihm ihn davor bewahrte, sich als Versager zu betrachten.

Lebenslange Intimität

Und was ist mit denen, die von einem Partner zum nächsten wechseln, in der Hoffnung, die gleichen sexuellen Freuden wie im Hohelied Salomos zu erfahren? Diese Menschen werden nie Erfüllung finden, denn Sex nach Gottes Design ist viel mehr als der körperliche Akt oder die Befriedigung des Geschlechtstriebes. Sex nach Gottes Design bedeutet, dass sich die Ehepartner einander schenken, einander dienen und einander ermutigen. Es geht nicht um irgendeinen Partner fürs Bett, um den Orgasmus, sondern um ein Einswerden, das weit über die körperliche Be-

gegnung hinausgeht und den Geist und die Seele berührt.
Die Liebe des Ehepaares, dem wir im Hohelied Salomos begegnen, wird nie aufhören, ihr Bund wird nie gebrochen werden. Diese Zusage gibt Salomo seiner Frau:

Hohelied 8,6-7

> 6 »Leg mich wie ein Siegel an dein Herz, wie ein Siegel an deinen Arm! Denn stark wie der Tod ist die Liebe, hart wie der Scheol die Leidenschaft. Ihre Gluten sind Feuergluten, eine Flamme Jahs.
> 7 Mächtige Wasser sind nicht in der Lage, die Liebe auszulöschen, und Ströme schwemmen sie nicht fort. Wenn einer den ganzen Besitz seines Hauses für die Liebe geben wollte, man würde ihn nur verachten.«

Nach diesen Worten sehnt sich jede Braut. Wir alle suchen jene Gewissheit, jenes Bewusstsein, dass es auf der Erde genauso wie im Himmel jemanden gibt, der uns nie mehr verlassen wird. Das Siegel ist ein Zeichen des Eigentums. Wenn zwei zu einem Fleisch werden, gehören sie für den Rest ihres Lebens einander, „bis dass der Tod sie scheidet."
Genauso ist es in Gottes Beziehung zu Israel[6], und in der Beziehung zwischen Jesus und seiner Gemeinde...[7]
Und weil dieses Ehepaar eine so außergewöhnliche Beziehung hat, wollen sie das gleiche auch für ihre kleine Schwester, die noch nicht im heiratsfähigen Alter ist, damit auch sie, wenn sie ihrem zukünftigen Mann begegnet, die gleiche Erfahrung macht.

---

[6] 2. Mose 34,14.
[7] 2. Korinther 11,2.

HOHELIED 8,8-10

8 Wir haben eine Schwester, die ist klein und hat noch keine Brüste. Was sollen wir mit unserer Schwester tun an dem Tag, da man um sie werben wird?
9 Wenn sie eine Mauer ist, bauen wir auf ihr eine silberne Zinne. Wenn sie aber eine Tür ist, versperren wir sie mit einem Zedernbrett.

Die Jungfräulichkeit dieses Mädchens muss unter allen Umständen beschützt werden, wenn notwendig, mit Mauern und Barrikaden, damit auch sie zum Zeitpunkt der Eheschließung Sex nach Gottes Design erfahren kann und entdecken kann, welche unvergleichlichen Freuden Gott für sie vorbereitet hat.

10 Ich bin eine Mauer, und meine Brüste sind wie Türme. Nun ‹aber› bin ich vor ihm wie eine, die Frieden anbietet.

Die Folge von Sex nach Gottes Design ist ein unbeschreiblicher Friede, wie ihn Sex nach menschlichem Design nie bieten kann.

DIE VERHEIẞUNG DER EWIGKEIT

Vielleicht hat dich die Lektüre dieses Buches traurig gemacht, weil du nicht damit rechnest, je die Schönheit von Sex zu erleben. Vielleicht denkst du: *Warum sollte ich mich dafür interessieren, dass Sex etwas Schönes ist? Ich werde ohnehin nie heiraten.*
Jesus weiß genau, wie es dir geht. Jesus war hinsichtlich sexueller Reinheit vollkommen jungfräulich. Er lebte dreißig Jahre auf dieser Erde, ohne eine Frau zu berühren. In der Blüte seines Lebens starb er unter anderem für alle, die Unzucht begingen.

Er wurde „ausgerottet und (fand) keine Hilfe“ (Daniel 9,26).
In seiner Selbstlosigkeit und durch seine Opferbereitschaft erwarb er sich eine Braut, die er in der nahen Zukunft zu sich holen wird. Dann werden alle, die zum Leib Christi gehören, erfahren, was es bedeutet, mit ihm eins zu sein. Wir werden eine Dimension der Einheit erleben, die alles übertrifft, was wir uns vorstellen können.
Ob alleinstehend oder verheiratet, verwitwet oder geschieden, rein oder belastet mit Erinnerungen, jedes Kind Gottes darf sich auf einen Tag unvergleichlicher Schönheit, unbeschreiblicher Freude und unvorstellbarer Erfüllung freuen. Die Bibel nennt diesen Tag das Hochzeitsmahl des Lammes. Vielleicht hast du auf der Erde nie das erreicht, wonach du dich sehnst, doch was im Himmel auf dich wartet, kannst du nicht verlieren! Unser irdisches Leben dauert vielleicht siebzig Jahre, doch der Himmel ist für alle Ewigkeit. Kein Wunder, dass dort oben ständig Halleluja-Rufe zu hören sind!

> Und ich hörte ‹etwas› wie eine Stimme einer großen Volksmenge und wie ein Rauschen vieler Wasser und wie ein Rollen starker Donner, die sprachen: Halleluja! Denn der Herr, unser Gott, der Allmächtige, hat die Herrschaft angetreten.
> Lasst uns fröhlich sein und jubeln und ihm die Ehre geben; denn die Hochzeit des Lammes ist gekommen, und sein Weib hat sich bereitgemacht.
> Und ihr wurde gegeben, dass sie sich kleide in feine Leinwand, glänzend, rein; denn die feine Leinwand sind die gerechten Taten der Heiligen.
> Und er spricht zu mir: Schreibe: Glückselig, die eingeladen sind zum Hochzeitsmahl des Lammes! Und er spricht zu mir: Dies sind die wahrhaftigen Worte Gottes. (Offenbarung 19,6-9)

Diskussionsfragen für das gemeinsame Studium

Wir freuen uns, dass du dich entschieden hast, dieses Buch gemeinsam mit anderen zu studieren. Unser Wunsch - eine neue sexuelle Revolution, die sich am Wort Gottes orientiert - kann erst dann Wirklichkeit werden, wenn sich die Gemeinde darüber im klaren ist, was Gott zum Thema *Sex* gesagt hat, was in seinen Augen gut bzw. falsch ist und was die Folgen davon sind, wenn wir einerseits seinen Plan missachten oder andererseits seine Anweisungen befolgen.

Die vorliegenden Diskussionsfragen wollen eine Hilfe dafür sein, die in diesem Buch behandelten Themen im Rahmen einer Gruppe zu besprechen. Die Fragen folgen den Hauptgedanken der einzelnen Kapitel und sollen dem Leiter der Gruppe die Aufgabe erleichtern, mit den Teilnehmern über die Relevanz der biblischen Texte für unsere Zeit sowie über die persönlichen Konsequenzen der Botschaft dieses Buches zu sprechen. Letzteres soll vor allem durch die Fragen zur *persönlichen Anwendung* ermöglicht werden. Einige dieser Fragen sind sehr direkt und wollen den Leser bewusst mit der Wahrheit des Wortes Gottes konfrontieren. Der Leiter hat natürlich die Freiheit, sich vom Heiligen Geist führen zu lassen und jene Diskussionsfragen auszuwählen, die für seine Gruppe am besten geeignet sind, um ein sinnvolles Gespräch über das oft missverstandene Thema der menschlichen Sexualität zu ermöglichen. In einigen Fällen sind parallel zu den Diskussionsfragen zusätzliche Bibelstellen angegeben.

Unsere Hoffnung ist, dass diese Fragen dazu beitragen, das persönliche Verständnis über *Sex... nach Gottes Design* zu vertiefen und diese Botschaft anderen weiterzugeben.

Wir wollen uns gemeinsam dafür einsetzen, dass unsere Gesellschaft eine neue sexuelle Revolution erlebt, die sich an den Maßstäben der Bibel orientiert!

Bitte unbedingt die Gebrauchsanweisung beachten!

Diskussionsfragen zur Einleitung und zum 1. Kapitel

Der „Hersteller“

Wer hat Sex erfunden? Woher wissen wir das?

1. Lies 1. Mose 1,25-28 und beantworte die folgenden Fragen:

   Was erfahren wir in dieser Stelle über den Menschen?

   Wer ist unser „Hersteller“?

   Wer definiert normalerweise die Eigenschaften und den Zweck eines bestimmten Produkts?

   Was ist laut dieser Stelle einer der Gründe, warum Gott Sex erschaffen hat?

2. Lies 1. Mose 2,7-8.15-25 und beantworte die folgenden Fragen:

   Was erfahren wir in dieser Stelle über die Erschaffung des Mannes und der Frau?

   Wurden wir laut 1. Mose 1 und 2 als sexuelle oder asexuelle Wesen erschaffen?

   Welchen Zweck verfolgte Gott mit der Erschaffung der Frau?

   In 1. Mose 2,24 lesen wir, dass die beiden „zu einem Fleisch“ werden sollen. Was ist damit gemeint?

Wen betrifft dieses „zu einem Fleisch werden“?

3. Lies 1. Korinther 6,15-18.

   Was ist laut dieser Stelle mit dem Begriff „zu einem Fleisch werden“ gemeint?

Sex ist etwas, mit dem wir verantwortungsvoll umgehen müssen. Wir wollen uns daher intensiv mit der „Gebrauchsanweisung“ des „Herstellers“ auseinandersetzen.

„BITTE UNBEDINGT DIE GEBRAUCHSANWEISUNG BEACHTEN!“

Wo finden wir die Gebrauchsanweisung für Sex?

4. Lies die folgenden vier Stellen und besprich anhand der sechs „W-Fragen“ (*wer, was, wann, wo, wie* und *warum*), was uns diese Verse über die Wahrheit und das Wort Gottes mitteilen. Versuche, möglichst viele „W-Fragen“ zu beantworten.

> Jesus sprach nun zu den Juden, die ihm geglaubt hatten: Wenn ihr in meinem Wort bleibt, so seid ihr wahrhaft meine Jünger; und ihr werdet die Wahrheit erkennen, und die Wahrheit wird euch frei machen (Johannes 8,31-32).

> Die Taten seiner Hände sind Wahrheit und Recht. Zuverlässig sind alle seine Gebote, festgegründet auf immer und ewig, ausgeführt in Wahrheit und Geradheit. Er hat Erlösung gesandt zu seinem Volk, seinen Bund verordnet auf ewig. Heilig und furchtbar ist sein Name. Die Furcht des HERRN ist der Weisheit Anfang: eine gute Einsicht für alle, die sie ausüben. Sein Ruhm besteht ewig (Psalm 111,7-10).

> Du bist nahe, HERR, und alle deine Gebote sind Wahrheit (Psalm 119,151).
>
> Heilige sie durch die Wahrheit! Dein Wort ist Wahrheit (Johannes 17,17).

6. Was erfahren wir in den folgenden Stellen über die zerstörerische Wirkung der Sünde, ihre Ursache sowie über die Überwindung des Problems der Sünde?

> Über dem Zusammenbruch der Tochter meines Volkes bin ich zerbrochen; ich trauere, Entsetzen hat mich ergriffen. Ist ‹denn› kein Balsam in Gilead oder kein Arzt dort? Ja, warum ist die Genesung der Tochter meines Volkes ausgeblieben? (Jeremia 8,21-22)

(In der Stelle aus dem Propheten Jeremia lesen wir, dass die Menschen nicht geheilt wurden, weil sie es versäumt hatten, die Hilfe des „Arztes" in Anspruch zu nehmen und den „Balsam von Gilead" anzuwenden. Wir wissen, dass Gott unser Arzt ist, aber was ist mit dem Balsam Gileads gemeint? In Gilead wurde damals eine Salbe hergestellt, die für ihre heilenden Eigenschaften bekannt war.)

> Wenn wir unsere Sünden bekennen, ist er treu und gerecht, dass er uns die Sünden vergibt und uns reinigt von jeder Ungerechtigkeit (1. Johannes 1,9).
>
> Die Toren litten wegen ihres gottlosen Weges und wegen ihrer Sünden. Ihre Seele ekelte vor jeder Speise, sie rührten an die Pforten des Todes. Dann aber schrieen sie zum HERRN um Hilfe in ihrer Not: aus ihren Bedrängnissen rettete er sie. Er sandte sein Wort und heilte sie, er rettete ‹sie› aus ihren Gruben (Psalm 107,17-20).

Was war laut Psalm 107 der Grund für das Leid der Menschen?

Welches Heilmittel schickte ihnen Gott?

Welche Verantwortung hatten sie in dem Heilungsprozess?

Was ist unsere Verantwortung in dem Heilungsprozess?

Ist dieses Heilmittel auch heute erhältlich? Wo können wir es finden?

PERSÖNLICHE ANWENDUNG

7. Welchem Druck sehen wir uns heute hinsichtlich unserer Sexualität ausgesetzt?

8. Wie gut sind die biblischen Richtlinien über Sexualität heute bekannt? Was sind die Gründe dafür?

9. Was würdest du anhand der Einleitung und des ersten Kapitels jemandem sagen, der Gottes Gebote über Sex gebrochen hat und nach Vergebung und Wiederherstellung sucht?

Das Portrait einer Jungfrau

Diskussionsfragen zum 2. Kapitel

Ein Geschenk fürs Leben

Welchen Wert hat Jungfräulichkeit in Gottes Augen?

1. Lies 5. Mose 22,13-21 und beantworte die folgenden Fragen:

   Was erfahren wir in dieser Stelle über den Begriff *Jungfrau*?

   Was waren die Konsequenzen für die öffentliche Verleumdung einer Jungfrau?

   Was waren die Konsequenzen, wenn die Anklage stimmte und das Mädchen keine Jungfrau mehr war? Weshalb?

   Was erfahren wir daraus über Gottes Einstellung zur Jungfräulichkeit?

Zerbrechliche Schönheit

2. Lies 1. Mose 2,22-25 und beantworte die folgenden Fragen:

   Wer erschuf die Frau? Auf welche Art und Weise wurde sie erschaffen?

   Wie reagierte der Mann auf die Erschaffung der Frau?

   An welchem Punkt ging der Mann eine Verpflichtung zu seiner Frau ein – vor oder nach dem sexuellen Kontakt?

   Für wen ist Sex laut dieser Stelle gedacht?

3. Was erfahren wir in der folgenden neutestamentlichen Stelle über die Ehe?

> Die Ehe sei ehrbar in allem, und das Ehebett unbefleckt! Denn Unzüchtige und Ehebrecher wird Gott richten (Hebräer 13,4).

DIE WEGE DES MANNES

4. Lies Sprüche 5,15-23.

Wovor warnt dieser Vater seinen Sohn?

Was können wir daraus für unser Leben lernen?

5. Lies 1. Korinther 7,1-2.8-9 und beantworte die folgenden Fragen:

Wodurch soll unser sexuelles Verlangen gestillt werden? Weshalb?

Was bedeutet diese Aussage für Alleinstehende und Verwitwete?

Was ist die Lösung für einen Mann, der vor Verlangen „brennt"? Aus welchem Grund? Was können wir daraus über Gottes Einstellung zur der Jungfräulichkeit des Mannes schließen?

PERSÖNLICHE ANWENDUNG

6. Wie würde dein Freundeskreis auf die Bibelstellen über Jungfräulichkeit reagieren?

Was hält sie davon ab, Gottes Wort über dieses Thema zu berücksichtigen? Wie könntest du ihnen das, was du bisher im Wort Gottes gelernt hast, nahebringen?

7. Mit welchen Problemen müssen Menschen rechnen, die

ihre Jungfräulichkeit nicht für den Ehepartner aufbewahrt haben?

Die folgende Frage ist nicht dazu da, öffentlich beantwortet zu werden. Wenn es – aufgrund des Vertrauensverhältnisses der Teilnehmer zueinander - dennoch zu einer offenen Aussprache kommt, sollte für jeden gebetet werden, der ein Schuldbekenntnis ablegt. Es sollte außerdem die Gelegenheit dafür geschaffen werden, dass die Teilnehmer einander für ihr zukünftiges Verhalten Rechenschaft schulden. Halte dir vor Augen, was Paulus in Galater 6,1-2 schrieb:

> Brüder, wenn auch ein Mensch von einem Fehltritt übereilt wird, so bringt ihr, die Geistlichen, einen solchen im Geist der Sanftmut wieder zurecht. Und dabei gib auf dich selbst acht, dass nicht auch du versucht wirst! Einer trage des anderen Lasten, und so werdet ihr das Gesetz des Christus erfüllen.

8. Hast du jemand anderen auf eine Art und Weise berührt, die zur sexuellen Erregung geführt hat? Hast du jemand anderen missbraucht und seine Jungfräulichkeit geraubt, um deine Lust zu befriedigen? Was sagt Gott über dein Verhalten?

Vorsicht: Sex kann gefährlich sein

Diskussionsfragen zum 3. Kapitel

Die Folgen von außerehelichem Sex

1. Lies 5. Mose 22,22-29 und beantworte die folgenden Fragen:

   Wie beurteilt Gott außerehelichen Sex?

   Welche Folgen hat die Missachtung der Gebote Gottes?

   Aus welchen Gründen verhängte Gott in bestimmten Fällen die Todesstrafe?

   Was ist das „Böse", das aus unserer Mitte entfernt werden soll?

Gottes gerechtes Strafgericht

2. Lies 5. Mose 22,22-29 noch einmal und besprich die ersten drei Szenarien, die in dieser Stelle beschrieben werden.

   Welches Urteil fällt Gott in den einzelnen Szenarien? Aus welchem Grund?

   Inwiefern könnte die Anwendung dieses Gesetzes in unserer Zeit Frauen vor Vergewaltigung schützen?

   Inwiefern unterscheidet sich das vierte Szenario von den ersten drei?

   Was können wir aus dieser Stelle über Gottes Einstellung zum Ehebund lernen?

Warum, glaubst du, wird die Ehe heutzutage nicht so ernst genommen?

3. Lies noch einmal die folgende Stelle aus dem Hebräerbrief. Welchen Bezug hat sie zu dem, was wir bisher besprochen haben?

> Die Ehe sei ehrbar in allem, und das Ehebett unbefleckt! Denn Unzüchtige und Ehebrecher wird Gott richten (Hebräer 13,4).

Was sagt Gott in diesem Vers über außerehelichen Sex? Warum hat er das Recht, so eine Aussage zu treffen?

Hat sich Gottes Einstellung über außerehelichen Sex beim Übergang vom Alten zum Neuen Testament geändert? Denkt er heute anders?

Welche Bedeutung hat diese Tatsache für unser Leben?

4. Lies 2. Mose 22,16-17.

War eine Jungfrau in jedem Fall verpflichtet, den Mann zu heiraten, der ihre Jungfräulichkeit geraubt hatte?

Welche Alternative für die Eheschließung gab es laut diesen beiden Versen?

Was würde dein Freundeskreis zu diesen Dingen sagen?

WAS IST EIGENTLICH „SICHERER SEX“?

5. Wir haben in diesem Kapitel über die Zustände in der griechischen und römischen Kultur gesprochen. Wo gibt es in unserer Gesellschaft ähnliche Zustände?

Inwiefern unterscheiden wir uns von den Griechen und Römern?

Welche Gefahren drohen unserer heutigen Gesellschaft?

6. Lies 1. Thessalonicher 4,1-8. Wir wollen den Text anhand der folgenden Fragen untersuchen:

   Was haben die Thessalonicher von Paulus empfangen, und aus welchem Grund?

   Was war Gottes Wille für die Thessalonicher?

   Was ist der Wille Gottes für uns?

   Was erfahren wir in diesen Versen über die Heiligung?

   Was erfahren wir in dieser Stelle über Sex?

   Was ist mit dem Übervorteilen anderer gemeint?

   Welche Folgen hat diese Stelle für unser Verhalten?

PERSÖNLICHE ANWENDUNG

7. Denke an Medienberichte von Menschen, die Gottes Gebote über Sex ganz offensichtlich missachten. Gab es konkrete Folgen für ihren Ungehorsam? Welche?

   Kennst du Menschen, die deshalb in Schwierigkeiten gerieten, weil sie Gottes Gebote übertreten haben? Welche Konsequenzen für ihr Verhalten haben sie erlebt?

   Was ist deine Einstellung zu „sicherem Sex“, wenn du alles berücksichtigst, was du bisher gelernt hast?

8. Glaubst du wirklich, Gott wird jeden Menschen richten, der seine Gebote über Sex bricht? Begründe deine Antwort.

   Welche Verantwortung haben wir gegenüber Menschen, von denen wir wissen, dass sie Gottes Gebote über Sex brechen?

Was hast du bisher gelernt, das jemandem helfen könnte, der den Geboten Gottes zuwidergehandelt hat?

Diskussionsfragen zum 4. Kapitel

Gottes Sicht von Ehebruch und Lust

1. Was erfahren wir in 2. Mose 20,14.17 über Ehebruch?

   Wie definiert Gott Ehebruch?

   Was ist damit gemeint, den Mann oder die Frau unseres Nächsten zu „begehren“?

   Nimm dir einen Augenblick Zeit, um über dein Leben und dein Verhalten nachzudenken. Hast du eines oder beide dieser Gebote gebrochen? (Beantworte auch diese Frage nur dann, wenn in deiner Gruppe ein Vertrauensverhältnis besteht und die Teilnehmer füreinander Verantwortung tragen wollen.)

2. Lies die folgende Stelle aus den Sprüchen und beachte, was geschehen kann, wenn sich ein Mann von einer Frau in Versuchung führen lässt.

   > Begehre nicht in deinem Herzen ihre Schönheit, lass sie dich nicht mit ihren Wimpern fangen! Denn der Preis für eine Hure ‹geht› bis zu einem Brot, doch die Frau eines Mannes macht Jagd auf ‹dein› kostbares Leben. Kann man Feuer wohl tragen in seinem Gewandbausch, ohne dass einem die Kleider verbrennen? Oder kann jemand wohl schreiten auf glühenden Kohlen, ohne dass er sich die Füße versengt? So ‹geht es auch dem›, der hineingeht zur Frau seines Nächsten: keiner bleibt ungestraft, der

sie berührt (Sprüche 6,25-29).

Womit beginnt Ehebruch laut Vers 25? Wohin führt dieses Verhalten letztlich?

Welche Konsequenzen werden in dieser Stelle erwähnt?

3. Lies die folgende Bibelstelle.

> Ihr habt gehört, dass gesagt ist: Du sollst nicht ehebrechen. Ich aber sage euch, dass jeder, der eine Frau ansieht, sie zu begehren, schon Ehebruch mit ihr begangen hat in seinem Herzen (Matthäus 5,27-28).

Ist es für einen Mann in Ordnung, eine Frau anzustarren, solange er sie nicht berührt? Warum nicht?

4. In 2. Mose 20,18-20 erfahren wir, dass die Gebote Gottes eine Prüfung darstellen.

Was ist damit gemeint?

Inwiefern können Gebote eine Prüfung dar stellen?

WAS VERBIETET GOTT NOCH?

5. Lies 3. Mose 20,7-8.

Welche Anweisung gab Gott seinem Volk? Aus welchem Grund?

6. Welche Praktiken sind laut 3. Mose 20,10-22 verboten? Was sind die Konsequenzen für Ungehorsam?

HOFFNUNG FÜR DIE GEFANGENEN

7. Was erfahren wir in 1. Korinther 6,9-11 über *uns*?

   Welche Hoffnung gibt uns diese Stelle?

   Was hat Jesus laut diesen Versen für *uns* getan?

8. Im 4. Kapitel wird eine weitere Stelle zitiert, die uns Hoffnung und Ermutigung geben kann: Römer 5,6-11. Lies diese Stelle und besprich sie anhand der folgenden Fragen.

   > Denn Christus ist, als wir noch kraftlos waren, zur bestimmten Zeit für Gottlose gestorben. Denn kaum wird jemand für einen Gerechten sterben; denn für den Gütigen möchte vielleicht jemand auch zu sterben wagen. Gott aber erweist seine Liebe zu uns darin, dass Christus, als wir noch Sünder waren, für uns gestorben ist. Vielmehr nun, da wir jetzt durch sein Blut gerechtfertigt sind, werden wir durch ihn vom Zorn gerettet werden. Denn wenn wir, als wir Feinde waren, mit Gott versöhnt wurden durch den Tod seines Sohnes, so werden wir viel mehr, da wir versöhnt sind, durch sein Leben gerettet werden. Nicht allein aber das, sondern wir rühmen uns auch Gottes durch unseren Herrn Jesus Christus, durch den wir jetzt die Versöhnung empfangen haben (Römer 5,6-11).

   Was hat Gott für uns getan, als wir noch Sünder waren?

   Was hat Gott dadurch demonstriert?

   Was bedeutet diese Tatsache für uns?

GOTTES GERICHT HERAUFBESCHWÖREN

9. Lies 3. Mose 18,22-30.

   Welche Sünden werden von Gott als *Greuel* und *schändlich* bezeichnet?

   Was erfahren wir in diesen Versen über den Begriff *Befleckung*?

   Bestraft Gott laut den Versen 24 und 28 nur sein auserwähltes Volk für diese Sünden, oder erwartet er von allen Menschen Gehorsam?

   Was sollten die Israeliten laut Vers 26 tun?

   Welche Folgen hätte ihr Gehorsam bzw. Ungehorsam gehabt?

   Was wünscht sich Gott laut dieser Stelle für uns?

ZERSTÖRT DURCH EINE LÜGE

10. Lies Psalm 32,3-10.

    Was geschah, als der Psalmist seine Sünde verschwieg?

    Wie sollten wir reagieren, wenn wir einer Sünde überführt werden?

    Was erfahren wir in diesen Versen über Gott?

    Welchen Gegensatz finden wir in dem letzten Satz dieser Stelle?

PERSÖNLICHE ANWENDUNG

11. Warum verursacht Sex so oft Schuldgefühle?

12. Wie denkt Gott über Ehebruch?

    Inwiefern unterscheidet sich die Einstellung unserer Gesellschaft von Gottes Einstellung? Woran kann man das erkennen?

13. Gibt es Parallelen zwischen Ehebruch und Habsucht (Begehrlichkeit)? Begründe deine Antwort.

    Auf welche Art und Weise könnte jemand „die Frau seines Nächsten begehren", ohne die konkrete Tat des Ehebruches zu begehen?

14. Hat Gott heute die gleiche Einstellung zu Ehebruch wie damals, oder hat er seine Meinung geändert?

15. Welche Hoffnung gibt es für jemanden, der im Netz der Sünde gefangen ist? Welchen Rat würdest du so jemandem geben?

Die Falle der Verführung

Diskussionsfragen zum 5. Kapitel

Was ist schon dabei, wenn man ein paar Seitensprünge macht?

1. Lies Sprüche 6,20-29.

   Was erfahren wir in diesen Versen über das *Gebot*?

   Welche Anweisungen gibt dieser Vater seinem Sohn? Welchen Nutzen hat der Sohn davon, wenn er diese Anweisungen befolgt?

   Was sind laut den Versen 23 und 24 die Folgen von Gehorsam?

   Folgst du deinem eigenen Verlangen oder dem Wort Gottes?

   Was kannst du tun, um deinen Kindern das Wort Gottes beizubringen, damit sie vor den Folgen von Unwissenheit und vor möglichem Ruin bewahrt werden?

Das Risiko und der Lohn des Gehorsams

Gott hat uns nicht nur Gebote gegeben, sondern auch Vorbilder wie Joseph.

2. Besprich, was wir von Josephs Verhalten im Haus Potiphars (1. Mose 39,7-9) lernen können.

   Inwiefern beeinflusste Josephs Beziehung zu Gott sein Verhalten?

Was erfahren wir über Potiphars Frau? Wie ist sie mit ihrem sexuellen Verlangen umgegangen?

Wie könntest du jemandem antworten, der dich zu außerehelichem Sex überreden will? Was für Folgen könnte deine Antwort haben? Wie würde der andere reagieren? Wie könntest du deine Antwort begründen?

3. Lies 1. Mose 39,19-20, um herauszufinden, welche Folgen Josephs Entscheidung hatte.

Wie reagierte Potiphar auf die Anklage seiner Frau?

Mit welchen Konsequenzen musst du rechnen, wenn du dich richtig verhältst?

Bist du bereit, für das, was in Gottes Augen richtig ist, Ablehnung, Spott und vielleicht sogar Einsamkeit zu erdulden? Welche Verheißung gibt Gott in Matthäus 5,10 und 1. Petrus 3,12-14 denen, die um der Gerechtigkeit willen leiden?

DIE WUNDEN SEXUELLER SÜNDEN

4. Was erfahren wir in den Sprüchen 6,30-35 über den Ehebrecher?

Was sind die Folgen von Ehebruch?

5. Welche Anweisung gibt uns Gott in der folgenden Stelle, und wie begründet er sie?

> Flieht die Unzucht! Jede Sünde, die ein Mensch begehen mag, ist außerhalb des Leibes; wer aber Unzucht treibt, sündigt gegen den eigenen Leib(1. Korinther 6,18).

Was haben wir in diesem Kapitel über Geschlechtskrankheiten gelernt? Inwiefern könnte diese Information dazu beitragen, dass die Leute über die Konsequenzen von außerehelichem Sex nachdenken?

6. Von welchen sexuellen Praktiken ist in der folgenden Stelle die Rede?

> Deswegen hat Gott sie dahingegeben in schändliche Leidenschaften. Denn ihre Frauen haben den natürlichen Verkehr in den unnatürlichen verwandelt, und ebenso haben auch die Männer den natürlichen Verkehr mit der Frau verlassen, sind in ihrer Wollust zueinander entbrannt, indem sie Männer mit Männern Schande trieben, und empfingen den gebührenden Lohn ihrer Verirrung an sich selbst (Römer 1,26-27).

Gibt es Parallelen zwischen dieser Stelle und den beiden vorhergehenden aus den Sprüchen und dem 1. Korintherbrief?

7. Was erfahren wir in den Sprüchen 3,13-18 über die Weisheit?

Gibt es einen Bezug zwischen diesen Aussagen und unserem Thema? Welchen?

WIE EIN OCHS ZUR SCHLACHTBANK...

8. Lies Sprüche 7,1-10 und besprich Salomos Anweisungen an seinen Sohn.

Welche Einstellung soll sein Sohn zur Weisheit und Einsicht haben? Aus welchem Grund?

Was erfahren wir über den jungen Mann, den Salomo beobachtete?

Hast du jemals versucht, den Schutz der Finsternis auszunützen, um deine Sünde zu verheimlichen? Was waren die Folgen davon?

9. Wie beschreibt Salomo in den Sprüchen 7,11-23 die Ehebrecherin?

Auf welche Weise versuchte die Ehebrecherin, den jungen Mann zu verführen? Welche Taktiken verwendete sie? Verwenden manche Frauen heute ähnliche Methoden? Welche?

Welchen Preis wird der junge Mann für seinen Ungehorsam bezahlen? Müssen wir heute damit rechnen, den gleichen Preis zu bezahlen?

Kennst du Menschen, die sich so verhalten wie die Ehebrecherin? Welche Parallelen fallen dir auf?

10. Lies Sprüche 7,24-27. Welche Botschaft hat diese Stelle für die heutige Zeit?

FREMDE FRAUEN UND TÖRICHTE MÄNNER

11. Was erfahren wir in den Sprüchen 6,20-7,27 über „törichte" Männer?

12. Lies Sprüche 5,3-4. Welche zusätzlichen Informationen über die Ehebrecherin gibt uns diese Stelle?

13. Welche Einstellung hat die Ehebrecherin laut dem folgenden Sprichwort:

> So ist der Weg einer ehebrecherischen Frau: Sie isst und wischt ihren Mund und sagt: Ich habe nichts Unrechtes getan (Sprüche 30,20)!

PERSÖNLICHE ANWENDUNG

Was ist schon dabei, wenn man ein paar Seitensprünge macht?

14. Was können wir von Joseph für unser eigenes Leben lernen?

15. Was hast du im 5. Kapitel über die Geschlechtskrankheiten und ihre Verbreitung in der heutigen Gesellschaft gelernt?

    Welche Verbindungen bestehen zwischen den Geschlechtskrankheiten, der Einstellung unserer Gesellschaft zu Sex und den Bibelstellen, die wir in diesem Kapitel kennengelernt haben?

16. Woran erkennt man jemanden, der „ohne Verstand" ist? Was sind seine charakteristischen Eigenschaften?

17. Wie können wir unsere Kinder so mit dem Wort Gottes vertraut machen, dass sie „fremden Frauen und törichten Männern" aus dem Weg gehen?

    Was können wir als Eltern tun, damit unsere Kinder nicht zu „fremden Frauen und törichten Männern" heranwachsen?

18. Was kannst du tun, um „fremde Frauen" zu vermeiden bzw. um kein „törichten Mann" zu werden?

Ohne Rücksicht auf die Kosten?

Diskussionsfragen zum 6. Kapitel

Der Weg zur Sünde

Welche Schritte führen von der Versuchung zur Sünde? Wenn wir uns dieser Schritte bewusst sind, können wir sie vermeiden, anstatt der Versuchung zu erliegen.

1. Lies 1. Mose 3,1-8 und besprich, welche Ereignisse dazu führten, dass die Sünde in die Welt kam.

   Wusste Eva, dass sie falsch handelte? Welche Aussage im Text hilft uns, diese Frage zu beantworten?

2. Untersuche die Ereignisabfolge in Josua 6,17-18 und 7,20-21, die zu Achans Sünde führte.

   Welche Parallelen siehst du zwischen dieser Stelle und 1. Mose 3?

   Woher wissen wir, dass Achan bewusst das Gebot Gottes übertrat?

3. Welche Entscheidungen traf David in 2. Samuel 11,1-5?

4. Welche Schritte auf dem Weg zur Sünde werden in allen drei Stellen beschrieben?

   Welche Möglichkeiten haben wir, diese Schritte zu vermeiden?

   Welche Vorsichtsmaßnahmen für unser Leben könnten wir angesichts dieser Tatsachen treffen?

Die Falle der Verführung

5. Lies 2. Samuel 11,6-22.

Was erfahren wir in dieser Stelle über Uria?

Welche Möglichkeiten hätte David an diesem Punkt gehabt?

Was hätte ein aufrichtiger Mensch an diesem Punkt getan?

Der gerechte Richter

6. Lies die folgenden Stellen und besprich, was du über Gott erfährst.

> Wenn ihr aber nicht so handelt, siehe, dann habt ihr gegen den HERRN gesündigt; und ihr sollt erkennen, dass eure Sünde euch finden wird (4. Mose 32,23).

> Denn vor den Augen des HERRN ‹liegen› eines jeden Wege, und auf alle seine Bahnen gibt er acht (Sprüche 5,21).

> Die Augen des HERRN sind an jedem Ort und schauen aus auf Böse und auf Gute (Sprüche 15,3).

7. Lies 2. Samuel 12,1-10.

Welche beiden Dinge hat David verachtet?

Nimm dir einen Augenblick Zeit, um dein eigenes Leben zu überprüfen. Hast du Gott bzw. sein Wort verachtet? Inwiefern?

DIE FOLGEN VON EHEBRUCH

8. Was waren laut 2. Samuel 12,10-14 die Konsequenzen für Davids Ehebruch?

   Sind diese Konsequenzen deiner Meinung nach gerechtfertigt? Warum bzw. warum nicht?

   Welche Menschen wurden von Davids Sünde betroffen?

   Gibt es heutige Beispiele dafür, dass unschuldige Menschen den Folgen der Sünden anderer zum Opfer fallen? Welche?

9. In Hesekiel 16 wird der Schmerz Gottes über Israels Ehebruch beschrieben. Was waren die Konsequenzen für Israels Fehlverhalten?

PERSÖNLICHE ANWENDUNG

10. Was ist laut den Bibelstellen, die wir in diesem Kapitel kennengelernt haben, der Weg zur Sünde?

    Inwiefern kann uns dieses Wissen helfen?

11. Wem tun wir letztlich weh, wenn wir heimlich sündigen?

    Auf welche Weise versuchen wir manchmal, unsere Sünden zu verheimlichen?

12. Was haben wir in diesem Kapitel über Gott gelernt?

    Welche Bedeutung hat das, was wir in diesem Kapitel gelernt haben, für unser Leben?

13. Im 6. Kapitel des Buches werden sieben Folgen des Ehebruchs aufgezählt. Sprich über die einzelnen Folgen.

Vielleicht hat dich Gott einer Sünde überführt, die du geheimhalten wolltest. Nimm dir ein paar Minuten Zeit, ihm diese

Sünde und den Versuch, sie zu verheimlichen, zu bekennen. Frage Gott, was du tun musst, um Wiedergutmachung zu leisten.

Die Bedeutung von gerechtem Zorn

Diskussionsfragen zum 7. Kapitel

Die Sünde Sodoms und Gomorras

1. Lies 1. Mose 19,1-13 und beantworte die folgenden Fragen.

   Wie reagierten die Männer Sodoms, als Lot mit ihnen argumentierte?

   Wie reagierten die Männer Sodoms, als sie mit Blindheit geschlagen wurden? Haben sie ihr falsches Verhalten eingesehen?

   Was war laut diesem Bericht die Sünde Sodoms?

2. Was war laut Hesekiel 16,49-50 die Sünde Sodoms?

   Welche Entwicklung wird in diesen Versen beschrieben?

   Manchmal wird behauptet, Gott habe die Stadt nur deswegen zerstört, weil sich ihre Bewohner nicht um die Armen und Bedürftigen kümmerten. Ist diese Behauptung im Licht aller Aussagen der Schrift richtig? Begründe deine Antwort.

3. Lies 3. Mose 18,22-30. Welche Sünden werden hier als „Greuel" bezeichnet?

   Inwiefern kann uns der Begriff „Greuel" im 3. Buch Mose helfen, zu verstehen, welche Sünden in Hesekiel 16 konkret gemeint sind?

   Wie beurteilt Gott diese Sünden?

4. Lies Judas 6-7. Welche Sünden wurden in Sodom und Gomorra laut diesen Versen begangen?

   Mit welchen Worten beschreibt Judas die Sünden Sodoms?

   Welche Parallelen bestehen zwischen dem Judasbrief und 1. Mose 19?

5. Was erfahren wir in 2. Petrus 2,4-10 über Sodom und Gomorra?

   Was war die eigentliche Sünde Sodoms, wenn wir alle Aussagen im Wort Gottes berücksichtigen?

Die Wahrheit ist nicht immer angenehm, doch sie ist immer notwendig.

6. Lies 1. Korinther 6,9-11. Was erfahren wir über die Mitglieder der Gemeinde in Korinth?

7. Lies Epheser 5,5-6 und Offenbarung 21,8; 22,14-15.

   Was erfahren wir in diesen Stellen über Unzucht?

8. Was erfahren wir in Römer 1,18-32 über die Gottlosen und Ungerechten?

   Welche sexuellen Sünden werden in dieser Stelle erwähnt?

   Haben diese Männer und Frauen eine Entschuldigung? Warum nicht?

Erinnere dich an die Wichtigkeit einer „Gebrauchsanweisung“. Sex ist wunderbar, wenn wir uns an Gottes Anweisungen halten, doch wenn wir davon abweichen, sind die Folgen katastrophal. Du hast dich in diesem Buch mit den Aussagen der Schrift auseinandergesetzt. Wie wirst du dein Wissen anwenden?

EINE ZEIT FÜR ZORN

9. Lies die folgenden beiden Verse aus dem Buch der Richter.

   > In jenen Tagen war kein König in Israel. Jeder tat, was recht war in seinen Augen (Richter 17,6).

   > In jenen Tagen war kein König in Israel. Jeder tat, was recht war in seinen Augen (Richter 21,25).

   Gibt es in unserer Zeit ähnliche Zustände? Welche?

10. Lies Richter 19,22-30. Wie konnte es in Israel zu diesem Vorfall kommen?

11. Was sind im Licht von Richter 20 und 21 die schrecklichen Folgen der Sünde?

    Was ist der Preis für die Sünde?

    Welche Einstellung führte dazu, dass die Sünde geduldet wurde?

Es ist nicht immer einfach, die Wahrheit zu akzeptieren, doch die Alternative dazu wäre, einer Lüge zu glauben, und das hätte schlimme Folgen.

PERSÖNLICHE ANWENDUNG

12. Wie können wir uns erlauben, das Verhalten anderer zu verurteilen? Auf welcher Basis können wir ein Urteil treffen?

13. Wie beurteilt die Bibel homosexuelles Verhalten?

    Hat das Urteil der Bibel auch heute noch Bedeutung? Begründe deine Antwort.

14. Was sind die Konsequenzen von Unzucht?

    Woran sind diese Konsequenzen in unserer Gesellschaft erkennbar?

15. Im Buch der Richter lesen wir, dass jeder tat, was er für richtig hielt. Gibt es Parallelen dazu in unserer Gesellschaft?

    Was können wir dagegen tun?

Die Wunden vernähen

Diskussionsfragen zum 8. Kapitel

Der heilende Balsam der Gnade

1. Lies Psalm 51 und besprich, was uns dieser Psalm über Gott mitteilt.

   An wen wendet sich David im 3. Vers?

   Worum bittet er?

2. Was erfahren wir in Kapitel 8 über Gottes Barmherzigkeit?

Die Reinigung der Seele

3. Lies Psalm 51,4-8.

   Was erfahren wir in diesen Versen über David?

   Was hat David angesichts seiner Sünden empfunden?

   Worum bittet David laut Vers 4?

   Gegen wen sündigte David und was bekannte er?

   Ist dir bewusst, dass sich deine Sünde letztlich gegen Gott richtet?

   Wie verhält sich jemand, der die volle Verantwortung für seine Sünde übernimmt?

4. Lies die folgenden Verse aus dem 1. Johannesbrief.

Wenn wir sagen, dass wir keine Sünde haben,

> betrügen wir uns selbst, und die Wahrheit ist nicht in uns. Wenn wir sagen, dass wir nicht gesündigt haben, machen wir ihn zum Lügner, und sein Wort ist nicht in uns (1. Johannes 1,8-10).

Was erfahren wir in diesen Versen über uns?

5. Lies Psalm 51,9-13 und besprich, was uns diese Verse über Gott mitteilen.

   Vergleiche Vers 4 und 9. Welches Bild der Vergebung zeichnet der Psalmist für uns?

   Was bewirken Vergebung und Reinigung?

DIE RÜCKKEHR DER FREUDE

6. Lies Psalm 51,14.

   Worum bittet David in diesem Vers?

   Wie können wir die „Freude des Heils" erfahren?

   Wie können unsere Gemeinden die „Freude des Heils" erfahren?

7. Lies Psalm 51,15-19.

   Was ist die Folge von Davids Wiederherstellung?

   Inwiefern können unser Versagen und unsere Wiederherstellung ein Ausgangspunkt dafür sein, anderen Menschen zu helfen?

   Wie können wir Heilung und Wiederherstellung erfahren?

   Wie können wir ein Leben führen, das die heilende und erneuernde Kraft Gottes bezeugt?

DIE OPFER UNSERER SCHULD

8. Lies Sprüche 6,32-35.

   Was sind laut dieser Stelle die Folgen von Ehebruch?

   Inwiefern kann unsere Sünde Auswirkungen auf andere Menschen haben?

WENN DU DAS OPFER BIST...

9. Lies die folgenden Verse aus den Psalmen und dem Buch Jeremia:

> Er sandte sein Wort und heilte sie, er rettete ‹sie› aus ihren Gruben (Psalm 107,20).
>
> Heile mich, HERR, so werde ich geheilt! Rette mich, so werde ich gerettet! Denn du bist mein Ruhm (Jeremia 17,14).

Wodurch werden wir laut diesen Versen geheilt?

10. Lies 1. Johannes 1,4-10. Was erfahren wir in dieser Stelle über...

    Gott?

    uns?

PERSÖNLICHE ANWENDUNG

11. Was sind laut diesem Kapitel die Voraussetzungen dafür, dass unsere Sünden vergeben werden können?

12. Vergebung und Reinigung bedeutet nicht, dass es keine Konsequenzen für unsere Sünde gibt.

    Nenne einige Beispiele dafür, mit welchen persönlichen Folgen unserer Schuld wir rechnen müssen.

Nenne einige Beispiele dafür, welche Folgen unsere Schuld für die Gesellschaft haben könnte.

13. Ist es überhaupt möglich, von den Wunden sexueller Sünden geheilt zu werden? Auf welche Weise versucht die Welt, diese Wunden zu heilen?

    Welchen Weg zur Heilung bietet uns Gott an?

14. Wie könntest du jemand anderem die heilende Gnade Gottes erklären?

15. Inwiefern kann uns das Wort Gottes reinigen?

    Kann die Welt Heilung und Vergebung gewährleisten? Wie geht die Welt mit Sünde und Schuld um?

In der Hitze des Augenblicks

Diskussionsfragen zum 9. Kapitel

Hin- und hergerissen

Wie können wir angesichts von Versuchungen richtig reagieren? Was erwartet Gott von uns? Wie sollen wir mit unseren Begierden und unserem sexuellen Verlangen umgehen?

1. Wie kam es dazu, dass Amnon in Sünde fiel? Beantworte diese Frage anhand von 2. Samuel 13.

   Die meisten von uns können sich mit Amnon identifizieren. Gibt es jemanden, den du dir nicht aus dem Kopf schlagen kannst? Wo können unkontrollierte Gedanken hinführen?

2. Was können wir aus der Geschichte von Amnon und Tamar lernen?

   über schlechte Gemeinschaft (Jonadab)

   über das Befolgen schlechter Ratschläge (Amnon)

   über die Erziehung von Söhnen

   über die Erziehung von Töchtern

Sünde kann unser Verlangen nie befriedigen

3. Wie beurteilte Gott Amnons Verhalten, wenn wir alles berücksichtigen, was wir bisher über Sex nach seinem Design gelernt haben?

   Welche Aussage im Text beweist, dass Amnon wusste, dass sein Vorhaben falsch war?

Tamar bat Amnon zu warten. Was wäre das Resultat gewesen, wenn er gewartet hätte?

Welche Beispiele für das Verlangen nach sofortiger Befriedigung gibt es in unserer Gesellschaft?

Wie können wir diesem Verlangen widerstehen?

Wie reagierte Amnon, nachdem er Tamar vergewaltigte?

Welche Lektion können wir aus dieser Geschichte lernen?

4. Was erfahren wir in Jakobus 1,13-17 über Versuchungen?

   Wie kommt es laut dieser Stelle dazu, dass wir in Sünde fallen?

   Inwiefern hat sich das, was Jakobus beschreibt, in Amnons und Tamars Geschichte ereignet?

SATANS FALLE UND UNSER AUSWEG

5. Lies Epheser 2,1-6.

   In welchem Zustand befanden sich diese Menschen, bevor sie errettet wurden?

   Was war dein Zustand vor deiner eigenen Errettung?

   Mit welchem Kontrast beginnt der 4. Vers?

   Was sind wir durch Gottes Liebe geworden?

6. Lies Epheser 5,3-12.

   Welche Gegensätze bestehen zwischen den Kindern des Lichts und den Söhnen des Ungehorsams?

Hast du als Kind des Lichts die Fähigkeit, dein Verlangen zu kontrollieren? Begründe deine Antwort anhand der Schrift.

Ein Plan für den Ernstfall

7. Lies 1. Korinther 6,13-20.

   Was erfahren wir in dieser Stelle über unseren Körper?

   Was für Konsequenzen ergeben sich aus der Tatsache, dass unser Körper ein Tempel des Heiligen Geistes ist?

   Gegen wen sündigt der Unzüchtige laut Vers 18? Inwiefern?

   Wie weit kannst du mit jemandem gehen, wenn ihr nicht verheiratet seid?

8. Inwiefern haben die folgenden Verse eine Bedeutung, wenn es um Masturbation, oralen Sex sowie „Knutschen“ oder *Petting* geht?

   > Und alles, was ihr tut, im Wort oder im Werk, alles tut im Namen des Herrn Jesus, und sagt Gott, dem Vater, Dank durch ihn! (Kolosser 3,17)

   > Flieht die Unzucht! Jede Sünde, die ein Mensch begehen mag, ist außerhalb des Leibes; wer aber Unzucht treibt, sündigt gegen den eigenen Leib. Oder wisst ihr nicht, dass euer Leib ein Tempel des Heiligen Geistes in euch ist, den ihr von Gott habt, und dass ihr nicht euch selbst gehört? (1. Korinther 6,18-19)

   > Ihr habt gehört, dass gesagt ist: Du sollst nicht ehebrechen. Ich aber sage euch, dass jeder, der eine Frau ansieht, sie zu begehren, schon Ehe-

bruch mit ihr begangen hat in seinem Herzen. (Matthäus 5,27-28)

PERSÖNLICHE ANWENDUNG

9. Welche Prinzipien müssen wir uns in der Hitze des Augenblicks in Erinnerung rufen? Wie weit können wir gehen, wenn wir versucht werden?

10. Kann sexuelle Sünde unser Verlangen befriedigen? Warum nicht?

    Welches Beispiel für diesen Umstand sehen wir in der heutigen Gesellschaft?

11. Wie ist es laut dem Epheserbrief möglich, unser Verlangen zu kontrollieren?

12. Wie sollen wir uns verhalten, wenn wir uns zu einer bestimmten Person hingezogen fühlen und zur Sünde verleitet werden?

13. Dein Körper ist ein Tempel des Heiligen Geistes. Was für Auswirkungen hat diese Tatsache auf den körperlichen Kontakt zu einem anderen Menschen?

Wir haben in diesem Kapitel empfohlen, dass du 1. Korinther 10,13 auswendig lernst. Schreibe diesen Vers auf eine Karte, die du immer bei dir trägst. Lies die Stelle mehrmals täglich, zumindest dreimal morgens, dreimal mittags und dreimal abends. Wenn du sie noch ein paar Mal vor dem Einschlafen liest, wirst du sie in kürzester Zeit auswendig können!

Sex beginnt im Kopf

Diskussionsfragen zum 10. Kapitel

Vom Feind getäuscht

1. Lies die folgende Stelle aus dem Johannesevangelium:

   > Jesus sprach nun zu den Juden, die ihm geglaubt hatten: Wenn ihr in meinem Wort bleibt, so seid ihr wahrhaft meine Jünger; und ihr werdet die Wahrheit erkennen, und die Wahrheit wird euch frei machen. (Johannes 8,31-32)

   Was ist laut dieser Stelle die Voraussetzung dafür, die Wahrheit zu erkennen?

   Wie können wir vermeiden, vom Feind verführt zu werden?

Unsere Augen und Gedanken behüten

2. Was erfahren wir in Matthäus 15,10-20 über das Herz?

   Was ist die Ursache für die Verunreinigung des Herzens?

   Welche Folgen ergeben sich aus dieser Tatsache hinsichtlich...

   ... unserer Gedanken?

   ... der Musik, die wir hören?

   ... der Filme, die wir ansehen?

   ... der Bücher, die wir lesen?

   ... der Internetseiten, die wir aufsuchen?

3. Was erfahren wir in Matthäus 5,27-30 über den Zusammenhang zwischen den Augen und Ehebruch?

   Geht es in dieser Stelle um einen unbedachten kurzen Blick oder um ein gewohnheitsmäßiges Verhalten? Woher wissen wir die Antwort auf diese Frage?

   Was drückt die Form des Zeitwortes in diesem Satz aus?

   Sind gedankliche Sünden wirklich so schlimm? Wie würde Jesus diese Frage beantworten?

   Inwiefern hat diese Stelle mit dem Problem der Pornographie zu tun?

4. Lies die folgende Bibelstelle:

   > Alles ist mir erlaubt, aber nicht alles ist nützlich. Alles ist mir erlaubt, aber ich will mich von nichts beherrschen lassen. Die Speisen ‹sind› für den Bauch und der Bauch für die Speisen; Gott aber wird sowohl diesen als auch jene zunichte machen. Der Leib aber ‹ist› nicht für die Hurerei, sondern für den Herrn und der Herr für den Leib. (1. Korinther 6,12-13)

   Wer ist laut dieser Stelle der einzige, der uns beherrschen soll?

   Hat diese Stelle etwas mit Unzucht zu tun? Inwiefern?

   Inwiefern hat diese Stelle mit dem Problem der Pornographie zu tun?

DER SCHLÜSSEL ZUM SIEG

Ein Schlüssel zum Sieg besteht darin, unsere Augen und Gedanken zu behüten. Wie ist das möglich? Wir haben uns bereits mit einigen praktischen Ratschlägen beschäftigt und wollen noch weitere kennenlernen.

5. Welche Anweisungen gibt Paulus den Gläubigen in Römer 13,12-14?

Welche Bedeutung haben diese Anweisungen für unser Leben?

Wen sollen wir „anziehen“? Was bedeutet das in praktischer Hinsicht?

Wie können wir vermeiden, den Begierden des Fleisches Raum zu geben?

EIN BUND MIT DEINEN AUGEN

6. Was erfahren wir in Hiob 31,1-12 über Gott?

Was tat Hiob, um in sexueller Hinsicht rein zu bleiben?

Was können wir von ihm für unser eigenes Leben lernen?

DIE WAFFEN UNSERES KAMPFES

7. Was erfahren wir in 2. Korinther 10,3-5 über die „Waffen unseres Kampfes“? Worin bestehen sie?

Verwendest du deine Waffen? Wie könntest du sie noch effektiver einsetzen, um ein besserer Kämpfer zu werden?

8. Woran sollen wir laut Philipper 4,8 denken?

Wir denken normalerweise an die Dinge, die wir lesen, sehen und hören. Wie müsstest du im Licht von Philipper 4,8 die folgenden Dinge beurteilen?

die Bücher, die du liest:

die Zeitschriften, die du liest:

die Filme, die du dir ansiehst:

die Fernsehprogramme, die du dir ansiehst:

die Musik, die du dir anhörst:

die Internetseiten, die du aufsuchst:

Mit welchem Bereich hast du am meisten zu kämpfen? Wie könntest du den Kampf gewinnen?

PERSÖNLICHE ANWENDUNG

9. Was kannst du tun, wenn deine Gedanken Richtung Sex wandern?

10. Welche praktischen Schritte kannst du setzen, um nicht vom Feind verführt zu werden?

Welche Waffen verwendet der Feind gegen uns?

Wir haben in diesem Kapitel eine „Erfolgsstrategie“ kennengelernt, die aus drei Schritten besteht. Es ist wichtig, dass wir diese Schritte nicht vergessen:

1. Wende deine Augen sofort ab.
2. Unterwirf jeden Gedanken der Herrschaft Christi.
3. Beschäftige dich mit den Dingen Gottes.

Nimm dir ein paar Minuten Zeit, um über die praktische Anwendung dieser Schritte zu sprechen. Lerne Philipper 4,8 auswendig, wenn du das noch nicht getan hast.

Zurück zum Garten

Diskussionsfragen zum 11. Kapitel

Die zukünftige Braut und ihr Geliebter

1. Beantworte die folgenden Fragen im Licht des ersten Kapitels aus dem Hohelied.

Wie sprach Salomo mit Sulamith? Welche Einstellung gegenüber seiner Braut vermitteln seine Worte?

Wie reagiert das Mädchen auf seine Worte?

Was können wir aus dem Gespräch zwischen Salomo und Sulamith für unser eigenes Leben lernen?

Welche Worte würdest du als Ehemann deiner Frau sagen, um die gleiche Liebe und Zärtlichkeit auszudrücken?

2. Lies den folgenden Abschnitt aus dem ersten Kapitel des Hoheliedes:

> An Duft gar köstlich sind deine Salben; ausgegossenes Salböl ist dein Name. Darum lieben dich die Mädchen. Ein Myrrhenbeutelchen ist mir mein Geliebter, das zwischen meinen Brüsten ruht. Eine ‹Blüten›traube vom Hennastrauch ist mir mein Geliebter, aus den Weinbergen von En-Gedi. (Hohelied 1,3.13.14)

(Myrrhe und Henna haben ein sehr angenehmes Aroma.)

Frauen haben im Allgemeinen einen empfindsameren Geruchssinn als Männer. Was können wir aus diesen Versen für unser Leben lernen?

Was bewunderte das Mädchen laut Vers 3 an Salomo noch?

LEIDENSCHAFT MIT REINHEIT

3. Lies Hohelied 2,1-7.

   Welche Gefühle erweckt Salomo in dem Mädchen?

   Welche Worte verwendet er? Was bewirken diese Worte?

   Wie können wir unseren Ehepartner mit unseren Worten aufbauen?

   Was erfahren wir in Vers 7 über den richtigen Zeitpunkt für die Liebe?

   Wann ist laut diesem Studium der richtige Zeitpunkt dafür, „die Liebe aufzustören"?

SIEHE, DER BRÄUTIGAM KOMMT!

4. Lies Hohelied 4,1-15.

   Was erfahren wir aus den Worten Salomos, wenn wir davon ausgehen, dass diese Verse die Hochzeitsnacht beschreiben?

   Wie wichtig ist die verbale Kommunikation zwischen den beiden Ehepartnern?

5. Wie reagiert die Braut auf ihren Bräutigam? Seine Worte und seine Liebe haben sie darauf vorbereitet, ihn zu empfangen:

> Wach auf, Nordwind, und komm, Südwind! Lass duften meinen Garten, lass strömen seine Balsamöle! Mein Geliebter komme in seinen Garten und esse seine köstlichen Früchte! (Hohelied 4,16)

Wie können wir ihre Antwort beschreiben?

LIEBE BEDEUTET OPFER

6. Lies Hohelied 5,2-6.

Was wird in diesem Abschnitt beschrieben?

Ist Sex manchmal unangenehm? Wie reagierst du, wenn die körperliche Beziehung zu deinem Ehepartner ein Opfer verlangt?

Wie hat Sulamith reagiert? Hat sie ihr Verhalten bereut?

7. Was erfahren wir in 1. Korinther 7,2-5 über die körperliche Beziehung in der Ehe?

Welchen Bezug hat diese Stelle zu dem gerade gelesenen Abschnitt aus dem Hohelied?

Welche Bedeutung hat diese Stelle für dein Leben?

Erfordert die Ehe manchmal Opfer? Erfordert die sexuelle Beziehung zum Ehepartner Opfer?

Wann ist in der Ehe der richtige Zeitpunkt für Sex?

Was ist Gottes Wille für dich, wenn dein Ehepartner den Wunsch nach einer sexuellen Begegnung ausdrückt?

DAS FEUER NICHT AUSGEHEN LASSEN

8. Was tat Salomo laut Hohelied 5,16, um das Feuer nicht ausgehen zu lassen?

Wie hat *sie* seine Worte beschrieben?

Was können wir aus diesem Vorbild über die Beziehung zu unserem Ehepartner lernen?

Wo müssen wir uns ändern?

9. Lies Hohelied 6,2-9.

Was empfand diese Frau für ihren Mann? Weshalb?

Wie sollten wir mit unserem Ehepartner sprechen?

10. Lies Hohelied 7,1-9.

Wie sprach Salomo mit seiner Frau? Sind seine Worte verurteilend, fordernd, liebevoll, bewundernd?

Welche Sprache spricht die Liebe?

11. Lies die folgenden Worte Sulamiths aus dem Hohelied:

> Ich gehöre meinem Geliebten, und nach mir ist sein Verlangen. Komm, mein Geliebter, lass uns aufs Feld hinausgehen! Wir wollen unter Hennasträuchern die Nacht verbringen. Wir wollen uns früh aufmachen zu den Weinbergen, wollen sehen, ob der Weinstock treibt, die Weinblüte aufgegangen ist, ob die Granatapfelbäume blühen. Dort will ich dir meine Liebe schenken. Die Liebesäpfel geben ‹ihren› Duft, und an unserer Tür sind allerlei köstliche Früchte, frische und alte, die ich, mein Geliebter, dir aufbewahrt habe. (Hohelied 7,11-14)

Mit welchen Worten drückt sie ihre Zuversicht aus, von ihrem Mann begehrt zu werden?

Warum kann sie diese Zuversicht haben?

Welche Reaktion erwecken seine liebevollen, bewundernden Worte in ihr?

12. Was können wir also tun, um das Feuer nicht ausgehen zu lassen...?

... als Frauen?

... als Männer?

LEBENSLANGE INTIMITÄT

13. Lies Hohelied 8,6-7.8-10 und beantworte die folgenden Fragen:

Wie beschreibt Sulamith ihren Bund mit Salomo?

Ist sich dein Ehepartner der Tatsache bewusst, dass euer Bund unauflöslich ist? Hast du diese Tatsache ihm oder ihr gegenüber je zum Ausdruck gebracht?

DIE VERHEIßUNG DER EWIGKEIT

14. Welche Verheißung für die Ewigkeit finden wir in Offenbarung 19,6-9?

Welche Hoffnung bietet diese Verheißung für jene Menschen, die nie heiraten werden?

An welchem Beispiel kannst du dich orientieren, wenn du nicht vorhast, zu heiraten?

PERSÖNLICHE ANWENDUNG

15. Wie drückt Sulamith ihre Bewunderung für Salomo aus?

Wie wichtig ist es für einen Mann, von seiner Frau bewundert zu werden? Aus welchem Grund?

Was kannst du tun, um deinem Ehepartner zu zeigen, dass du ihn bzw. sie bewunderst?

16. Was tat Salomo konkret, um die Zuneigung seiner Braut zu gewinnen und zu bewahren?

17. Was können wir aus diesen Prinzipien für unser eigenes Leben lernen?

18. Was hältst du von dem Gedanken, deine persönlichen Wünsche um deines Partners willen zu opfern? Wie denkt Gott über dieses Thema?

19. Wann ist Sex etwas Schönes?

20. Was hast du aus diesem Studium für dein (gegenwärtiges oder zukünftiges) Leben als Ehepartner gelernt?

EMPFOHLENE LITERATUR

Markus Schäller, Sex - um Gottes Willen (CVG Dillenburg)

Tim LaHaye, Wie schön ist es mit dir (Schulte&Gerth)

Willard Harley, Meine Wünsche - deine Wünsche (Schulte&Gerth)

Joyce & Clifford Penner, Glücklich intim. Erfüllte Sexualität mit meiner Frau (Edition Trobisch)

Joyce & Clifford Penner, Meine Liebe schenk ich dir. Das große Buch der Liebe, Zärtlichkeit und Sexualität (Edition Trobisch)

Ed & Gaye Wheat, Hautnah (Schulte&Gerth)

Gary Chapman, Die fünf Sprachen der Liebe (Francke-Verlag)

Dank

Als Gott uns errettete, sorgte er auch dafür, dass wir bei der Erfüllung seines Auftrages nicht alleine sind. Er stellte uns in seine Gemeinde, einen Leib mit vielen Gliedern, die unterschiedliche Gaben und Fähigkeiten besitzen. Die tatkräftige Mithilfe meiner begabten Brüder und Schwestern in Christus hat auch zur Entstehung und Qualität dieses Buches wesentlich beigetragen.

Als Gott mir die Gelegenheit schenkte, mit dem WaterBrook-Verlag zusammenzuarbeiten, durfte ich dort eine wunderbare, talentierte und gläubige Familie kennenlernen. Wie sehr danke ich ihm für Dan, Steve und Don, die für mich beteten und mich anspornten, sowie für Laura, Thomas und meine liebe Rebecca, die unermüdlich mit mir an dem Manuskript arbeiteten, mit der Bitte, dass durch dieses Buch einer großen Not in der Gemeinde und in der Welt abgeholfen wird.

Mein Dank gilt auch Bunny, die ganze Stapel von Briefen durchsah, um die besten Beispiele auszuwählen, damit unsere Herzen durch die Lebensberichte von Menschen bereichert werden können, die mir gegenüber das Vertrauen aufbrachten, von ihren Niederlagen und Erfolgen zu berichten.

Und wo wäre ich ohne meinen lieben Ehemann, der mir liebevoll gestattete, stundenlang an diesem Buch zu arbeiten, und der mich dadurch unterstützte, dass er Abend für Abend den Tisch abräumte und die Küche aufräumte, so dass ich meine Schreibarbeiten fortsetzen konnte. Deine Liebe und deine Gebete bedeuten mir sehr viel...

Meine Bitte, lieber Vater, ist, dass du die Botschaft dieses Buches durch dein Volk verkünden lässt und es zu einer neuen sexuellen Revolution kommt, die sich an den biblischen Maßstäben orientiert, bevor wir uns auf dem Altar ungezügelter Lust selbst zerstören. Möge Gott uns verzeihen...

Precept Ministries und Kay Arthur

Kay Arthur ist in vielen Ländern als Bibellehrerin, Autorin und Sprecherin bei Konferenzen sowie durch christliche Radio- und Fernsehprogramme bekannt. Gemeinsam mit ihrem Mann Jack gründete sie 1970 das Missionswerk *Precept Ministries International*, das in Chattanooga, Tennessee (USA) beheimatet ist. *Precept Ministries International* begann als Jugendarbeit und ist heute eine weltweite Organisation mit dem Ziel, die persönliche Beschäftigung mit der Bibel bei Kindern, Jugendlichen und Erwachsenen zu fördern. Gemeinsam mit einem Team von Mitarbeitern entwickelte Kay die einzigartigen *Precept Inductive Bible Studies* (induktive Bibelstudien), die bisher in 66 Sprachen übersetzt wurden. *Precept Ministries International* ist in 120 Ländern aktiv.
Kay schrieb mehr als 120 Bücher und Bibelstudien, von denen über 5 Millionen Exemplare gedruckt wurden. Vier ihrer Bücher wurden mit dem *ECPA Gold Medallion Book Reward* ausgezeichnet.

Kontaktadresse für den deutschsprachigen Raum:

Precept Ministries International e. V.
Kostenzer Weg 10
D-94315 Straubing
Deutschland
Telefon: 49-(0)9421-543643
Fax: 49-(0)9421-43416
E-mail: info@PreceptMinistriesEV.com
Internet: www.PreceptMinistriesEV.com
www.induktives-Bibelstudium.com